ESPAÑOL MÉDICO Y SOCIEDAD
Un libro para estudiantes de español en el tercer año de estudios

Revised Edition

Alicia Giralt

Universal-Publishers
Boca Raton

Español médico y sociedad: Un libro para estudiantes de español en el tercer año de estudios
Revised Edition

Universal-Publishers
Boca Raton, Florida
USA • 2012

ISBN-10: 1-61233-113-0
ISBN-13: 978-1-61233-113-3

www.universal-publishers.com

Cover photo "Doctor holding pills" © Wavebreakmedia Ltd | Dreamstime.com

Cover photo "Mayan altar" © Alicia Giralt

Library of Congress Control Number: 2012907677

The United States is home to the world's fourth largest Spanish-speaking community. According to the 2010 US Census, 34.5 million people speak Spanish. Regrettably, the health of many of these individuals fares below the nation's average. Some variables that affect this situation are economic, but just as important are linguistic and cultural impediments. One way to remedy this situation is for health professionals to be aware of the barriers between them and their Spanish-speaking patients, and to learn how to overcome them. The foreign language classroom, with the help from *Español médico y sociedad,* is the ideal place for this learning to take place.

This innovative textbook can help improve the health of the US Spanish-speaking population while also fulfilling the needs of upper-division Spanish students who are pursuing degrees in the health professions, plan to become medical interpreters or just want to improve their proficiency in the language. It provides multiple opportunities to learn vocabulary related to the medical field, reviews hard-to-understand grammatical concepts, describes health-related cultural competence and presents opportunities to discuss issues of concern about the health of Hispanic communities in the US and abroad.

Español médico y sociedad is solidly grounded in language-learning pedagogy and in the National Standards for Foreign Language Learning in the 21st Century.

Main points of the textbook are:

- It incorporates language and a strong cultural content related to the medical field.
- It provides real-life situations for meaningful language production.
- It allows discussion of thought-provoking social and medical issues relevant to the students as they prepare for a career in the medical field. This will help students to develop critical thinking skills, and to become livelong learners and thinkers.
- It discusses issues of cultural competence that might affect health provider-client communication.
- It contains communicative aspects that are usually difficult for students, grammatical exercises that clarify hard-to-master concepts within a framework of authentic, medical situations and communicative activities.
- It emphasizes the three modes of communication (presentational, interpretative and interactive) in which the traditional "four skills" interact through communication, cultures, connections, comparisons and communities.
- It presents health-related issues from Spanish-speaking countries.
- It allows for a service-learning component where students interact with (and provide service to) the Hispanic community practicing what they learn in class.
- It includes reflection exercises for the service-learning component.
- It offers ample opportunities to practice interpretation.
- It directs students to a companion website where they can practice listening skills and expand their knowledge by learning and practicing new vocabulary with videos and games.

This revised edition mainly corrects several typographical errors from the first edition, and adds a section about Greek and Latin affixes. At the request of students, it also incorporates an Index of Communicative Functions and Grammatical Concepts.

CHAPTER STRUCTURE

Each chapter focuses on a body system. Chapters are introduced with either a Spanish proverb or a literary quote related to health or to the body system being studied. This allows for group or class discussion about how health issues are portrayed in popular culture and in literature.

The chapter's sections are as follow:

- **Orientation Questions:** They introduce students to the content of the chapter and help to activate their background knowledge.
- **Anatomy:** Drawings of the body system function as the gateway to the chapter content.
- **Vocabulary**: A section with vocabulary related to the system being discussed and some of the issues that affect it prepare students for the readings.
- **How the system works**: A simple explanation of what the system is and how it works helps students who are not science majors to understand the chapter's content.
- **Cultural Competence**: This crucial section deals with cultural issues that might interfere in building successful relationships between patients and their health care providers.
- **Reading 1: Medical Issues**: It describes an affliction that affects the system being studied, followed by comprehension and reflection exercises.
- **Reading 2: Health of Hispanics in the US**: This section focuses on how the chapter's specific medical concern is experienced by Hispanics living in the US. It is followed by comprehension and role-playing exercises.
- **Reading 3: Health in the Hispanic world**: This section presents how the chapter's disease or condition affects Hispanics in other countries.

    These readings are followed by "Según el texto" exercises to check for understanding and "Más allá del texto" exercises to help students move toward proficiency.
- **Communication Aspect**: This section emphasizes structures and usages that students have difficulty mastering. It includes contextualized grammar with exercises.
- **Country Focus**: This section provides students the opportunity to research aspects of health in Spanish-speaking countries. It can be completed individually or in groups. It also allows students to engage in the presentational mode.
- **Research, Writing and Conversation**: This section offers guidelines to research diseases that affect the chapter's body system. Students can practice their interpretation skills. It also allows for presentational activities.
- **Translation Exercises**: There are two sections, from Spanish to English and from English to English. The chapter's vocabulary and content provide the content for these the translations.
- **Your Vocabulary:** In this space students are expected to make note of vocabulary words that they have learned, not included in the vocabulary lists. This will help with reviewing.
- **Laughter, The Best Medicine:** This is a section with medical jokes, not necessarily to be assessed by the professor, but to be read for pleasure outside of the classroom and to present humor as a cultural component.
- **To Learn More:** This section points the student in the direction of websites where they can obtain more information on the topics discussed in the chapter.
- **Reflection.** In this section, students record their thoughts on the material that has been presented, whether they are associated with cultural competence, health-related issues in the Hispanic world or grammatical points.

The readings have been produced by government organizations, such as the Centers for Disease Control, Medline Plus, and the National Institutes of Health. Other sources are the Pan American Health Organization, the World Health Organization and governments of Spanish-speaking countries. Maps, unless otherwise noted, have been produced by the U.S. Central Intelligence Agency. Spanish words have been added.

The textbook includes four appendixes:

1. A Service-Learning component with reflection exercises
2. English-Spanish and Spanish-English glossaries
3. A vocabulary section about medications and how to take them
4. Content and grammar reviews

A companion website, http://www.weber.edu/espanolmedicoysociedad, offers resources to practice listening and to review vocabulary and content. The Facebook page https://www.facebook.com/ Espanolmedicoysociedad contains videos, jokes and health news. This page offers students the opportunity to interact with one another outside the classroom when commenting about the posted issues.

ACKNOWLEDGMENTS

Español médico y sociedad was written due to the encouragement of Weber State University's Spanish students who took my class SPAN 3720, Spanish for Medical Personnel. Their needs, comments, and interests have completely shaped this book. Special thanks go to Chace Bennet, Noemi Erikson, Philip Harris, Rebecca Miller and Josh Whitesides. Ryan Uhrey, M.A., former student and interpreter at Primary Children's Medical Center in Salt Lake City, was extremely helpful in the development of the interpretation section.

The book owes its present form to colleagues from around the world. My most sincere appreciation goes to the professionals from the Spanish teaching community who selflessly offered insights, recommendations and corrections. I owe special thanks to:

Ana Korina López Gámez, Facultad de Lenguas, Benemérita Universidad Autónoma de Puebla, Mexico

Desirée Acebes de la Arada, M.A., Instituto de Idiomas Modernos, Universidad San Jorge, Zaragoza, Spain

Eva Bravo García, Ph.D., Facultad de Filología, Universidad de Sevilla, Spain

Guadalupe Arias Méndez, Ph.D., Escola Superior de Tecnologia e Gestao, Guarda, Portugal

Sandra Torres, Ph.D., School of Languages, Linguistics and Cultures, University of Manchester, United Kingdom

My colleagues at Weber State University have also been instrumental in the improvement of the text, among them:

Dolores Fuentes Jasmer, M.A., Department of Foreign Languages
Electra Gamón Fielding, Ph.D., Department of Foreign Languages
Isabel Asensio, Ph.D., Department of Foreign Languages
Jim Jacobs, Department of Visual Arts
Laura S. Anderson, Department of Telecommunications and Business Education
Mark A. Biddle, Department of Visual Arts
Rona Maughan, Ph.D., Department of Foreign Languages
Sharen Brady Keeler, MSN, RN, Emeritus, School of Nursing
Thomas Mathews, Ph.D., Department of Foreign Languages
Victoria Ramirez, Ph.D., Department of English

Finally, a most special thank you to Nuria Giralt, Ph.D., Department of Psychology, California State University-Long Beach, California, for her untiring support and contributions.

This textbook reflects my colleagues' and friends' close readings and invaluable assistance. The errors are all mine.

Capítulo 3 El sistema sensorial I: Los ojos y la visión   67

Capítulo 4 El aparato respiratorio   86

Capítulo 5 El aparato locomotor   105

Capítulo 6 El sistema nervioso   128

Capítulo 7 El sistema sensorial II: El oído   145

Caplítulo 8 El sistema integumentario   167

Capítulo 9 El sistema cardiovascular   186

Capítulo 10 El sistema endocrino   205

Capítulo 11 El sistema reproductor femenimo   226

CAPÍTULO PRELIMINAR

INTRODUCCIÓN A TEMAS DE SALUD

Entre salud y dinero,
salud primero.

Más vale prevenir que curar.

Refranes

Objetivos

En este capítulo encontrarás contenido y vocabulario para mejorar la comunicación sobre los siguientes temas:

- Las visitas al médico
- Los gentilicios
- El perfil de los hispanos en EEUU
- Variables que afectan la salud de los hispanohablantes

También revisarás el presente de algunos verbos irregulares y el uso de los acentos.

Las siguientes preguntas te pueden ser útiles para traerte a la memoria contenido y vocabulario relacionados con este capítulo que tal vez ya sepas, tanto en tu lengua nativa como en español. Contéstalas antes de empezar las lecturas que siguen.

1. ¿Qué piensas de los refranes introductorios al capítulo? ¿Qué te señalan sobre la cultura hispana? ¿Hay refranes similares en tu lengua materna?

2. ¿Qué tipo de preguntas haces cuando vas al médico? ¿Cuáles te hace el médico a ti?

3. ¿Qué tipo de información se pregunta en un historial médico?

4. ¿Sabes la diferencia entre latino, hispano, chicano y boricua?

5. ¿Has estudiado alguna vez los sistemas o aparatos del cuerpo humano? Si sí, ¿recuerdas los componentes de los sistemas?

6. ¿Qué factores crees que influyen en la salud de una persona? ¿Crees que son los mismos en todos los países del mundo?

7. ¿Crees que los chistes te pueden ayudar a entender una cultura? ¿Por qué?

8. ¿Crees que necesitas entender una cultura antes de poder entender su humor? ¿Por qué?

ESTRUCTURA

Generalmente, cuando una persona tiene un problema de salud y visita al médico, va a hablar con varias personas: la recepcionista, la enfermera y la doctora. Los temas de conversación más comunes son los señalados más abajo.

1. Con la recepcionista
    a. Información personal
    b. Información sobre el seguro médico
    c. Información médica: rellenar un cuestionario con el historial médico

2. Con la enfermera
    a. Peso y signos vitales
    b. Razón de la visita
    c. Síntomas
    d. Medicamentos que toma el paciente

> Los signos vitales son la presión arterial, la respiración, el pulso y la temperatura.

3. Con la doctora
    a. Presentación del problema
    b. Síntomas
    c. Frecuencia y desde cuándo
    d. Próximos análisis
    e. Próxima visita

UNA TÍPICA VISITA AL MÉDICO

Lee el siguiente diálogo para aprender el tipo de frases que se usan en un consultorio médico.

Recepcionista	Buenos días
Paciente	Buenos días. Tengo una cita con el Dr. Sánchez.
Recepcionista	¿Es un paciente nuevo o ya le ha visitado con anterioridad?
Paciente	Ya le he visitado en otras ocasiones.
Recepcionista	¿Ha habido algún cambio en su seguro médico, en su dirección?
Paciente	No. Todo está igual.
Recepcionista	Su nombre por favor.
Paciente	Mario Vélez.
Recepcionista	Muy bien. El doctor le atenderá en unos minutos.

El paciente se sienta en la sala de espera. A los pocos minutos una enfermera llama su nombre.

Enfermera	¿Sr. Vélez? Sígame, por favor.

El Sr. Vélez entra en el área de consultas.

Enfermera	Buenos días, Sr. Vélez. ¿Cómo se encuentra hoy?
Paciente	Pues no muy bien.
Enfermera	Vamos a pesarle primero. 70 kg. Por favor, sígame a la habitación para que le tome la presión y la temperatura. Todo está muy bien. ¿Qué síntomas tiene?

Paciente	Pues hace varios días que me pican mucho los ojos, tengo dolor de cabeza y me duele la garganta al tragar.
Enfermera	¿Está tomando algún medicamento?
Paciente	No. Generalmente tengo muy buena salud.
Enfermera	Espere aquí, por favor. El doctor está con otro paciente, pero estará con Ud. en unos minutos.
Paciente	Muchas gracias.

La enfermera sale de la habitación. Diez minutos después, entra el doctor. Al ver al Sr. Vélez le sonríe y le alarga la mano para que se la estreche.

Doctor	Buenas tardes, Sr. Vélez. ¡Cuánto tiempo sin verle! ¿Cómo está la familia?
Paciente	Muy bien todos, gracias, doctor.
Doctor	¿Y Ud.? ¿Cómo anda? ¿Qué le trae hoy por aquí?
Paciente	Pues no me encuentro muy bien. Me pican mucho los ojos y me duele la garganta. También tengo dolor de cabeza.
Doctor	¿Algo más?
Paciente	No. Mi hijo tuvo la gripe la semana pasada y pensaba que igual ahora me toca a mí.
Doctor	¿Cuándo empezaron los síntomas?
Paciente	Hará una semana.

El doctor le ausculta, le mira la garganta y los oídos.

Doctor	No tiene la gripe. ¿Ha tenido alguna vez problemas con alergias?
Paciente	No.
Doctor	En esta época del año es normal tenerlos. El nivel de polen está muy alto. No importa si no le ha afectado antes. Los síntomas pueden aparecer a cualquier edad. Le voy a dar una medicina para las alergias y si los síntomas continúan en una semana quiero que me vuelva a visitar. ¿De acuerdo?
Paciente	Sí, doctor. Muchas gracias.

CUESTIONARIO MÉDICO

Cuando se visita al médico, una de las primeras cosas que se hace es rellenar el cuestionario médico. En esta sección encontrarás un cuestionario médico típico. Familiarízate con el contenido.

CLÍNICA MÉDICA DEL DR. SÁNCHEZ

Sección I	**Información personal**	**Fecha**

Nombre _____

Dirección_____ Ciudad_____ Código Postal_____

Teléfono de casa (____)_____ trabajo (___) _____ móvil (____)_____

La mejor hora para contactarme es ☐ por la mañana ☐ por la tarde ☐ por la noche

Prefiero que me llamen a mi número ☐ del trabajo ☐ de casa ☐ de móvil.

Correo electrónico_____

Fecha de nacimiento_____ Número de la seguridad social o de identidad _____

Marque el recuadro apropiado ☐ menor ☐ soltero ☐ casado ☐ divorciado
☐ separado ☐ viudo
Si es un estudiante, nombre de la escuela_____ Ciudad_____
☐ de tiempo completo ☐ de tiempo parcial
Nombre del cónyuge o de los padres _____
Lugar de empleo _____
Persona a quien contactar en caso de emergencia _____Teléfono_____

Sección II   Persona responsable de los gastos

Relación con el paciente ☐ Mismo ☐ Cónyuge ☐ Padre ☐ Otro
Nombre_____ Relación con el paciente _____
Dirección_____
Ciudad_____ Estado _____ Código postal_____
Teléfono (___)_____
Lugar de empleo _____ Teléfono del trabajo (___)_____

Sección III   Información del seguro médico

La póliza está a nombre de _____ Fecha de nacimiento_____
Relación con el paciente _____ Lugar de empleo _____
Compañía de seguros _____ Número de póliza _____
Dirección de la compañía de seguros _____
Teléfono _____
¿Dispone de algún seguro adicional? ☐ Sí ☐ No Si la respuesta es sí, complete la siguiente información:
La póliza está a nombre de _____ Fecha de nacimiento_____

HISTORIAL MÉDICO

Todas las preguntas son confidenciales y formarán parte de su expediente médico.
Por favor, señale con un círculo las palabras que le aplican a Ud.

Apellidos y nombre:	Hombre Mujer	Fecha de nacimiento:

Información personal

Enfermedades infantiles que ha padecido:

sarampión	paperas	rubéola	varicela	fiebre reumática	polio

Señale las vacunas que ha recibido:
hepatitis A   hepatitis B   MMR (sarampión, paperas y rubéola)   DTaP difteria, tétano y tos ferina

Escriba cualquier problema médico que se le haya diagnosticado con anterioridad

Cirugías

Año	Motivo	Hospital

Otras hospitalizaciones

Año	Motivo	Hospital

¿Ha recibido alguna vez una transfusión sanguínea?	☐ No	☐ Sí

Escriba los tipos de medicamentos que toma en la actualidad (incluya vitaminas, pastillas para dormir, etc.)

Nombre del medicamento	
Frecuencia con que lo toma	
Alergias a medicamentos	☐ No ☐ Sí
	En caso afirmativo, escriba el nombre del medicamento y la reacción que tuvo.

Hábitos de salud

Las preguntas siguientes son opcionales. Como el resto del formulario, son confidenciales. Por favor conteste sobre el uso de las siguientes sustancias.

Cafeína	☐ No	☐ Café	☐ Té	☐ Cola
	En caso afirmativo, número de tazas o latas por día			
Alcohol	☐ No	☐ Sí		
	En caso afirmativo, ¿con qué frecuencia?			
Tabaco	☐ No	☐ Sí		
	☐ Cigarrillos/día	☐ Mascar/día	☐ Pipa/día	☐ Puros/día
Drogas recreativas	☐ No	☐ Sí		
	En caso afirmativo, ¿qué tipos y con qué regularidad?			
	¿Se ha inyectado alguna vez con una aguja?		☐ No	☐ Sí
Ejercicio	¿Hace ejercicio de forma regular?		☐ No	☐ Sí
	En caso afirmativo, ¿qué tipo de ejercicio?			
	¿Cuántas horas por semana?			

Marque el recuadro correspondiente si sufre o ha sufrido problemas en las siguientes áreas. Si los ha sufrido, marque en qué parte del cuerpo ha tenido síntomas.

☐ Piel	☐ Pecho/corazón	☐ Cambios recientes en:
☐ Cabeza/cuello	☐ Espalda	☐ Peso
☐ Oídos	☐ Aparato digestivo	☐ Nivel de energía
☐ Nariz	☐ Vejiga	☐ Habilidad para dormir
☐ Garganta	☐ Sistema circulatorio	☐ Otro cambio
☐ Pulmones	☐ Enfermedades nerviosas	☐ Otro dolor

ANTECEDENTES MÉDICOS FAMILIARES

Parentesco	Edad	Problemas de salud significativos
Madre		
Padre		
Hermanos		
H/M		
H/H		
Hijos		
H/M		
H/M		
H/M		
Abuelos maternos		
Abuelos paternos		

PRÁCTICA

Con un compañero, actúa una situación similar a la que has leído en el diálogo, pero será la primera vez que el paciente visita al médico. Debido a esto, el paciente deberá rellenar el cuestionario médico que se encuentra más arriba. Puedes escoger los síntomas que sufre el paciente y una enfermedad con la que estés familiarizado.

PREGUNTAS EN EL CONSULTORIO

La visita al médico es una situación que requiere hacer preguntas, tanto por parte del doctor como del paciente. Aquí tienes una lista de preguntas que generalmente harían los participantes. Revísalas, practícalas con un compañero y úsalas durante los capítulos siguientes cuando se te pida que recrees situaciones en diferentes tipos de consultas médicas.

PREGUNTAS QUE PUEDE HACER EL MEDICO

Generales

1. ¿Cómo se encuentra?
2. ¿Qué le trae hoy por aquí?
3. ¿Qué hay de nuevo?
4. ¿Cómo está Ud.?

Sobre los síntomas

1. ¿Qué le molesta?
2. ¿Qué le duele?
3. ¿Dónde le duele?
4. ¿Cuándo empezaron los síntomas?
5. ¿Cuándo empezó a notar...?
6. ¿Cuánto hace que le molesta el/la...?
7. ¿Cuánto hace que le duele el/la...?
8. ¿Qué tipo de dolor siente?
9. ¿Es el dolor agudo/punzante/lacerante/opresivo/severo/leve/intenso?
10. ¿Es el dolor constante/ocasional?
11. ¿Le duele si aprieto aquí?
12. ¿Le duele más si aprieto aquí/así?
13. En una escala de 0 a 10, ¿cuán fuerte es el dolor?
14. ¿Cómo se le alivia el dolor/deja de dolerle?
15. ¿Interfiere el dolor con sus actividades diarias?

Sobre el estilo de vida

1. ¿Hace ejercicio?
2. ¿Cuándo hace ejercicio?
3. ¿Qué tipo de ejercicio hace?
4. ¿Fuma? ¿Cuánto?
5. ¿Bebe? ¿Cuánto?

PREGUNTAS QUE PUEDE HACER EL PACIENTE

Sobre la enfermedad

1. ¿Qué tengo?
2. ¿Qué me pasa?
3. ¿Es grave?
4. ¿Me puedo/me voy a morir?
5. ¿Qué me va a pasar?
6. ¿Es transmisible? o ¿Lo puedo pasar/dar a otra persona?
7. ¿Estoy contagioso?

8. ¿Cuánto tiempo (falta/pasará) hasta que se me pase/hasta que me cure?

9. ¿Cuándo me voy a mejorar?

10. ¿Cuánto tiempo voy a estar contagioso?

11. ¿Puedo ir al trabajo/a la escuela/al colegio/a la universidad?

12. ¿Cuándo puedo/podré volver al trabajo/a la escuela/al colegio/a la universidad?

13. ¿Hay algo/alguna actividad que tenga que dejar de hacer?

14. ¿Cuándo tengo que volver?

Sobre el medicamento*

1. ¿Para qué sirve?

2. ¿Qué hace?

3. ¿Tiene efectos secundarios? ¿Cuáles?

4. ¿Cuándo/cómo tengo que tomarlo?

5. ¿Qué pasa si me olvido una dosis? ¿Puedo/tengo que doblar la siguiente?

6. ¿Qué pasa si no me encuentro mejor/si no noto una mejoría en ... días? ¿Le llamo?

Sobre los análisis y pruebas*

1. ¿Para qué sirve?

2. ¿Duele? ¿Va a dolerme?

3. ¿Tengo que prepararme de alguna manera para esta prueba?

4. ¿Adónde tengo que ir para hacerme esa prueba?

5. ¿Qué pasa si la prueba sale positiva/negativa?

Añade cualquier otra pregunta que te parezca oportuna para hacerla más adelante cuando practiques con tus compañeros las visitas al médico.

* Para ver el vocabulario sobre medicamentos y pruebas médicas, ve a la página 289 (Apéndice 3).

Cualquier profesional que trabaje con personas de una cultura diferente debería alcanzar competencia en la cultura de su cliente o paciente. La competencia cultural es muy diferente de la competencia lingüística. Al poseer competencia lingüística se domina un idioma específico. El poseer competencia cultural significa que se entienden y respetan las creencias, normas, ideas y valores de un grupo cultural específico. La competencia cultural es especialmente significativa en el campo de la salud debido a que cuanto mayor sea, mejor será la calidad del servicio que los pacientes hispanoparlantes recibirán y, por lo tanto, mejor será su bienestar físico.

Aunque a primera vista se pueda pensar que las cuestiones relacionadas con la salud cruzan fronteras, no es así. Como ocurre con tantos otros productos, la salud también es un producto cultural. En las próximas secciones vas a leer de qué manera los hispanoparlantes entienden la salud. Entre otros temas, también leerás sobre cuáles creen que son las causas de algunas enfermedades y qué factores pueden

afectar la relación entre pacientes, intérpretes y profesionales de la salud.

Es crucial que las personas que trabajen con hispanos respeten y no juzguen sus ideas o valores. Si un paciente le explica a su médico cómo cree que ha contraído una enfermedad y éste se burla o le tacha de supersticioso, es fácil imaginarse que el paciente levantará una barrera que dificultará la comunicación y la confianza.

Por supuesto, no todos los hispanohablantes van a compartir las mismas creencias sobre la salud y la enfermedad. Algunos factores que pueden afectar la ideología son el nivel socio-económico y educativo, el país de origen, el tiempo que lleva una persona en EEUU y el grupo étnico al que pertenece. Por ejemplo, es probable que los mayas guatemaltecos vean la enfermedad de una manera diferente a sus vecinos ladinos.

Las secciones sobre este tema a lo largo del libro te ayudarán a desarrollar tu competencia cultural.

Un gentilicio es una palabra que denota el lugar de origen de una persona. *Estadounidense* es el gentilicio para indicar que alguien es de los Estados Unidos. *Español* y *mexicano* describen a personas de España y México. Es fácil saber cuál gentilicio usar si sabes el país específico del que procede tu cliente o paciente. Más difícil puede ser referirse a un grupo de personas que tienen en común el ser hispanohablantes. Los términos más comunes son *hispano*, *latino* y *chicano*. Las tres palabras no son sinónimas. *Hispano* es una palabra derivada de Hispania, el nombre con el cual los romanos denominaron a la península Ibérica. Por lo tanto, *hispana* es la persona con raíces en España. Aunque pudieras pensar que *hispano*

abarca a todos los que hablan español, algunas personas no quieren usar este gentilicio e incluso lo consideran ofensivo porque da prevalencia al dominio colonial español de las Américas en lugar de darlo a las culturas originarias del continente.

Por otro lado, *latino* se relaciona con Latinoamérica. Este gentilicio es preferido por aquéllos que asocian sus raíces con alguno de los países de este continente. *Hispano* no indica que uno tenga raíces indígenas mientras que *latinoamericano* para algunos sí lo hace. No obstante, ya que *latino* también indica que se habla un idioma que procede del latín, encontrarás personas latinoamericanas a la que no les gusta que se les llame latinos por no ser

un término lo suficientemente específico. Dado que Quebec habla francés y el francés deriva del latín, ¿son latinos los canadienses de Quebec? ¿Son latinos los brasileños?

Chicano se refiere exclusivamente a personas nacidas en EEUU de origen mexicano. Se cree que este gentilicio puede venir de *mexicano*, después de perder la sílaba "me". En los años 60 y 70, fue usado por aquéllos que participaron en el movimiento de los Derechos Civiles. Hoy en día ya no es tan usado. *Boricua* es un gentilicio para personas de Puerto Rico, lo mismo que *puertorriqueño*, pero mientras que *puertorriqueño* deriva del nombre dado a la isla por los españoles, *boricua* deriva de Borikén, el nombre de la isla usado por los taínos, los indígenas originarios.

De una manera muy general, *hispano* se usa más en la costa este y latino en la costa oeste y el suroeste de EEUU. Hace años *hispano* era la calificación que usaba el gobierno federal de EEUU en el censo y otras publicaciones. Desde el año 2000, el censo ofrece la opción español/hispano/latino y cada persona puede autodenominarse. Probablemente, ésta sea la manera más sencilla de no ofender a tus pacientes. Si por algún motivo tienes la necesidad de usar un gentilicio para describir a tu paciente o cliente, pregúntale cómo prefiere que se le describa. Probablemente te dará el gentilicio de un país con el que asocia a su familia, mexicano, guatemalteco, etc., aunque haya nacido en EEUU y nunca haya salido de sus fronteras.

SISTEMAS Y APARATOS DEL CUERPO HUMANO

Una manera de organizar el estudio del cuerpo humano y los problemas médicos que lo afectan es agrupar sus componentes según su función en sistemas y aparatos. Por sistema se entiende un conjunto de órganos, generalmente del mismo tejido, que cumple una función determinada, tal como el sistema reproductor o cardiovascular.

El concepto de aparato es más amplio. Un aparato es un conjunto de sistemas que cumple una función específica, tal como el aparato locomotor, el cual incluye el sistema óseo, muscular y articular.

En el transcurso del curso veremos los siguientes sistemas, aparatos y las funciones específicas que llevan a cabo. También estudiaremos algunas de las enfermedades más comunes que los afectan.

Sistemas y aparatos	Systems
Aparato digestivo I	Digestive System
Sistema sensorial I	Sensory System
Aparato respiratorio	Respiratory System
Aparato locomotor	Musculoskeletal System
Sistema nervioso	Nervous System
Sistema cardiovascular	Cardiovascular System
Sistema endocrino	Endocrine System
Sistema reproductor femenino	Female Reproductive System
Sistema reproductor masculino	Male Reproductive System
Aparato excretor	Excretory System

Los capítulos de este texto están divididos de la siguiente manera:

Sistema y aparato	Componentes	Components
1. Aparato digestivo I	Esófago, estómago, intestinos y glándulas	Esophagus, stomach, intestines and glands
2. Aparato digestivo II	Boca y dientes	Mouth and teeth
3. Sistema sensorial I	Ojos y visión	Eyes and vision
4. Aparato respiratorio	Pulmones y vías respiratorias	Lungs and airways
5. Aparato locomotor	Huesos, articulaciones, tendones y músculos	Bones, joints, tendons and muscles
6. Sistema nervioso	Cerebro y nervios	Brain and nerves
7. Sistema sensorial II	Oído y nariz	Ear and nose
8. Sistema integumentario	Piel, cabello y uñas	Skin, hair and nails
9. Sistema cardiovascular	Corazón, arterias, venas, capilares y sangre	Heart, arteries, veins, capillaries and blood
10. Sistema endocrino	Glándulas endocrinas productoras de hormonas	Hormone-producing endocrine glands
11. Sistema reproductor femenino	Órganos sexuales femeninos	Female sex organs
12. Sistema reproductor masculino	Órganos sexuales masculinos	Male sex organs
13. Aparato excretor	Riñones y sistema urinario	Kidneys and urinary system

EMPAREJADOS

Combina las dos columnas para que reflejen el contenido apropiado. Escribe en la columna en blanco de la derecha titulada *Solución* la combinación adecuada de letra y número.

Sistemas o aparato	Componentes	Solución
1. Aparato digestivo	A. Cerebro y nervios	
2. Sistema sensorial	B. Órganos sexuales femeninos	
3. Aparato respiratorio	C. Oído, nariz, piel y ojos	
4. Aparato locomotor	D. Boca, dientes, esófago, estómago, intestinos y glándulas	
5. Sistema nervioso	E. Corazón, arterias, venas, capilares y sangre	
6. Sistema integumentario	F. Huesos, articulaciones, tendones y músculos	
7. Sistema cardiovascular	G. Órganos sexuales masculinos	
8. Sistema endocrino	H. Piel, cabello y uñas	
9. Sistema reproductor femenino	I. Riñones y sistema urinario	
10. Sistema reproductor masculino	J. Glándulas endocrinas productoras de hormonas	
11. Aparato excretor	K. Pulmón y vías respiratorias	

PERFIL DE LOS HISPANOS/LATINOS EN EEUU

Esta lectura ofrece una introducción al estado de la salud de los hispanos residentes en los Estados Unidos. Con las lecturas de los siguientes capítulos aprenderás más detalles sobre aspectos específicos de su salud.

La siguiente información proviene de páginas de Internet de la Oficina de Salud de las Minorías (OMH, por sus siglas en inglés). La misión de la OMH es "mejorar y proteger la salud de las minorías raciales y étnicas mediante el desarrollo de políticas y programas de salud que apunten a eliminar las desigualdades existentes en materia de salud".

Descripción y datos demográficos

Este grupo étnico incluye a cualquier persona de origen o cultura cubana, mexicana, puertorriqueña, de América del Sur y Centroamérica, o de otro origen o cultura española, sin importar la raza. Según el estudio demográfico de 2004 de la Oficina del Censo de los Estados

Unidos, hay aproximadamente 44.3 millones de hispanos viviendo en dicho país y representan alrededor del 15% de la población total de los Estados Unidos. Entre los subgrupos hispanos, los mexicanos aparecen como el grupo de mayor representación, con un 66.9%. Luego se encuentran los centroamericanos y sudamericanos (14.3%), puertorriqueños (8.6%), cubanos (3.7%) y los restantes son individuos de otro origen hispano. Los estados con mayor población hispana son California (13 millones), Texas (6.7 millones), Nueva York (2.9 millones), Florida (3.6 millones), e Illinois (1.9 millones). Otro dato importante es que en 2002, el 34.4% de los hispanos eran menores de 18 años en comparación con el 22.8% de los caucásicos no hispanos. Entre los hispanos, los mexicanos tienen la mayor proporción de individuos menores de 18 años, lo que en porcentajes se expresa en un 38%.

Dominio del idioma

Un estudio conducido en 2002 por el Centro Hispano Pew, concluyó que el dominio del idioma inglés varía entre los grupos hispanos que residen dentro de los Estados Unidos continental. El número de hispanos que sólo hablan inglés en el hogar son 3.9 millones en el caso de los mexicanos, 763,875 en el caso de los puertorriqueños, 163,599 en el caso de los cubanos y 1.8 millones en el caso de otros grupos de origen hispano o latino. Por su parte, el número de hispanos que hablan español en el hogar se divide en 14.5 millones de mexicanos, 2.3 millones de puertorriqueños, 1 millón de cubanos y 6.7 millones de individuos de otros grupos hispanos o latinos.

Nivel educativo

Según un informe conducido por la Oficina del Censo de los Estados Unidos en 2006, sólo el 55% de los hispanos posee un diploma de educación secundaria en comparación con el 85% de caucásicos no hispanos. Igualmente, sólo un 10% de los hispanos tiene un título universitario con respecto al 24.6% de caucásicos no hispanos.

Economía

De acuerdo con el informe conducido por la Oficina del Censo de los Estados Unidos en 2002, los hispanos se atribuyen el 22.1% de los trabajos en el sector de servicios con respecto al 11.6% de caucásicos no hispanos que trabajan en dicho sector. Un 14.2% de hispanos ocupan cargos profesionales o gerenciales en contraste al 35.1% de caucásicos que ocupan esta clase de puestos. En la categoría nacional de salarios, se observa que en 2002 el 26.3% de trabajadores hispanos de tiempo completo ganaron 35 mil dólares o más en relación al 58.8% de los trabajadores caucásicos no hispanos. Según el mismo informe, el 21.4% de los hispanos vivían por debajo de la línea de pobreza en comparación al 7.8% de caucásicos no hispanos. Aunque en ese momento los hispanos representaban al 13.3% de la población total de los Estados Unidos, constituían el 24.3% de la población viviendo por debajo del umbral de pobreza.

Seguro médico

Es importante subrayar que los hispanos presentan el índice más alto de falta de seguro médico en comparación a cualquier otro grupo racial o étnico dentro de los Estados Unidos. En 2004, los Centros para el Control y la Prevención de Enfermedades (CDC, por sus siglas en inglés) reportaron que el acceso a seguros de salud privados entre los subgrupos hispanos se dividía de la siguiente manera: 39.1% de mexicanos, 47.3% de puertorriqueños, 57.9% de cubanos y 45.1% de otros grupos hispanos y latinos. Por su parte, los números de 2004 referentes a la cobertura de Medicaid también mostraban variaciones entre los grupos hispanos: 22.4% de mexicanos, 29.1% de puertorriqueños, 17.9% de cubanos y 20.8% de otros grupos hispanos y latinos. Las cifras también

oscilan en el caso de los hispanos sin seguro médico: 37.6% de mexicanos, 20.4% de puertorriqueños, 22.8% de cubanos y 32.3% de otros grupos hispanos o latinos.

Salud

En algunos casos, la salud de los hispanos está determinada por factores tales como las barreras culturales y lingüísticas, la falta de cuidados preventivos y la falta de seguro médico. Los Centros para el Control y la Prevención de Enfermedades han señalado algunas de las principales causas de enfermedad y mortalidad entre los hispanos. Entre ellas se encuentran las enfermedades cardíacas, el cáncer, heridas no intencionales (accidentes), derrames cerebrales y diabetes. Algunos otros padecimientos y factores de riesgo que afectan notoriamente a los hispanos son el asma, la enfermedad pulmonar obstructiva crónica, VIH/SIDA, obesidad, suicidio y enfermedades hepáticas.

Otros aspectos preocupantes sobre la salud de los hispanos

Los hispanos presentan índices más altos de obesidad que los caucásicos no hispanos. No obstante, también existen desigualdades entre los propios subgrupos hispanos. Algunas de estas diferencias se reflejan mediante el índice de recién nacidos que nacen con bajo peso. Si bien las cifras absolutas son más bajas cuando se estudia a toda la población hispana con respecto a los caucásicos no hispanos, se aprecia que la tasa de recién nacidos con bajo peso en el caso puntual de los puertorriqueños es un 50% más alta que el índice correspondiente a los caucásicos no hispanos. Igualmente, las estadísticas revelan que este subgrupo resulta afectado de forma desproporcionada por el asma, VIH/SIDA y la mortalidad infantil. En tanto, el índice de mexicano-americanos que padecen diabetes es alarmante con respecto a otros grupos.

Fuente: Oficina de Salud de las Minorías, "Perfil: Hispanos/Latinos". Departamento de Salud y Servicios Humanos de EE.UU.

TRABAJANDO CON EL TEXTO

Contesta las siguientes preguntas según lo que has leído.

1. ¿Qué grupos étnicos incluye la denominación hispano/latino? Escribe una lista en orden descendiente de los subgrupos hispanos según el número de habitantes en EEUU.

2. ¿Cuál es la situación de los hispanos en relación con los seguros médicos?

3. ¿Qué factores sociales influyen en la salud de los hispanos en EEUU?

4. ¿Qué enfermedades afectan la salud de los hispanos?

5. ¿Cómo crees que la economía afecta la salud de los hispanos en EEUU?

LA SALUD EN EL MUNDO HISPANO

El estado de la salud en el mundo hispano varía enormemente según el país y la situación social de la persona. Durante este semestre, estudiaremos diversos aspectos relacionados con la salud en los diversos países hispanos. Por supuesto, Los Estados Unidos no es estrictamente un país hispano, pero lo vamos a incluir en nuestras discusiones por dos motivos: te ayudará al ofrecer un marco de

referencia para los temas que se tratan y también es el cuarto país del mundo en cuanto a hablantes de español.

Norte América	Europa	África
EEUU	España	Guinea Ecuatorial
México		

Caribe	Países Andinos	Cono Sur
Cuba	Colombia	Argentina
República Dominicana	Ecuador	Paraguay
	Perú	Uruguay
	Bolivia	
	Chile	

Centro América

Guatemala	Nicaragua
El Salvador	Costa Rica
Honduras	Panamá

Los datos de las tablas de las siguientes páginas provienen de la Organización Mundial de la Salud y de The World Factbook de la Agencia Central de Inteligencia de los EEUU. El año que se da al lado de cada columna indica la última fecha para la que se tienen datos.

Para dar una imagen introductoria de las diferencias en salud en los países hispanos, una variable presentada en la tabla 1 es la expectativa de vida (también llamada *esperanza de vida* en algunos países). Según las tablas, ¿qué países tienen las expectativas de vida más altas? ¿Y las más bajas? ¿A qué crees que se debe esto? Ordena los países de mayor a menor expectativa de vida. ¿Te sorprende que haya diferencias?

En estas tablas se muestran siete variables que ejercen una gran influencia en la expectativa de vida de una persona y comunidad. La primera es el PIB (el Producto Interno Bruto) per cápita. El PIB es el valor monetario (en dólares en la tabla) de todos los bienes y servicios producidos por un país en un periodo de tiempo determinado (un año en la tabla). Para obtener el PIB per cápita, se divide el PIB por el número de habitantes. ¿Crees que este número da una idea de la riqueza o pobreza de un individuo en un país determinado? ¿Cuál crees que sería una crítica a este número?

La segunda variable es el gasto general del gobierno en sanidad como porcentaje de los gastos totales del gobierno. Esto te ayuda a entender cuánto dinero destina un país en su sistema sanitario. La tercera variable muestra los gastos del gobierno en sanidad per cápita, en dólares. La cantidad se ha calculado usando una media del valor de cambio de la moneda local al dólar, ya que el valor de las divisas puede variar. Igual que hiciste con la expectativa de vida, ordena los países según la cantidad que gasten en sanidad. ¿Qué piensas de los resultados? ¿Te sorprenden? ¿Por qué sí o por qué no?
La cuarta variable indica los gastos totales en sanidad per cápita (también en dólares) y se refiere a la suma de la cantidad usada por el gobierno más los gastos privados, dividida por el número de habitantes. ¿Qué países son los que gastan más y menos? ¿Qué relación crees que tiene este número

con la riqueza o pobreza de sus habitantes? La quinta refleja los gastos totales en sanidad como porcentaje del PIB.

La sexta variable te indica cuántos médicos tiene cada país por cada 10.000 habitantes. Por supuesto, si una comunidad no dispone de médicos, su salud va a sufrir, pero ¿qué otras implicaciones puede tener este número?

Finalmente, la séptima variable muestra el nivel de alfabetización de cada país. ¿Qué tipo de impacto crees que tiene la educación en la salud de una persona? ¿Crees que siempre cuánto más educada sea una persona mejor salud tendrá? ¿Crees que cuánto más rica sea una persona, disfrutará de mejor salud? ¿Cuáles son algunos problemas que los países ricos han experimentado en las últimas décadas en relación con la salud de sus habitantes?

Indudablemente, existen muchas variables que influencian la salud de una comunidad. Las hay sociales, políticas, históricas, etc. ¿Cuáles incluirías tú en la lista? Escribe las cinco variables que en tu opinión más afectan la salud de una persona o comunidad.

1. _____

2. _____

3. _____

4. _____

5. _____

Compara las variables que tú has escogido con las de un compañero. ¿Son similares o diferentes? Si son diferentes, ¿a qué crees que se deben las diferencias? Después compartidlas con los otros estudiantes para aprender más.

La mayoría de las personas quiere vivir cuantos más años posibles, pero sin tener en cuenta unos deseos puramente personales, ¿por qué crees que es importante que los ciudadanos de un país disfruten de buena salud? ¿O crees que no es importante? Escribe tus ideas más abajo para después compartirlas con tus compañeros.

País	Expectativa de vida para ambos sexos, 2011	Expectativa de vida: hombres, 2011	Expectativa de vida: mujeres, 2011	PIB en dólares, 2010	1. PIB per cápita en dólares, 2010
Argentina	76,95	73,71	80,36	596 mil millones	14.700
Bolivia	67,57	64,84	70,42	47.88 mil millones	4.800
Chile	77,7	74,44	81,13	257.9 mil millones	15.400
Colombia	74,55	71,27	78,03	435.4 mil millones	9.800
Costa Rica	77,72	75,1	80,46	51.17 mil millones	11.300
Cuba	77,7	75,46	80,08	114.1 mil millones	9.900
Ecuador	75,73	72,79	78,82	115 mil millones	7.800
EEUU	78,37	75,92	80,93	14.66 billones	47.200
El Salvador	72,44	70,16	76,87	43.57 mil millones	7.200
España	81,17	78,16	84,37	1.369 billones	29.400
Guatemala	70,88	69,03	72,83	70.15 mil millones	5.200
Guinea Ecuatorial	62,37	61,4	63,36	23.82 mil millones	36.600
Honduras	70,61	68,93	72,37	33.63 mil millones	4.200
México	76,47	73,65	79,43	1.567 billones	13.900
Nicaragua	71,9	69,82	74,09	17.71 mil millones	300
Panamá	77,79	75,02	80,68	44.36 mil millones	13.000
Paraguay	76,19	73,59	78,93	33.31 mil millones	5.200
Perú	72,47	70,55	74,48	257.7 mil millones	9.200
República Dominicana	77,31	75,16	79,55	87.25 mil millones	8.900
Uruguay	76,21	73,07	79,46	47.99 mil millones	13.700
Venezuela	73,93	70,84	77,17	345.2 mil millones	12.700

TABLA 1. Fuente: "The World Factbook" de la Agencia Central de Inteligencia, Web; y de la Organización Mundial de la Salud. Noviembre, 2011. Web.

País	2. Gasto general del gobierno en sanidad, 2008	3. Gastos del gobierno en sanidad p.c., 2008	4. Gastos totales en sanidad p.c., 2008	5. Gastos totales en sanidad como porcentaje del PIB, 2008
Argentina	13,7	757	1062	7,4
Bolivia	8,9	128	194	4,5
Chile	15,6	479	1088	7,5
Colombia	18,3	434	517	5,9
Costa Rica	26,1	708	1059	9,4
Cuba	15,5	473	495	12,0
Ecuador	6,9	184	466	5,7
EEUU	18,7	3426	7164	15,2
El Salvador	11,9	244	410	6,0
España	15,2	2049	2941	9,0
Guatemala	15,9	110	308	6,5
Guinea Ecuatorial	7,0	508	658	1,9
Honduras	15,5	145	248	6,3
México	15,0	393	837	5,9
Nicaragua	18,7	137	251	9,4
Panamá	13,5	640	924	7,2
Paraguay	12,3	113	281	6,0
Perú	15,6	226	381	4,5
Rep. Dominicana	10,4	172	465	5,7
Uruguay	13,8	619	982	7,8
Venezuela	8,4	307	683	5,4

TABLA 2. Fuente: "The World Factbook" de la Agencia Central de Inteligencia, Web; y de la Organización Mundial de la Salud. Noviembre, 2011. Web.

País	Expectativa de vida para ambos sexos, 2009	1. Densidad de médicos por 10.000 personas	Años	2. Nivel de alfabetismo (%) 2000-08
Argentina	75	31,6	'00-10	98
Bolivia	68	12,2	'00-10	91
Chile	79	10,9	'00-10	99
Colombia	76	13,5	'00-10	93
Costa Rica	79	13,2	'00-10	96
Cuba	78	64	'00-10	100
Ecuador	75	14,8	'00-10	84
El Salvador	72	16	'00-10	84
España	82	37,1	'00-10	98
Estados Unidos	79	26,7	'00-10	98
Guatemala	69	9	'99	74
Guinea Ecuatorial	53	3	'00-10	93
Honduras	69	5,7	'00-10	84
México	76	28,9	'00-10	93
Nicaragua	74	3,7	'00-10	78
Panamá	77	15	'00-10	94
Paraguay	74	11,1	'00-10	95
Perú	76	9,2	'00-10	90
Rep. Dominicana	71	18,8	'00-10	88
Uruguay	76	37,4	'00-10	98
Venezuela	75	19,4	'00-10	95

Tabla 3. Fuente: "The World Factbook" de la Agencia Central de Inteligencia, Web; y de la Organización Mundial de la Salud. Noviembre, 2011. Web.

Algunas palabras para hablar de temas de salud		Signos vitales	Vital signs
Alfabetismo, m.	Literacy	Presión arterial, f.	Blood pressure
Analfabetismo, m.	Illiteracy	Pulso, m.	Pulse
Analfabeto, m.	Illiterate	Respiración, f.	Breathing
Auscultar, v.	To listen with a stethoscope	Temperatura, f.	Temperature
Cirugía, f.	Surgery		
Código postal, m.	Zip code	**Objetos en la clínica**	
Cónyuge, m. y f.	Spouse	Aguja, f.	Needle
Empleo, m.	Employment	Camilla, f.	Stretcher
Estado civil, m.	Marital status	Cuestionario, m.	Questionnaire
Expectativa/esperanza de vida, f.	Life expectancy	Expediente médico, m.	Medical record
PIB, Producto Interno Bruto, m.	GNP, Gross National Product	Factura, f.	Bill
Sanidad, f.	Public Health	Formulario, m.	Questionnaire
Transfusión sanguínea, f.	Blood transfusion	Historial médico, m.	Medical history
Vacuna, f.	Vaccine	Impreso, m.	Form
Vacunación, f.	Vaccination	Póliza, f.	Policy
Vejiga, f.	Urinary bladder	Receta, f.	Prescription
Algunas vacunas importantes		**Tipos de dolor**	
Paperas, f.	Mumps	Agudo, adj.	Sharp
Rubéola, f.	Rubella or German Measles	Lacerante, adj.	Piercing
Sarampión, m.	Measles	Leve, adj.	Mild
Tos ferina, f.	Whooping cough	Opresivo, adj.	Oppresive
Varicela, f.	Chickenpox	Punzante, adj.	Stabbing

La OMS es la Organización Mundial de la Salud, conocida en inglés como WHO, World Health Organization.

PRÁCTICAS

1. Vocabulario. Rellena el espacio en blanco con la palabra del vocabulario que convenga más.

Todos los niños pequeños deben recibir una serie de _____ para que no contraigan enfermedades prevenibles como _____, _____, _____ y _____. El médico escribe la fecha de estas _____ en el _____ _____ del niño y cuando asista a la escuela lo mostrará al inscribirse. Gracias a los altos niveles de _____ en muchos países, estas enfermedades ya no son la amenaza (threat) a la infancia que eran hace unos años.

2. Expectativas de vida. Con la ayuda del Internet, en el siguiente mapa, escribe el nombre de los países hispanos. Al lado del nombre, y usando la tabla anterior, escribe la expectativa de vida correspondiente a cada país.

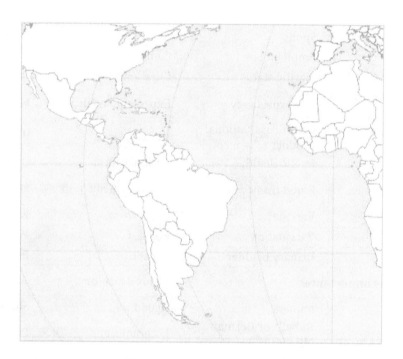

Cuando una persona va al médico, una de las primeras cosas que va a hacer es hablar sobre cómo se encuentra. Para comunicar esta información, deberá usar el presente de Indicativo. Probablemente conoces esta forma verbal muy bien, no obstante, si eres como la mayoría de los estudiantes, los verbos irregulares son un desafío. Ahora es un buen momento para repasarlos.

REPASO GRAMATICAL: LOS PRESENTES IRREGULARES

Los verbos más comunes son generalmente irregulares. Como son los que más vas a repetir, tendrás muchas oportunidades de practicarlos, con lo que acabarás dominándolos. Estudia los siguientes verbos si todavía no estás cómodo usándolos.

Si no estás seguro de la conjugación de un verbo, ve a la página del Diccionario de la Real Academia Española, rae.es. Escribe el verbo en el buscador. Cuando te dé el significado, pulsa el recuadro azul con la palabra "conjugar" y podrás ver toda la conjugación de ese verbo.

ser		estar		ir		haber	
soy	somos	estoy	estamos	voy	vamos	he	hemos
eres	sois/son	estás	estáis/están	vas	vais	has	habéis/han
es	son	está	están	va	van	ha/hay	han

En la forma para la segunda persona del plural, la primera palabra corresponde al uso en la mayor parte de España. la segunda es la usada en Latinoamérica.

Hay varios verbos que en el presente de indicativo sólo tienen la forma de yo irregular. Éstos son algunos.

salir	salgo	ver	veo	dar	doy	saber	sé
caer	caigo	poner	pongo	traer	traigo	hacer	hago
decir	digo	conducir	conduzco	conocer	conozco	traducir	traduzco
parecer	parezco	vencer	venzo	caber	quepo	perecer	perezco

Fíjate en que *ir*, sin contar la primera persona, se conjuga como un verbo de la primera conjugación. *Caer, poner, traer, hacer* y *decir* añaden una *ge*. Los verbos que acaban en "cer" o "cir", como conocer, conducir, traducir, parecer y vencer, añaden una *zeta*.

También hay verbos que sufren cambios en la raíz cuando una vocal recibe el acento. Verás que las formas nosotros y vosotros no cambian la raíz porque no reciben el acento.

tener		pedir		querer		venir	
tengo	tenemos	pido	pedimos	quiero	queremos	vengo	venimos
tienes	tenéis/tienen	pides	pedís/piden	quieres	queréis	vienes	venís/vienen
tiene	tienen	pide	piden	quiere	quieren	viene	vienen

Otros verbos muy comunes con cambios en la raíz son divertir (divierto), recomendar (recomiendo), poder (puedo), soñar (sueño), dormir (duermo), morir (muero) y sentir (siento).

PRÁCTICAS

Conjuga el verbo en paréntesis en la forma verbal adecuada.

1. (Haber) _____ gente en comarcas rurales latinoamericanas que no (tener) _____ acceso a médicos.

2. Las personas analfabetas no (saber) _____ leer, pero yo sí (saber) _____.

3. Cuando el paciente (ir) _____ al médico, debe rellenar un formulario.

4. Cuando me mareo, (caerse) _____.

5. (Yo-ser) _____ tan grande que no (caber) _____ en esa silla de ruedas .

6. A veces (yo-soñar) _____ que viajo por toda Latinoamérica.

7. Si (yo-vencer) _____ esta enfermedad, me (ir) _____ a regalar un gran viaje a la Patagonia.

8. A veces (yo-traducir) _____ documentos médicos. ¿(Traducir-tú) también?

9. Cuando (yo-decir) _____ algo es porque lo (sentir) _____.

10. No (yo-conocer) _____ todos estos verbos irregulares, pero los (ir) _____ a aprender pronto.

PARA ESCRIBIR BIEN: LOS ACENTOS

Para saber qué palabras llevan acentos gráficos, recuerda estas sencillas reglas.

Generalmente, las monosílabas no llevan acento.

Con el resto de las palabras, haz lo siguiente. Escoge una palabra y pronúnciala en voz alta, exagerando la sílaba que lleva mayor fuerza.

1. Decide qué tipo de palabra es. Si la fuerza va en la última sílaba empezando por el final de la palabra, es una palabra aguda. Si la fuerza cae en la segunda sílaba empezando por el final, es una palabra llana o grave. Si la fuerza cae en la tercera sílaba empezando por el final es una palabra esdrújula.

2. Sitúala en la columna adecuada.

3. Decide si lleva acento gráfico o no, según las reglas que siguen.

Las reglas para saber si las palabras llevan acento gráfico son:

Agudas:	Sólo llevan acento gráfico las palabras agudas que acaban en vocal, en ene o ese.
Llanas o graves:	Sólo llevan acento gráfico las palabras llanas que no acaban ni en vocal, ni en ene, ni en ese.
Esdrújulas:	Todas las esdrújulas se acentúan.

Sigue los puntos del 1 a 3 con las siguientes palabras:

Fatiga, abrumador, sindrome, creencia, facil, trago, categoria, estereotipico, adultos, juvenil, joven, jovenes, dolor, drogar, drogadiccion, cancer, sintoma, tomo, medico, medicina, medicamento, tos, voz, romper, rompio, fractura, fracturo, tome, tome la, radiografia, infeccion, debil.

Esdrújula	Llana o grave	Aguda

Palabras que no siguen las reglas principales: El caso de los homónimos

Homónimos son palabras que suenan igual, pero que tienen significados diferentes, como el *té* que se bebe, y el *te* pronombre. Debes memorizarlas.

Llevan acento	No llevan acento
sí afirmación (yes)	*si* condición (if)
té bebida	*te* pronombre
más adición (more, plus)	*mas* contradicción (but)
dé verbo dar	*de* posesión (of)
aún cuando significa todavía	*aun* incluso (even)
sé del verbo saber	*se* pronombre reflexivo
Los pronombres que tienen homónimos, si el omitir el acento lleva a confusión	Los adjetivos posesivos, los artículos
• *Tú* tienes muy buena salud	• *Tu* salud es muy buena
Todos los pronombres interrogativos	Los pronombre relativos
• ¿*Qué* dices?	• Quiero *que* venga

LOS DIPTONGOS

Las letras *A*, *E* y *O* se consideran vocales fuertes. Por sí solas ya forman sílabas. *I* y *U* son débiles. Cuando una vocal fuerte está junto a una débil se forma una sola sílaba. Si la pronunciación requiere que sean dos, se debe acentuar la vocal débil.

Quizás esto te ayude a recordar cuáles vocales son débiles o fuertes: "*U* and *I* are weak. The rest are strong".

Ejemplo: María, venía.

TU VOCABULARIO

Anota las palabras y frases nuevas que has aprendido no incluidas en el vocabulario de este capítulo.

_____

_____

_____

_____

PARA SABER MÁS

Para obtener información adicional sobre los hispanos en los Estados Unidos, puedes visitar los siguientes sitios de Internet. Pon el título de la publicación en el buscador.

- *We the People: Hispanics in the United States.* (Hispanos en los Estados Unidos, diciembre de 2004)

- *Language Use and English-Speaking Ability: 2000* (El uso del idioma y la habilidad de hablar inglés: 2000)

—Doctor, doctor! Hace días que no como, ni bebo, ni duermo. ¿Qué tengo?
—Hombre, pues, hambre, sed y sueño.

—¡Doctor, doctor! No sé lo que tengo.
—Pues tome estas pastillas, que no sé para qué son.

REFLEXIÓN

Escribe unas notas sobre lo que has aprendido a nivel de contenidos médicos, de costumbres de los hispanos y sobre la situación sanitaria de los países estudiados en este capítulo.

CAPÍTULO 1

EL APARATO DIGESTIVO I: EL TRACTO INTESTINAL

*Dime lo qué comes
y te diré quién eres.*

Refrán

Objetivos

En este capítulo encontrarás contenido y vocabulario para mejorar la comunicación sobre los siguientes temas:

- El tracto intestinal y algunos problemas que lo afectan
- El respeto y la confianza en la cultura hispana
- Cómo la hepatitis afecta a los hispanos
- La obesidad en comunidades hispanas
- El sistema sanitario español

También practicarás la interpretación y cómo narrar en el pasado.

1. ¿Qué piensas del refrán introductorio al capítulo? ¿Qué te señala sobre la cultura hispana? ¿Hay algún refrán o dicho parecido en tu lengua materna?

2. ¿Crees que te debes sentir respetado por alguien antes de poder confiar en él o ella? ¿Cómo se demuestra el respeto en tu cultura? ¿Crees que es diferente o similar la forma en que se muestra el respeto en la cultura hispana?

3. ¿Conoces a alguien que tenga hepatitis? ¿Sabes de qué tipo es? ¿Sabes qué síntomas tiene o cómo se puede tratar? ¿Hay alguna manera de prevenir la hepatitis?

4. ¿Crees que los hispanos que viven en tu comunidad están en buena forma física o no? ¿Hay mucha gente obesa en tu comunidad? ¿A qué lo atribuyes?

5. ¿Has interpretado alguna vez para alguien? ¿Qué te pareció la experiencia? ¿Qué te pareció más difícil? ¿Y más fácil? ¿Sabes que hay distintos tipos de interpretación?

6. ¿Cuáles crees que son los problemas más comunes que pueden afectar al sistema digestivo? ¿Qué factores crees que influyen en el desarrollo de estos problemas?

7. ¿Qué sabes del estado de la sanidad española?

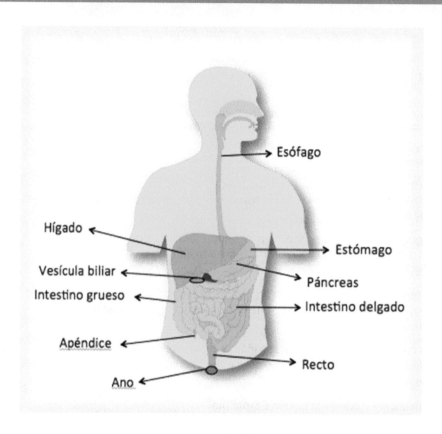

Para poder comunicarte sobre este sistema, estudia el vocabulario siguiente.

Anatomía

Ano, m.	Anus	Intestino delgado, m.	Small intestine
Apéndice, m.	Appendix	Intestino grueso, m.	Large intestine
Esófago, m.	Esophagus	Páncreas, m.	Pancreas
Estómago, m.	Stomach	Recto, m.	Rectum
Hígado, m.	Liver	Vesícula biliar, f.	Gallbladder

Acidez crónica, f.	Chronic heartburn	Hemorroides, f.	Hemorrhoids
Acidez estomacal, f.	Heartburn	Hepatitis, f.	Hepatitis
Agua potable, f.	Drinking water	Hernia, f.	Hernia
Apendicitis, f.	Appendicitis	Hipo, m.	Hiccups
Bolo, m.	Bolus	Ictericia, f.	Jaundice
Cálculos biliares, m.	Gallstones	Indigestión, f.	Indigestion
Cirrosis, f.	Cirrhosis	Náusea, f.	Nausea
Diarrea, f.	Diarrhea	Presión arterial, f.	Blood pressure
Dolor abdominal, m.	Abdominal pain	Úlcera, f.	Ulcer
Estreñimiento, m.	Constipation	Vomitar, v.	To vomit
Gastroenteritis, f.	Gastroenteritis	Vómito, m.	Vomit

¿QUÉ ES Y CÓMO FUNCIONA EL SISTEMA DIGESTIVO?

Cuando te pones un alimento en la boca, los dientes lo trituran hasta que junto con la saliva se forma una masa llamada bolo. La lengua dirige el bolo hacia la laringe. En su camino, la epiglotis cierra el paso hacia la tráquea para que el bolo siga su camino apropiado y no vaya hacia los pulmones. Así pasa al esófago, un tubo que conecta la faringe con el estómago.

En el estómago el bolo se divide en componentes más pequeños gracias a los jugos gástricos que segrega el estómago y a sus propios músculos. Pasa al intestino delgado (un tubo de más o menos seis metros) donde se absorberán los nutrientes. El hígado, el páncreas y la vesícula biliar ayudan a degradar los alimentos para que se puedan absorber de forma apropiada.

Los restos que no se pueden absorber pasan al intestino grueso. Aquí pierden agua por lo que se vuelven sólidos. El paso final es expulsarlos del cuerpo a través del ano.

COMPETENCIA CULTURAL: EL RESPETO Y LA CONFIANZA

Idealmente, un paciente va a estar lo suficientemente cómodo con su doctor como para hablarle de aquellos temas íntimos que afectan su salud, va a tenerle confianza. Para que los hispanohablantes se encuentren cómodos y tengan confianza en su médico, es crucial que se sientan respetados. Hay varias maneras bastantes sencillas de mostrar respeto por tu paciente o cliente. Si tú eres el médico, enfermero o intérprete, debes recordar usar títulos como señor o señora: señor Pérez, señora Fuentes. Si estás hablando con personas mayores, puedes llamarles don o doña como muestra de respeto. Recuerda que con cualquiera de estos títulos puedes utilizar solamente el nombre de pila: don Juan, doña

María. No uses solamente el nombre de pila sin título a menos que los conozcas bien y sepas que no se van a ofender. También es importante que no tutees a tus pacientes. Es mucho mejor que uses las formas de Ud.

Hoy en día, los teléfonos móviles son tan comunes en nuestras vidas que casi no notamos que los estamos usando. No obstante, tu paciente sí se va a dar cuenta de que interrumpes una conversación con él o ella para responder una llamada. Para tus pacientes hispanos, esto sería una señal de que no les respetas. Por lo tanto, cuando vayas a una cita con tu paciente, apaga tu teléfono.

Estás sentado en tu despacho y al otro lado del escritorio está sentado tu paciente. Tienes un folleto que quieres que tu paciente lea, así que pones el folleto en la mesa y lo deslizas hacia tu paciente. En muchas culturas hispanas, esta acción es una señal de falta de respeto. Si no quieres romper la frágil relación que estás estableciendo, es mucho mejor que acerques el folleto a la mano de tu paciente.

Si sigues estas sencillas sugerencias, tu paciente se sentirá respetado y la comunicación entre ambos se beneficiará. Al tenerte confianza, será más probable que siga tus instrucciones para que su salud mejore.

LECTURA MÉDICA: LA HEPATITIS

La hepatitis es uno de los problemas más serios que puede sufrir el hígado. El hígado ayuda al organismo a digerir los alimentos, almacenar energía y eliminar las toxinas. La hepatitis es la inflamación del hígado que impide su buen funcionamiento. Puede llevar a la escarificación, denominada cirrosis o a un cáncer.

Los virus causan la mayoría de los casos de hepatitis. El tipo de hepatitis recibe su nombre de acuerdo con el virus que la produjo; por ejemplo, hepatitis A, hepatitis B o hepatitis C. El consumo de drogas o alcohol también puede provocar una hepatitis. En otros casos, el organismo de la persona ataca equivocadamente sus propios tejidos. Usted puede ayudar a prevenir algunas formas virales mediante la vacunación. Algunas veces, la hepatitis desaparece espontáneamente. Si no sucede así, puede tratarse con fármacos. Otras veces, la hepatitis dura toda la vida.

Algunas personas que tienen hepatitis no presentan síntomas. Otras pueden presentar:

- Pérdida del apetito
- Náusea y vómitos
- Diarrea
- Orina oscura y evacuaciones de coloración pálida
- Dolor abdominal
- Ictericia, tonalidad amarilla de la piel y los ojos

Hepatitis A
La hepatitis A es un tipo de hepatitis causada por el virus de la hepatitis A (VHA). La enfermedad se disemina principalmente a través de agua o alimentos contaminados con heces de una persona infectada. Es posible contagiarse con VHA por:

- Comer alimentos preparados por una persona con el VHA que no se lavó las manos después de ir al baño
- Tener relaciones sexuales anales u orales con personas con el VHA

- No lavarse las manos después de cambiar un pañal
- Beber agua contaminada

El VHA puede causar edema del hígado, pero rara vez provoca lesiones permanentes. La persona infectada puede sentirse como si tuviera una gripe o no tener ningún síntoma. El cuadro suele mejorar espontáneamente al cabo de algunas semanas.

La vacuna de la hepatitis A puede prevenir la infección con el VHA. Mantener hábitos saludables también puede hacer una diferencia. Lávese bien las manos antes de preparar alimentos, después de ir al baño o de cambiar un pañal. Los viajeros internacionales deben tener cuidado de no beber agua de la llave (del chorro).

Hepatitis B
La hepatitis B es causada por el virus de la hepatitis B (VHB). La hepatitis B se contagia por contacto con sangre, semen u otro líquido de una persona infectada. Una mujer infectada puede contagiarle hepatitis B a su bebé durante el parto.

La persona infectada con VHB puede sentirse como si tuviera gripe o no tener ningún síntoma. Con un análisis de sangre se puede saber si una persona tiene el virus. La VHB suele mejorar espontáneamente al cabo de algunos meses. Si no mejora, se denomina hepatitis B crónica, y dura toda la vida. La VHB crónica conduce a la cicatrización del hígado, insuficiencia hepática o cáncer de hígado. Existe una vacuna contra el VHB. Requiere tres dosis. Todos los bebés deben vacunarse, pero los niños mayores y los adultos también pueden hacerlo. Si viaja a países donde la hepatitis B es común, debe aplicarse la vacuna.

Hepatitis C
La hepatitis C es causada por el virus de la hepatitis C (VHC). Generalmente se disemina a través del contacto con sangre infectada. También puede contagiarse a través de las relaciones sexuales con una persona infectada y de madre a hijo durante el parto.

La mayoría de las personas que están infectadas con hepatitis C no tienen síntomas durante muchos años. Con un análisis de sangre se puede saber si una persona tiene el virus. Generalmente, la hepatitis C no mejora espontáneamente. La infección puede durar toda la vida y conducir a la cicatrización del hígado o al cáncer de hígado. Algunas veces las medicinas ayudan, pero los efectos secundarios pueden ser un problema. Los casos más graves pueden requerir un trasplante hepático. No existe una vacuna contra el VHC.

Fuente: Hepatitis MedlinePlus.

SEGÚN EL TEXTO

Contesta según la lectura y rellena la tabla que sigue.

1. ¿Qué es la hepatitis?

2. ¿Cuántos tipos hay?

3. Cuáles son las semejanzas y diferencias entre los tres tipos? Comenta sobre las causas, prevención, síntomas y tratamientos.

Tipo de hepatitis	Causa	Prevención	Síntomas	Tratamiento
A				
B				
C				

LA SALUD DE LOS HISPANOS EN EEUU: ENFRENTANDO LA OBESIDAD INFANTIL

en la salud de los jóvenes hispanos que viven en los Estados Unidos: los índices cada vez mayores de obesidad y de enfermedades crónicas relacionadas, tales como la diabetes tipo 2, el colesterol y la presión arterial elevadas están afectando negativamente la salud y el bienestar de nuestros niños (Declaración sobre la diabetes, audiencia del Congressional Hispanic Caucus, 1999). La comunidad hispana debe saber que la obesidad y el sobrepeso están estrechamente relacionados con estas enfermedades. Este es ciertamente un problema entre los adultos, pero cada vez más frecuentemente, los niños hispanos también están mostrando señales de que padecen estos graves problemas de salud.

La investigación muestra que el 30.4% de todos los niños hispanos en los Estados Unidos tienen sobrepeso, comparado con el 25% de los niños caucásicos. Además, los adolescentes hispanos nacidos en los Estados Unidos de padres inmigrantes tienen el doble de probabilidad de tener sobrepeso que los adolescentes que nacieron en el exterior y se mudaron a los Estados Unidos (Estudio longitudinal nacional de la salud adolescente, 1998).

Hay muchas razones para esto. Entre ellas está el impacto de la aculturación. Más que nunca, los padres de familia y niños hispanos están incorporando a sus dietas una mayor cantidad de comida rápida en vez de los alimentos tradicionales. El hecho de que muchas madres están trabajando fuera del hogar implica que no pueden controlar la calidad de los alimentos ingeridos por sus niños. Además, el aumento en los comportamientos sedentarios (inactivos) significa que los hispanos no son tan activos como antes. Hay una mayor dependencia en los automóviles o el transporte público y las personas ya no caminan ni van en bicicleta a sus trabajos o a la escuela como hace 20 años. Además, ha habido un gran aumento en la cantidad de tiempo que los niños dedican a mirar TV y a jugar con los videojuegos en vez de jugar afuera.

Dentro de la comunidad hispana hay un concepto erróneo acerca de lo que significa ser "saludable". Para los hispanos, el concepto de salud consiste en tener bastante comida y la ausencia de enfermedades pero no incluye las comidas balanceadas y nutritivas y la actividad.

La actividad física y en grupo es una parte importante de un estilo de vida saludable para los niños. Sin embargo, la relación entre la actividad física y sus beneficios a largo plazo para la salud no ocurre naturalmente para muchos en la comunidad hispana (grupos de enfoque realizados por Garcia360°, 2002). Es fundamental informar que la participación en actividades físicas, junto con una buena nutrición, es absolutamente necesaria para prevenir la obesidad en los niños.

¿Qué pueden hacer los padres de familia para ayudar a que sus niños estén sanos?
Hay varias cosas que los padres de familia pueden hacer para ayudar a minimizar estas inquietudes acerca de la salud. Si usted cree que su niño tiene sobrepeso, no lo ponga a dieta sin consultar a un médico previamente. En vez, enfóquese en aumentar la cantidad de actividad física y grupal. Anime a sus niños a que prueben nuevas actividades y apóyelos en esta búsqueda.

Esto puede ser un desafío para algunos niños, especialmente si la actividad no ha sido parte de sus vidas en el pasado. Si su niño no ha sido activo antes, anímele a que comience a realizar 30 minutos diarios de actividades que sean de su agrado, aumentando gradualmente hasta 60 minutos diarios, la mayoría de los días de la semana.

Hay varias cosas que usted puede hacer para animar a sus niños, por ejemplo:

- Camine o use la bicicleta para ir a la escuela.
- Únase a un equipo local de fútbol o regístrese para una clase de baile.
- Ofrézcase voluntariamente a limpiar el parque del vecindario.
- Tome una clase de arte.
- Juegue al baloncesto con sus amigos.
- Túrnese con los padres del vecindario para supervisar a los niños mientras juegan.

Otras formas de ayudar a que sus hijos desarrollen hábitos saludables incluyen:

- Disfrute sus comidas en familia.
- Participe en actividades para toda la familia.
- Limite la cantidad de tiempo que sus hijos pueden mirar TV a no más de dos horas al día. Los niños que miran más TV tienen menos probabilidad de participar en actividades (Facultad Annenberg de Políticas Públicas, 2000).
- Controle lo que sus hijos comen mientras miran TV, ya que la cantidad de comida consumida tiende a ser mayor cuando se está mirando la TV (JAMA, 1998).
- Dé el ejemplo con comportamientos saludables tal como comida adecuada y actividad física en forma habitual.

Fuente: Información de VERB. Ponte las pilas. CDC.

A. SEGÚN EL TEXTO

1. ¿Qué problemas de salud se están viendo en los niños hispanos?
2. ¿Cuál es el aspecto cultural que se interpone entre la buena nutrición y las familias hispanas?

B. MÁS ALLÁ DEL TEXTO

1. Tú eres el doctor. Unos padres hispanos te visitan porque están preocupados por el peso de su hijo. Pregúntales sobre su tipo de dieta y ejercicio. Luego, dales consejos para mejorar ambos. Asegúrate de poner en práctica los consejos que has leído en Competencia cultural.

2. Visita la siguiente página sobre la nueva pirámide nutricional: http://www.mypyramid.gov/sp—index.html. Escribe un resumen de las recomendaciones.

3. Dale consejos a un paciente sobre alimentación basándote en tu resumen de la pirámide nutricional.

4. Una madre hispana que no lleva mucho tiempo en EEUU te visita preocupada por la dieta de su hijo. No encuentra los ingredientes que compraba en su país de origen y lo más fácil y económico es cocinar comida procesada. ¿Qué le puedes aconsejar?

ASPECTO COMUNICATIVO: CÓMO NARRAR EN EL PASADO

¿Cómo se pueden explicar los síntomas de una enfermedad que tuviste ayer y ya no tienes, o que todavía tienes? ¿Cómo narrar situaciones pasadas, indicando si algo es trasfondo, rutina o lo más importante que ocurrió? Para comunicar estas diferencias, es imprescindible entender para qué se usan el pretérito y el imperfecto.

A. REPASO GRAMATICAL: PRETÉRITO VS IMPERFECTO

1. Para hacer descripciones en el pasado, utiliza el imperfecto de indicativo. Del mismo modo, cuando los síntomas de una enfermedad son parte de la descripción, usa el imperfecto.

> Mi hijo <u>tenía</u> frío y <u>tiritaba.</u>
> *Imperfecto Imperfecto*

2. En una narración, para explicar el trasfondo utiliza el imperfecto. Para explicar el argumento y aquello que mueve la acción, utiliza el pretérito.

> Anoche, <u>estaba</u> mirando la televisión y de repente me <u>empecé</u> a sentir muy mal.
> *Imperfecto*   *Pretérito*

3. Al hablar de una acción que ocurría cuando fue interrumpida por otra, utiliza el imperfecto para la primera y el pretérito para la segunda.

> Anoche, mi esposo <u>estaba</u> mirando la televisión cuando se <u>empezó</u> a quejar de dolor de estómago.   *Imperfecto*   *Pretérito*

4. Utiliza el imperfecto para hablar de rutinas en el pasado y el pretérito para acciones con una fecha específica y clara.

El año pasado <u>tenía</u> una dieta balanceada, pero cuando <u>fui</u> de vacaciones, <u>comí</u> muchos dulces.   *Imperfecto*   *Pretérito*   *Pretérito*

Como puedes apreciar, las tres últimas situaciones (2, 3 y 4) son similares. En todas, el imperfecto es el trasfondo y el pretérito la acción.

Piensa en la diferencia entre estas dos frases:

Anoche estuve enfermo
Anoche estaba enfermo

En la primera, la acción está concluida. Hoy ya no estoy enfermo. En la segunda, la acción no está concluida. Tal vez continúa hoy. El interlocutor espera más información "Anoche estabas enfermo, ¿y qué pasó?"

B. PRÁCTICA COMUNICATIVA

A. ¿Pretérito o Imperfecto? Rellena el espacio con la forma correcta del verbo. Luego explica a la clase tu decisión.

1. Ayer (yo—ir) _____ caminando por la calle cuando (empezar) _____ a llover de forma torrencial. Como no (tener) _____ paraguas, (ponerse) _____ a correr. (Tropezar) _____ y (caerse) _____. Creo que me he roto un hueso.

2. Ayer, mi familia y yo (ir) _____ a una fiesta de cumpleaños. (Haber) _____ una cantidad increíble de comida. Mi hijito lo (probar) _____ todo. Por la noche Pepito (encontrarse) _____ muy mal, (tener) _____ fiebre y (vomitar) _____.

3. Cuando mi hijo (ser) _____ pequeño, siempre (estar) _____ enfermo. Cuando no (ser) _____ una cosa, (ser) _____ otra: O (tener) _____ una otitis, o un resfriado, o fiebre... (nosotros-vivir) _____ en la oficina del médico. Por fin, cuando (él-cumplir) _____ trece años, algo (cambiar) _____ en su cuerpo. Desde entonces no hemos ido al médico ni una sola vez.

4. Imagina una situación médica con síntomas. Explícale a tu médico el problema.

B. Pretéritos irregulares.

¿Te cuesta recordar el pretérito de algunos verbos irregulares? No eres el único estudiante que tiene este problema. Te puede ayudar el cantar la canción que sigue con la música de La cucaracha. Luego rellena los espacios en blancos con la forma correcta del verbo entre paréntesis.

Tener es tuve
Estar, estuve
Ir es fue
También es ser
Poner es puse
Poder es pude
Traje es para traer

Haber, hube
Hacer, hice
Saber, supe
Querer, quise
Venir, vine
Decir, dije
Dar, di
Ver, vi
Y sin acentos

Ayer, (yo) (estar) _____ malísima. (Ponerse) _____ fatal después de comer sushi en un restaurante bastante barato. Casi no (poder) _____ llegar a casa sin vomitar en el coche. (Hacer) _____ un gran esfuerzo y (entrar) _____ corriendo a mi casa. (Ir) _____ derecha al lavabo. Mi esposo (querer) _____ saber qué me pasaba, pero no le (decir) _____ nada. Al salir del lavabo, (y después de lavarme los dientes) le (dar) _____ un beso y (ver) _____ que el también (tener) _____ una cara horrible. Pobrecito, él había estado vomitando toda la tarde.

Tal vez decidas seguir una carrera como intérprete médico o simplemente debas desarrollar esta destreza como un componente ocasional de tu profesión. En cualquier caso, hay capacitaciones específicas que te permitirán ejercer con más habilidad.

Tipos de interpretación

- **Simultánea**. El intérprete empieza a hablar tan pronto como pueda formular unas frases. El médico (o discursante) no deja de hablar.

- **Susurrada**. Es un tipo de traducción simultánea, con la diferencia que el intérprete habla en voz baja para no interrumpir el habla de la persona cuyo discurso está siendo interpretado. También se conoce como "interpretación al oído".

- **Traducción a la vista**. Se lleva a cabo cuando se va a traducir/interpretar un texto escrito en voz alta. Un ejemplo de esto se da cuando el intérprete lee las instrucciones del parte de alta a un paciente. Se considera un tipo de interpretación porque es hablado. Aún cuando hablan en español, los intérpretes en EEUU suelen decir "sight translation".

- **Consecutiva**. Probablemente este tipo de interpretación sea el más usado en hospitales. En la interpretación consecutiva, el intérprete habla después de que el médico o paciente hayan acabado de hablar.

CONSEJOS PARA EL INTÉRPRETE EN UNA INTERPRETACIÓN CONSECUTIVA

Antes de la conversación entre médico y paciente

1. La terminología médica es muy amplia y varía considerablemente según la especialidad en que se esté trabajando (psiquiatría, odontología o pediatría, por ejemplo). Es importante que estés continuamente ampliando tu vocabulario.

2. Pregúntale al doctor de qué situación médica van a hablar. De esta manera activarás el vocabulario.

3. Entra en la habitación donde esté el paciente, preséntate y dile que cuando hable no te mire a ti, sino al doctor. Es importante que ambos, el doctor y paciente, sepan que *todo lo que se diga* será interpretado. También, para evitar confusiones, el intérprete debe explicar que estará hablando en primera persona. Así cuando el intérprete diga, "Yo creo", no es él sino el doctor o el paciente quien opina de esa manera.

4. Siempre y cuando se pueda, ponte a la altura del paciente. Si él está sentado, siéntate también. Si está en la cama, pon tu silla cerca de la cabecera de la cama, ligeramente detrás del paciente. No obstante, debido a ciertas situaciones y circunstancias, la posición del intérprete no siempre puede ser lo ideal. En estos casos sitúate en el lugar donde menos estorbes.

5. No establezcas una relación con el paciente. Si esto sucede, el paciente puede tratarte como si tú fueras el médico y hacerte comentarios (antes, durante o después de la visita) que se deben reservar para el médico.

Durante la conversación entre médico y paciente

1. Intenta ser transparente. El objetivo es que tanto médico como paciente se enfoquen en el significado de las palabras y no en ti como individuo.

2. No tutees ni al paciente ni al doctor.

3. Si durante la conversación notas que hay conceptos culturales que no se entienden, explícalos. Si necesitas cortar una conversación para explicar o aclarar una idea, el intérprete debe comunicar a la persona que quedará fuera de la conversación qué se va a explicar o comunicar. Por ejemplo, si la madre de un paciente de corta edad sigue refiriéndose al "ojo de venado" de su bebé, se le tiene que comunicar a la madre que se le va a explicar al doctor lo que esto significa para que ella no quede fuera de la conversación y viceversa.

4. Cuando estés interpretando no es momento para lucir la amplitud de tu vocabulario. Usa palabras que tanto médico como paciente probablemente van a entender. Si el paciente usa un registro de vocabulario que tú conoces, aunque no sea el ideal académico, úsalo. No dudes en usar un vocabulario coloquial si el paciente lo va a entender mejor. Lo más importante en la interpretación es el mensaje.

PRÁCTICA

En las siguientes situaciones, ¿qué tipo de interpretación crees que sería más conveniente?

1. Después de una operación quirúrgica, el doctor escribe en una página qué tipos de cuidados el paciente debe recibir una vez ya esté en casa.

2. En el hospital donde trabajas, una doctora peruana va a dar una charla sobre la situación de la tuberculosis en su país. Tú debes interpretar solamente para un doctor.

3. Un paciente chileno que no habla inglés visita a un especialista que no habla español.

PROBLEMAS DIGESTIVOS EN EL MUNDO HISPANO

La siguiente tabla refleja algunas variables relacionadas con situaciones que pueden afectar el sistema digestivo. Los números de la fila superior corresponden a la siguiente información:

1. Niños de 1 año vacunados con 3 dosis de hepatitis B (%)

2. Niños obesos menores de 5 años (%)

3. Niños menores de 5 años con pesos más bajos de lo normal (%)

4. Población rural con acceso sostenible a fuentes de agua mejoradas (%)

5. Población urbana con acceso sostenible a fuentes de agua mejorada (%)

Los años de la primera fila hacen referencia a cuando es la información que los precede.

1. Compara los porcentajes de niños vacunados con tres dosis de Hepatitis B. ¿Qué países tienen los mayores porcentajes? ¿Y los menores? ¿Cuál es el porcentaje de los EEUU? ¿Crees que es suficientemente alto? Razona tu respuesta. ¿Qué factores crees que contribuyen al número de niños vacunados en EEUU?

2. ¿Qué países tienen mayor y menor porcentaje de niños menores de 5 años con problemas de obesidad? ¿A qué crees que se debe esto? ¿Cómo se podría solucionar?

3. ¿Qué países tienen mayor y menor porcentaje de niños menores de 5 años con problemas de bajo peso? ¿A qué crees que se debe esto? ¿Cómo se podría solucionar?

4. ¿Qué países tienen problemas en las comunidades rurales para acceder a fuentes de agua potable?

5. ¿Qué países tienen problemas en las comunidades urbanas para acceder a fuentes de agua potable?

6. ¿Cuál situación crees que es más peligrosa, la falta de agua potable en la ciudad o en el campo? Razona tu respuesta. ¿Cómo se podría solucionar?

País	1	Año	2	Año	3	Año	4	Año	5	Año
Argentina	90	2009	9,9	2005	2,3	2009	80	2008	98	2008
Bolivia	85	2009	9,2	2004	4,5	2009	67	2008	96	2008
Chile	97	2009	9,5	1999	0,5	2009	75	2008	99	2008
Colombia	92	2009	4,2	2005	5,1	2009	73	2008	99	2008
Costa Rica	87	2009					91	2008	100	2009
Cuba	96	2009			3,4	2009	89	2008	96	2008
Ecuador	75	2009	5,1	2004	6,2	2009	88	2008	97	2008
EEUU	92	2009	7	2002	1,3	2009	94	2008	100	2008
El Salvador	91	2009	5,8	2003	6,1	2009	76	2008	94	2008
España	96	2009					100	2008	100	2008
Guatemala	92	2009	5,6	2002	17,7	2009	90	2008	98	2008
Guinea Ecuatorial			14	2000	10,6	2009	42	2006	45	2006
Honduras	98	2009	5,8	2006	8,6	2009	77	2008	95	2008
México	71	2009	7,6	2006	3,4	2009	87	2008	96	2008
Nicaragua	98	2009	7,1	2001	4,3	2009	68	2008	98	2008
Panamá	84	2009	6,2	1997	6,3	97	83	2008	97	2008
Paraguay	94	2009	6,3	1990	2,8	90	66	2008	99	2008
Perú	93	2009	11,8	2000	5,4	2009	61	2008	90	2008
Rep. Dominicana	85	2009	8,6	2002	3,4	2009	84	2008	87	2008
Uruguay	95	2009	9,4	2004	6,0	2009	100	2008	100	2008
Venezuela	83	2009	6,1	1999	3,7	2009	70	1990	93	1990

Primer paso

1. De la lista siguiente, selecciona un problema. También puedes seleccionar un problema relacionado con el sistema digestivo que no esté aquí.

Apendicitis, f.	Appendicitis
Cálculos biliares, m.	Gallstones
Cáncer de colon, m.	Colorectal cancer
Cáncer de páncreas, m.	Pancreatic cancer
Cirrosis, f.	Cirrhosis
Colecistitis, f.	Cholecystitis
Colitis ulcerativa, f.	Ulcerative Colitis
Contaminación de los alimentos, f.	Food contamination and poisoning
Enfermedad celíaca, f.	Celiac disease
Gastroenteritis, f.	Gastroenteritis
Hepatitis A, B o C f.	Hepatitis A, B or C
Hernia, f.	Hernia
Hernia de hiato, f.	Hiatal hernia
Ictericia, f.	Jaundice
Ictericia neonatal, f.	Infant jaundice
Intolerancia a la lactosa, f.	Lactose intolerance
Pólipos de la vesícula biliar, m.	Gallbladder polyps
Pólipos del colon, m.	Colon polyps
Reflujo gastroesofágico, m.	Gastroesophageal reflux
Síndrome del intestino irritable, m.	Irritable bowel syndrome
Úlcera de estómago, f.	Stomach ulcer
Úlcera péptica, f.	Peptic ulcer

2. Investiga la enfermedad que has escogido utilizando la información contenida en http://www.nlm.nih.gov/medlineplus/spanish/digestivesystem.html.

3. Escribe un resumen sobre la enfermedad que has escogido que incluya los síntomas, los tratamientos y la prevención, si la hay. Utiliza tus propias palabras.

Segundo paso

Explícale a un compañero lo que has aprendido sobre el problema del primer paso. El/ella te hará preguntas sobre posibles dudas. Luego cambiad los papeles.

Tercer paso

1. Ahora que ya estás familiarizado con el problema, haz una pequeña representación con tu compañero. Él/ella puede ser un paciente que tiene los síntomas relacionados con el problema del primer paso. Tú, como doctor/a, le preguntarás sobre su condición, le harás el diagnóstico, hablarás del tratamiento a seguir y de la prognosis. El paciente tendrá preguntas que tú deberás responder.

2. Haz una representación con otros dos compañeros. Uno será un médico que no habla español, otro un paciente que no habla inglés y el tercero será el intérprete. Siguiendo los consejos sobre la interpretación, dramatizad una situación que incluya una de las enfermedades de las que habéis hablado en el paso 2. No olvides practicar tus conocimientos culturales.

ENFOQUE CULTURAL: ESPAÑA

Fuente: Gobierno de España

A. INVESTIGACIÓN

Primero, visita las páginas de Internet para aprender sobre cuestiones médicas y culturales en España. Luego rellena la tabla siguiente. Finalmente, analiza la información y discútela en clase con tus compañeros.

España

- Ministerio de Sanidad y Política Social: http://www.msps.es/
- Organización Mundial de la Salud: http://www.who.int/countries/esp/es/

	España
PIB per cápita	
Gastos del gobierno en sanidad per cápita	
Expectativa de vida para ambos sexos	
Expectativa de vida para hombres	
Expectativa de vida para mujeres	
Tasa de mortalidad infantil	
¿Qué cuestiones de salud parecen tener primacía hoy en día?	

Un paciente hispano va a viajar a España y necesitas informarle sobre cómo cuidarse la salud mientras esté allí. Lee la información que el gobierno de EEUU da a los viajeros. Escribe un resumen en español que le darías a tu paciente.

Información para viajeros: http://wwwnc.cdc.gov/travel/destinations/spain.aspx

TRADUCCIONES

A. TRADUCE LAS SIGUIENTES FRASES AL INGLÉS

1. En muchos países desarrollados el índice de niños obesos está aumentando de forma alarmante.

2. Para evitar el sobrepeso en los niños, los padres deben enseñar con el ejemplo, llevando una dieta balanceada y haciendo ejercicio.

3. Todavía hay demasiadas poblaciones rurales que no tienen acceso a agua potable. Esto causa muchos problemas del tracto digestivo.

B. TRADUCE LAS SIGUIENTES FRASES AL ESPAÑOL

1. If you stop eating heavy foods, your heartburn will go away.

2. Abdominal pain, vomit and dark urine could be signs of hepatitis.

3. The index of Hispanic children showing signs of obesity and chronic diseases related to it, (such as cholesterol, high blood pressure and diabetes) is increasing drastically.

Anota las palabras y frases nuevas que has aprendido no incluidas en el vocabulario de este capítulo.

_____

_____

_____

_____

PARA SABER MÁS

Mira este vídeo sobre el funcionamiento del aparato digestivo.
http://educacion.practicopedia.com/como—funciona—el—aparato—digestivo—2050

En este enlace hay información sobre la nutrición. Incluye actividades.
http://www.isftic.mepsyd.es/w3/eos/MaterialesEducativos/mem/nutricion/indice.htm

LA RISA ES LA MEJOR MEDICINA

Un paciente sale del hospital con el rostro triste y preocupado. De repente un ladrón aparece detrás de una puerta y grita:
—¡El dinero o la vida!
—¡Ah! ¿Tú también eres médico?

El paciente se encuentra tendido en la cama. En el mismo cuarto están su médico, abogado, esposa, y sus hijos, todos ellos esperando el suspiro final, cuando de repente el paciente se sienta, mira a su alrededor y dice:
— Asesinos, ladrones, mal agradecidos y sinvergüenzas— Y vuelve a desmayarse.
El doctor un poco confundido dice:
— Creo que está mejorando...
— ¿Por qué lo dice, doctor? — Pregunta la esposa.
— Porque nos ha reconocido a todos.

A. SEGÚN EL TEXTO

La que sigue es la famosa canción de Maná, *Ay doctor*. Escúchala y en el espacio en blanco escribe las palabras que faltan.

Me ha _____ con sus labios, con sus besos
alucinado, loco por su desamor.
Soy un desastre en la escuela, en la casa y el trabajo, oye
no me _____ ni las pastas, ni la caña, ni el alcohol.

Le dije al doctor: ¿cómo es que se _____ esto?
me ha _____ calma y algo de prozac
me dijo: la _____ cura, pero es mucha la locura
al amor pudiste entrar, pero no vas a escapar.

Ay, doctor... como me _____ sus besos,
como me duele el amor
Ay, doctor... _____ algo por favor,
ay, como me duele al amor.

Mire doctor que ando alucinado, mire,
mire doctor que ando alucinado, mire,
mire doctor que ando alucinado, mire,
mire, mire.

Ay, doctor... como me duelen sus besos,
como me duele el amor
Ay, doctor... déme algo por favor,
ay, como me duele al amor.

(solo de guitarra)
_____ algo mi doctor
me está _____ esta depresión
estoy demente, por su amor
me está matando la obsesión.

Ay, doctor... como me duelen sus besos,
como me duele el amor
Ay, doctor... _____ algo por favor,
ay, como me duele al amor.

Estoy yo muy desolado, estoy alucinado
estoy perdiendo la razón y tú no tienes
_____
pero ya no vuelve, pero ya no vuelve.

Déme algo mi doctor, _____ todo el dolor
déme algo, déme algo, déme algo, doctor.

B. MÁS ALLÁ DEL TEXTO

1. Escoge una enfermedad de las que hemos visto en clase: _____

2. ¿Qué síntomas tiene? _____

3. ¿Qué se puede recomendar para esa enfermedad? _____

4. Siguiendo la estructura de la canción, cambia el vocabulario para que refleje la enfermedad que tú has escogido. Cambia los síntomas y la respuesta del doctor.

5. Presenta tu nueva canción a tus compañeros.

Escribe unas notas sobre lo que has aprendido a nivel de contenidos médicos, de costumbres de los hispanos y sobre la situación sanitaria de los países estudiados en este capítulo.

CAPÍTULO 2

EL SISTEMA DIGESTIVO II:

LOS DIENTES Y LA BOCA

Primero los dientes,
y después los parientes.

Refrán

Objetivos

En este capítulo encontrarás contenido y vocabulario para mejorar la comunicación sobre los siguientes temas:

- Afecciones de los dientes y las encías
- La importancia de la familia en la cultura hispana
- La salud dental de los hispanos
- La salud en Guinea Ecuatorial

También practicarás cómo comunicarte sin repetir las mismas palabras.

1. ¿Qué piensas del refrán introductorio al capítulo? ¿Qué te señala sobre la cultura hispana? ¿Hay algún refrán o dicho parecido en tu lengua materna?

2. ¿Qué papel crees que tiene la familia en tu comunidad? ¿Y en tu país? ¿Crees que es similar al papel de la familia en las comunidades hispanas?

3. ¿Vas al dentista con regularidad? ¿Qué tipo de problemas tiene la gente con los dientes y la boca? ¿Qué tipo de tratamiento siguen? ¿Se pueden evitar estos problemas?

4. ¿Cómo crees que es la salud dental y bucal de los hispanos, en tu comunidad y en sus países de origen?

5. ¿Qué sabes del sistema de la sanidad en Guinea Ecuatorial?

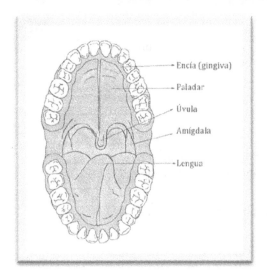

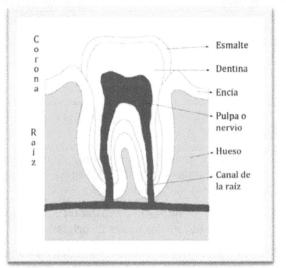

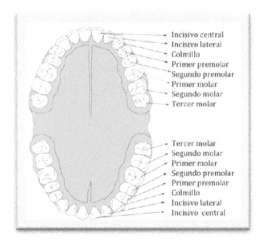

Estudia las siguientes palabras relacionadas con los dientes y la boca:

Anatomía

Amígdala, f.	Tonsil	Dentadura postiza, f.	False teeth/dentures
Campanilla, f. (col.)	Uvula	Dentina, f.	Dentin
Colmillo, m.	Canine tooth	Diente, m.	Tooth
Cuello, m.	Neck	Diente de leche, m.	Primary tooth/baby tooth
Dentadura, f.	Teeth	Diente permanente, m.	Permanent tooth

Anatomía (cont.)

Encía, f.	Gum	Molar, m.	Molar
Esmalte, m.	Enamel	Muela del juicio, f.	Wisdom tooth
Hueso, m.	Bone	Muela, f.	Molar
Incisivo, m.	Incisor	Paladar, m.	Palate
Lengua, f.	Tongue	Raíz, f.	Root
Mandíbula, f.	Jaw	Úvula, f.	Uvula

Otras palabras relacionadas con los dientes y la boca

Aparatos, m. (España)	Braces	Frenos, m.	Braces
Bucal, adj.	Of the mouth	Hacer gárgaras, v.	To gargle
Canal de la raíz, m.	Root canal	Herpes labial, m.	Cold sore
Cemento, m.	Cementum	Hilo dental, m.	Dental floss
Corona, f.	Crown	Puente, m.	Bridge
Empaste, m.	Filling	Raspar, v.	To scrape
Enjuague bucal, m.	Mouth wash	Sellar, v.	To seal
Fiebre, f.	Cold sore	Sellador, m.	Sealer/sealant

¿QUÉ ES Y CÓMO FUNCIONA?

La boca es la apertura al tubo digestivo. También se llama boca a toda la cavidad, incluyendo los labios, la lengua y los dientes. En la boca hay 32 dientes permanentes cuya función principal es masticar los alimentos, aunque también se emplean para crear y modificar sonidos. Los primeros dientes que tienen los bebés se llaman dientes de leche y suelen empezar a salir alrededor de los seis meses. Los primeros en salir son los incisivos y los terceros molares son los últimos. Éstos pueden salir entre los dieciocho y los veintiún años. Conforme van saliendo los dientes permanentes, se caen los de leche. Por regla general todos los dientes permanentes han salido cuando una persona llega a los veinticinco años.

La parte más exterior de un diente es el esmalte dental. Éste cubre la dentina, menos dura que el esmalte, pero más que los huesos. La dentina cubre la pulpa dentaria. La pulpa está compuesta por un tejido más suave que contiene vasos sanguíneos y terminaciones nerviosas.
La corona es la parte visible del diente. La raíz es la parte que no vemos, encajada en el hueso. El cuello es la unión de la corona con la raíz. La raíz está cubierta por el cemento dental que ayuda a su unión con el hueso.

PRÁCTICAS DE VOCABULARIO

A. En el espacio en blanco, escribe la palabra adecuada según el vocabulario nuevo.

1. Antes de tener los dientes definitivos los bebés tienen _____ .

2. Los primeros dientes en salir son los _____ .

3. Los últimos dientes en salir son los _____ .

4. La parte más exterior de un diente es el _____.

5. La parte visible del diente es _____.

6. La parte que no vemos del diente, encajada en el hueso es _____.

B. En los dibujos escribe el nombre de todas las partes de los dientes que conozcas y el nombre de los diferentes dientes.

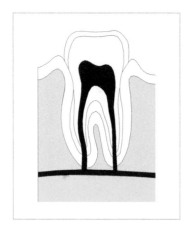 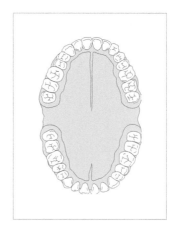

La familia es la institución más importante en las culturas hispanas o latinas. Es el centro del individuo, aquello que le da identidad y le define. La relación entre una persona y su familia tiene dos aspectos bien distintivos. Por un lado, el individuo le ofrece lealtad absoluta a su familia. Por otro, la familia apoya a sus miembros en cualquier situación. Por supuesto, esto es pertinente a las situaciones médicas también. En momentos de enfermedad, la familia hispana ofrece toda su ayuda y sostén al familiar enfermo. Muchas familias en EEUU actúan de la misma manera; lo que es un poco diferente en la cultura hispana es que por familia se entiende no sólo la familia nuclear (padres e hijos), sino la familia extendida: abuelos, tíos y parientes, tanto biológicos como políticos.

En el hospital, el médico puede extrañarse al entrar en una habitación llena de gente. En momentos como éste, es bueno recordar que el sentirse rodeado de gente querida tal vez pueda contribuir a que el paciente se recupere más rápidamente.

Una vez el paciente regrese a su hogar, la familia va a jugar un papel crucial durante su

convalecencia y mejoría. Los familiares tal vez quieran mimar al paciente y hacerlo todo por él. Si es importante que el paciente se levante de la cama y camine durante la convalecencia, el médico debe asegurarse de que los familiares entienden esto. El médico con competencia cultural, cuando dé de alta al paciente, involucrará a los familiares, explicando claramente las instrucciones y recomendaciones para este periodo.

Otra diferencia entre culturas relacionada con la familia tiene ver con quién recibe las malas noticias. En EEUU, a veces un paciente averigua que su enfermedad es grave, incluso terminal, y decide no compartirlo con la familia para que no se preocupe. En el mundo hispano ocurre lo opuesto. En ocasiones, el médico informa primero a la familia y ésta decide no darle las malas noticias al paciente para que no sufra más. En los EEUU existen leyes de confidencialidad que tal vez no existan en el país de origen del paciente. El médico con competencia cultural hablará primero con el paciente y le preguntará a quién se le pueden transmitir las noticias. Al hablar con la familia, el médico debe estar preparado para enfrentarse al enojo de algún pariente que hubiera preferido mantener al paciente en la ignorancia. El médico tal vez quiera explicar tanto a pacientes como a familiares la situación legal en EEUU.

LECTURA MÉDICA: ENFERMEDAD DE LAS ENCÍAS O ENFERMEDAD PERIODONTAL

Si su dentista le ha dicho que tiene una enfermedad de las encías o periodontal, usted no está solo. Muchos adultos en los Estados Unidos padecen de una u otra forma de esta enfermedad. Las enfermedades periodontales pueden variar desde una simple inflamación de las encías hasta una enfermedad grave que puede dañar los tejidos blandos y los huesos que sostienen los dientes. En los casos más graves, los dientes se caen. Si la enfermedad de las encías deja de avanzar, progresa lentamente o empeora, dependerá mucho de cómo se cuide los dientes y las encías diariamente desde que recibe el diagnóstico.

¿Cuál es la causa de la enfermedad de las encías?
La boca está llena de bacterias. Estas bacterias, junto con las mucosidades y otras partículas, están constantemente formando una "placa" pegajosa e incolora que se deposita sobre los dientes. El cepillado y el uso de la seda dental ayudan a eliminar esta placa. Cuando la placa no se elimina, se endurece y forma unos depósitos llamados "sarro" o "tártaro", que el simple cepillado no puede remover. Solamente una limpieza profesional hecha por un dentista o higienista dental puede eliminar el sarro.

Gingivitis
Mientras más tiempo permanezcan sobre los dientes la placa y el sarro, más dañinos se vuelven. Las bacterias causan una inflamación de las encías que se llama "gingivitis". Si la persona tiene gingivitis, las encías se enrojecen, se inflaman y sangran fácilmente. La gingivitis es una forma leve de la enfermedad de las encías que, por lo general, puede curarse con el cepillado y el uso de la seda dental a diario, además de una limpieza periódica por un dentista o higienista dental. Esta forma de enfermedad periodontal no ocasiona pérdida del hueso ni del tejido que sostiene los dientes.

Periodontitis (o piorrea)

Cuando la gingivitis no se trata debidamente, puede convertirse en "periodontitis". Esto quiere decir "inflamación alrededor del diente". En la periodontitis, las encías se alejan de los dientes y forman espacios o bolsas que se infectan (también conocidos como "postemillas"). El sistema inmunológico del cuerpo lucha contra las bacterias a medida que la placa se extiende y crece por debajo de la línea de las encías. Las toxinas de las bacterias y la respuesta natural del cuerpo contra la infección empiezan a destruir el hueso y el tejido conjuntivo que mantienen a los dientes en su lugar. Cuando la periodontitis no se trata debidamente, los huesos, las encías y los tejidos que sostienen los dientes se destruyen. Con el tiempo, los dientes pueden aflojarse y hay que sacarlos. Si la enfermedad de las encías no se trata a tiempo, los dientes pueden aflojarse y caerse.

Factores de riesgo

- **El hábito de fumar.** ¿Quiere otra razón para dejar de fumar? Fumar es uno de los factores de riesgo más significativos relacionados con el desarrollo de la enfermedad de las encías. Además, el hábito de fumar puede disminuir el efecto de algunos tratamientos.
- **Cambios hormonales en las niñas y mujeres.** Estos cambios pueden hacer que las encías se hagan más sensibles facilitando así el desarrollo de la gingivitis.
- **Diabetes.** Las personas con diabetes tienen un mayor riesgo de desarrollar infecciones, entre ellas, la enfermedad de las encías.
- **Enfermedades.** Otras enfermedades como el cáncer o el SIDA y sus tratamientos también pueden perjudicar la salud de las encías.
- **Medicamentos.** Hay cientos de medicamentos, tanto de receta médica como los que se pueden comprar sin receta, que pueden reducir el flujo de la saliva. La saliva sirve para proteger la boca y si no se tiene suficiente, la boca queda susceptible a infecciones como la enfermedad de las encías. Hay algunos medicamentos que pueden hacer que el tejido de las encías crezca más de lo normal. Esto dificulta mantener las encías limpias.
- **Genética.** Algunas personas son más propensas que otras a tener un caso grave de la enfermedad de las encías.

¿A quién le da la enfermedad de las encías?

Generalmente, las personas no muestran señales de la enfermedad de las encías hasta que tienen entre 30 y 50 años. Los hombres tienen mayor probabilidad que las mujeres de tener enfermedad de las encías. Aunque rara vez los adolescentes desarrollan periodontitis, pueden desarrollar gingivitis, la forma más leve de la enfermedad de las encías. Por lo general, la enfermedad de las encías se desarrolla cuando se deja que la placa se acumule a lo largo y por debajo de las encías.

¿Cómo sé si tengo la enfermedad de las encías?

Los síntomas de la enfermedad de las encías incluyen:

- Mal aliento constante
- Encías rojas o inflamadas
- Encías muy sensibles o que sangran
- Dolor al masticar
- Dientes flojos
- Dientes sensibles
- Encías retraídas o dientes que se ven más largos de lo normal.

Cualquiera de estos síntomas puede ser una señal de un problema grave que debe ser examinado por un dentista.

Cuando vaya al dentista, el dentista o el higienista deberá:

- Hacerle preguntas sobre su historia médica para determinar si hay otros problemas o factores de riesgo, tales como el hábito de fumar, que quizás influyan en la enfermedad de las encías.
- Examinarle las encías para ver si hay alguna señal de inflamación.
- Usar una "sonda", que es una especie de regla muy pequeña, para determinar si hay bolsas periodontales y medirlas. En una boca sana, la profundidad de estas bolsas es de entre 1 y 3 milímetros. Normalmente esta prueba no causa dolor.

El dentista o higienista dental también puede:

- Hacerle una radiografía para saber si hay pérdida o desgaste de hueso.
- Recomendarle a un periodoncista. El periodoncista es un especialista en el diagnóstico y tratamiento de la enfermedad de las encías y le puede dar otras opciones de tratamiento.

¿Cómo se trata la enfermedad de las encías?

El objetivo principal del tratamiento es controlar la infección. La cantidad y los tipos de tratamiento pueden variar dependiendo de hasta dónde se ha extendido la enfermedad de las encías. Cualquier tipo de tratamiento requiere que el paciente continúe con un buen cuidado diario de los dientes en su casa. El médico también le puede sugerir que cambie ciertos comportamientos (por ejemplo, que deje de fumar) como una forma de mejorar los resultados del tratamiento.

La limpieza profunda (raspado y alisado de la raíz)

El dentista, periodoncista o higienista dental quita la placa por medio de un método de limpieza profunda llamado raspado y alisado de las raíces. El raspado consiste en remover el sarro que se ha depositado por encima y por debajo de la línea de las encías. El alisado de la raíz elimina las áreas ásperas que pueda tener la raíz del diente donde se acumulan los gérmenes. Esto ayuda a quitar las bacterias que favorecen la enfermedad. En algunos casos, se puede usar un láser para remover la placa y el sarro. Este procedimiento resulta en menos sangrado, inflamación e incomodidad en comparación con los métodos tradicionales para la limpieza profunda.

Medicamentos

Los medicamentos se pueden usar en los tratamientos que incluyen el raspado y alisado de la raíz, pero no siempre logran evitar la cirugía. Dependiendo de cuánto ha avanzado la enfermedad, el dentista o periodoncista le puede recomendar cirugía. Será necesario realizar estudios de larga duración para determinar si el uso de los medicamentos disminuye la necesidad de cirugía y si éstos son eficaces durante períodos prolongados. Algunos medicamentos son:

- Enjuague bucal antimicrobiano que requiere receta médica
- "Chip" antiséptico
- Gel antibiótico
- Microesferas antibióticas
- Supresor de enzimas
- Antibióticos orales

Cirugía

Si todavía tiene inflamación y bolsas profundas a pesar de haber tenido tratamiento con limpieza

profunda y medicamentos, necesitará una cirugía de colgajo para remover los depósitos de sarro de las bolsas profundas o para reducir la bolsa periodontal. Otro tipo de cirugía requiere injertos de hueso y de tejido.

¿Cómo puedo mantener mis encías y dientes sanos después del tratamiento?
- Cepíllese los dientes dos veces al día (usando una pasta de dientes con flúor).
- Use la seda dental todos los días.
- Vaya al dentista regularmente para chequeos y una limpieza profesional.
- No use productos de tabaco.

¿Puede la enfermedad de las encías causar problemas que van más allá de la boca?
En algunos estudios, los investigadores han observado que las personas con enfermedad de las encías (en comparación con las que no tienen la enfermedad) tienen más probabilidad de desarrollar enfermedades del corazón o tener problemas controlando el nivel de glucosa sanguínea (azúcar en la sangre). Otros estudios demuestran que las mujeres que tienen la enfermedad de las encías tienen mayor probabilidad de tener bebés prematuros o de bajo peso al nacer que las mujeres con encías sanas. Sin embargo, hasta ahora, no se sabe si esto se debe a la enfermedad de las encías.
Puede haber otras razones por las que las personas con enfermedad de las encías en ocasiones desarrollan problemas de salud adicionales. Por ejemplo, algo puede estar causando tanto la enfermedad de las encías como los otros problemas médicos, o simplemente puede ser una coincidencia que la enfermedad de las encías esté presente conjuntamente con los otros problemas de salud.

Se necesitan realizar más investigaciones para determinar si realmente la enfermedad de las encías es la causa de los problemas de salud fuera de los de la boca y si al tratar la enfermedad de las encías se puede evitar que estos otros problemas de salud se desarrollen.

Fuente: Adaptado de NIH. Publicación No. 10-1142S.

A. SEGÚN EL TEXTO

1. Compara la gingivitis y la periodontitis usando la información de la lectura y la siguiente tabla. Pon una x en la fila que corresponda.

	Causada por el sarro (exceso de placa)	Es una inflamación de las encías	Se puede curar con el cepillado diario y limpiezas profundas y periódicas por un dentista o higienista	Ocasiona pérdida del hueso y del tejido que sostiene los dientes	Se forman sacos infectados que el sistema inmunológico ataca
Gingivitis					
Periodontitis					

2. Escribe seis factores de riesgo relacionados con la enfermedad de las encías.

3. Escribe los siete síntomas que puede tener una persona con enfermedad de las encías.

4. ¿Qué tratamientos hay para curar la periodontitis?

5. ¿Qué se puede hacer para evitar este tipo de problemas?

B. EN LA CLÍNICA DENTAL

Imagina que eres un dentista y tu paciente tiene periodontitis. Explícale por qué se ha desarrollado este problema, como lo vas a solucionar y lo que va a tener que hacer en el futuro para cuidarse las encías. ¿Qué consideraciones culturales deberás tener en cuenta con tu paciente latino? Lee la lectura de las páginas 59-60 e incorpora el contenido.

ASPECTO COMUNICATIVO: CÓMO EVITAR REPETICIONES

En una conversación, para evitar repeticiones, se usan pronombres. Si le preguntas a tu paciente, "¿le dio toda su información a la enfermera?" el paciente no responderá, "Sí. Le di toda mi información a la enfermera", sino "Sí, se la di". Esta función comunicativa utiliza pronombres de objeto directo e indirecto en la misma frase. Lee la información siguiente para repasar su uso.

A. REPASO GRAMATICAL: EL USO DE DOBLES PRONOMBRES

Pronombres de objeto indirecto		Pronombres de objeto directo	
Me	Nos	Me	Nos
Te	Os	Te	Os
Le – Se	Les – Se	Lo – La	Los – Las

A continuación, te presentamos algunas de las reglas para el uso de estos dos tipos de pronombres:

1. Cuando queremos usar un pronombre de objeto directo (OD) y otro de objeto indirecto (OI) en la misma frase, el indirecto siempre va delante del directo.
   Ej. ¿Vas a darle tu información al dentista?
   Sí, **se (OI) la (OD)** voy a dar.

2. Cuando en la misma frase los dos pronombres empiezan con la ele, el indirecto se cambia siempre a "se".
   Ej. ¿A quién le das la información?
   Incorrecto: Le la doy a la recepcionista.
   Correcto: **Se** la doy a la recepcionista.

3. Puesto que "se" puede tener varias personas como antecedentes, es generalmente necesario añadir un pronombre preposicional para clarificar la situación.

> Ej.: ¿A quién le vas a dar la información?
>> Se la voy a dar **a ella.**
>> Se la voy a dar **a él.**

4. Los dobles pronombres se colocan delante del verbo conjugado, separados entre sí y después de la negación, si ésta es necesaria.

> Ej.:¿Le das el historial al dentista?
>> No, no **se lo doy.**

5. En frases verbales donde haya un gerundio o un infinitivo, los pronombres pueden ir separados delante del verbo conjugado,

> Ej.: **Se lo** voy a dar/**se lo** estoy dando.

o unidos detrás del infinitivo o gerundio.

> Ej.: Voy a **dárselo**/estoy **dándoselo**.

6. Cuando quieras dar un mandato y quieras usar las formas imperativas, los pronombres se colocan delante del verbo en las formas negativas,

> Ej.: No **se lo des.**

y detrás del verbo cuando la forma es afirmativa.

> Ej.: **dáselo.**

B. PRÁCTICA COMUNICATIVA

A. Imagina que eres el dentista y contestas las preguntas de tu paciente sin repetir palabras. Usa dobles pronombres.

> *Ejemplo: Doctor, ¿me va a extraer la muela del juicio?*
>> *Sí, se la voy a extraer.*

1. Doctor, ¿me va a extraer el colmillo?

2. Doctor, ¿me va a poner varias coronas?

3. Doctor, ¿me va a poner varios puentes?

4. Doctor, ¿le va a hacer un puente a mi hijo?

5. Doctor, ¿nos va a recomendar usar el hilo dental?

6. Doctor, ¿me va a recomendar usar hilo dental?

B. Tu esposo-a fue al dentista. Ahora le preguntas sobre la visita. Responde usando dobles pronombres para evitar repeticiones.

1. ¿Te recomendó el doctor que usaras un buen cepillo?

2. ¿Les recomendó el doctor a los niños que se cepillaran los dientes después de cada comida?

3. ¿Te va a extraer la muela?

4. ¿Te puso una inyección?

5. ¿Te hizo una radiografía?

Muchos estudiantes tienen problemas para distinguir la diferencia entre "pedir" y "preguntar". Aquí tienes una explicación.

Pedir (e-i)
to ask for, or request an object, service or favor
The doctor asks for more tests – El doctor pide más pruebas
We will order now (ask for service) – Ahora vamos a pedir

Preguntar
to ask a question, or request information
The patient asks what time he can see the doctor – El paciente pregunta a qué hora puede ver al doctor
The patient asked about the tests results – El paciente preguntó cuál fue el resultado de las pruebas.

PRÁCTICA

Traduce las frases siguientes usando pedir o preguntar según sea necesario.

1. Do not ask for more tranquilizers.

2. The radiologist asked for another x-ray.

3. The nurse asked me if I was hungry.

4. The doctor asked if I had a backache.

5. The doctor asked me to cough.

LA SALUD DE LOS HISPANOS EN EEUU: LA SALUD DENTAL

Cuando se estudian las diferencias en la salud dental de diversos grupos étnicos, se debe considerar la herencia. Esta afecta la salud dental al influir, por ejemplo, en la estructura del esmalte dental, la tendencia a desarrollar periodontitis, y la edad en que le saldrán los dientes a un bebé y más tarde cuán espaciados los dientes estarán. No obstante, los genes no son los únicos al determinar la salud dental. Éstos y el medioambiente no actúan por separado sino que ambos interactúan determinando si alguien tendrá caries, gingivitis, y otros problemas relacionados con los dientes y la boca.

Estudios que comparan diversos grupos étnicos en los EEUU han descubierto lo siguiente:

- Los méxico-americanos tienen más tendencia a desarrollar gingivitis que los blancos no hispanos y los negros no hispanos.
- Generalmente, la gente pobre, sin importar la raza, tiene más problemas con la periodontitis temprana que la de clase económica más elevada.

- Un estudio 2008 realizado por Gallup-Healthways descubrió que el 42% de los hispanos no había visitado al dentista el año anterior. El 29 % del resto de los estadounidenses no había visitado al dentista el año anterior.

Otros aspectos que influyen en la salud dental son las diferencias culturales y las expectativas en cuanto al tipo de salud dental que un individuo o familia pueda tener.

También existen obstáculos que dificultan el que la comunidad hispana mejore en este aspecto.

Siguen los más importantes:
- Muchos latinos-hispanos no están bien informados sobre los servicios de salud dental de su comunidad. Tampoco saben la manera de mantener sus dientes y boca sanos.
- La barrera lingüística impide que muchos hispanos tengan acceso a la información disponible.
- En términos generales, los latinos acostumbran a buscar menos información antes y después de ser diagnosticados con una enfermedad. También reportan que se sienten intimidados por sus doctores en mayor medida que los blancos no hispanos.
- Hay muy pocos estudiantes hispanos en las escuelas de dentistas e higienistas dentales en EEUU.

Para mejorar las situaciones anteriores, algunos estudios sugieren lo siguiente:
- Una mejora en las clínicas dentales comunitarias.
- Programas que presenten materiales y maneras de acercarse a la comunidad que sean culturalmente apropiados.
- Grupos de apoyo que promuevan estilos de vida sanos.

Fuente: CDC.

A. SEGÚN EL TEXTO

1. ¿De qué manera pueden los genes afectar la salud dental?
2. ¿Son los genes los únicos que pueden determinar nuestra salud dental?
3. ¿Qué grupo de personas tiene más problemas dentales?
4. ¿Qué otros factores afectan la salud dental de los latinos-hispanos que viven en EEUU?
5. ¿Qué se puede hacer para mejorar la salud dental de los latinos-hispanos?

B. MÁS ALLÁ DEL TEXTO

1. Imagina que eres un/a dentista preocupado/a por la salud dental de los hispanos que viven en tu comunidad. ¿Qué pasos podrías llevar a cabo para mejorarla? Toma unas notas y luego compártelas con un compañero.

2. Imagina que vas a ir a una escuela con niños hispanos para hablarles sobre la salud dental. Explícales cómo pueden interactuar la herencia y el medioambiente para definir la salud dental de un individuo. Da varios ejemplos concretos que los niños podrán entender.

LA SALUD EN EL MUNDO HISPANO: LOS ODONTÓLOGOS

Lee la tabla siguiente sobre el número de odontólogos en el mundo hispano y contesta las preguntas.

	Densidad de personal odontólogo (por 10 000)	Año	Número de personal odontólogo	Año
Argentina	8	98	28900	98
Bolivia	7	01	5997	01
Chile	4	03	6750	03
Costa Rica	5	00	1905	00
Cuba	9	02	9841	02
Ecuador	2	00	2062	00
EEUU	16	00	463663	00
El Salvador	5	02	3465	02
España	5	06	23300	06
Guatemala	2	99	2046	99
Guinea Ecuatorial	<1,0	04	15	04
Honduras	2	00	1371	00
México	8	00	78281	00
Nicaragua	<1,0	03	243	03
Panamá	8	00	2231	00
Paraguay	6	02	3182	02
Perú	1	99	2809	99
Rep. Dominicana	8	00	7000	00
Uruguay	12	02	3936	02
Venezuela	6	01	13680	01

SEGÚN EL TEXTO

1. ¿Qué países tienen más personal dentista por habitante? ¿Qué países tienen menos? ¿Te sorprenden las estadísticas?

2. ¿Cuál es la media de odontólogos por 10.000 en los países hispanos?

3. ¿Qué factores crees que influyen en el cuidado dental que un individuo recibe? ¿Crees que existen factores culturales? Si sí, ¿cuáles?

INVESTIGACIÓN, ESCRITURA Y CONVERSACIÓN

Primer paso

1. De la lista siguiente, selecciona un problema. También puedes seleccionar un problema relacionado con la boca y los dientes que no esté aquí.

Amigdalitis, f.	Tonsillitis
Aliento (mal), m.	Breath (bad)
Bruxismo, m.	Bruxism, teeth grinding
Cáncer de glándula salival, m.	Salivary Gland Cancer
Cáncer oral, m.	Mouth cancer
Caries, f.	Tooth decay, cavity
Dentaduras postizas, f.	Dentures
Enfermedades de las glándulas salivales, f.	Salivary Gland Disorders
Fiebre, f./herpes labial, m.	Fever blister/cold sore/oral herpes
Herpes labial, m./ fiebre, f.	Fever blister/cold sore/oral herpes
Infecciones por cándida/Candidiasis , f.	Yeast Infections
Paperas, f.	Mumps
Periodontal, adj.	Periodontal
Sarro, m.	Plaque, tartar
Síndrome de Sjögren, m.	Sjogren's Syndrome
Tonsilectomía, f.	Tonsillectomy
Trastorno de la articulación temporomandibular, m.	Temporomandibular Joint Dysfunction TMJ
Trastornos del gusto, m.	Taste Disorders

2. Para investigar tu tema, utiliza la información contenida en http://www.nlm.nih.gov/medlineplus/spanish o en un sitio similar.

3. Escribe un resumen que incluya los síntomas, los tratamientos y la prevención, si la hay. Utiliza tus propias palabras.

Segundo paso

Explícale a un compañero lo que has aprendido sobre el problema del primer paso. Él/ella te hará preguntas sobre posibles dudas. Luego cambiad los papeles.

Tercer paso

1. Ahora que ya estás familiarizado con el problema, haz una pequeña representación con tu compañero. Él/ella puede ser un paciente que tiene los síntomas relacionados con el problema del primer paso. Tú, como médico/a, le preguntarás sobre su condición, le harás el diagnóstico, hablarás del tratamiento a seguir y de la prognosis. El paciente tendrá preguntas que tú deberás responder.

2. Haz una representación con otros dos compañeros. Uno será un médico que no habla español, otro un paciente que no habla inglés y el tercero será el intérprete. Siguiendo los consejos sobre la interpretación, dramatizad una situación que incluya una de las enfermedades de las que habéis hablado en el paso 2.

ENFOQUE CULTURAL: GUINEA ECUATORIAL

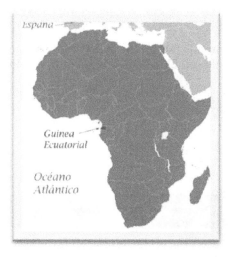

A. INVESTIGACIÓN

Primero, visita las páginas de Internet para aprender sobre cuestiones médicas y culturales en Guinea Ecuatorial. Luego rellena la tabla siguiente. Finalmente, analiza la información y discútela en clase con tus compañeros.

Guinea Ecuatorial

- Centro de Referencia para el Control de Endemias: http://www.crce-guinea.org/
- Organización Mundial de la Salud : http://www.who.int/countries/gnq/es/
- Página oficial del Gobierno de la República de Guinea Ecuatorial: http://www.guineaecuatorialpress.com/index.php

	Guinea Ecuatorial
PIB per cápita	
Gastos del gobierno en sanidad per cápita	
Expectativa de vida para ambos sexos	
Expectativa de vida para hombres	
Expectativa de vida para mujeres	
Tasa de mortalidad infantil	
¿Qué cuestiones de salud parecen tener primacía hoy en día?	

B. TÚ ERES EL MÉDICO

Un paciente hispano va a viajar a Guinea Ecuatorial y necesitas informarle sobre cómo cuidarse la salud mientras esté allí. Lee la información que el gobierno de EEUU da a los viajeros. Escribe un resumen en español que le darías a tu paciente.

Información para viajeros a Guinea Ecuatorial:
http://wwwnc.cdc.gov/travel/destinations/equatorial-guinea.aspx

TRADUCCIONES

A. TRADUCE AL INGLÉS LAS SIGUIENTES FRASES

1. Cuanto más tiempo permanezcan sobre los dientes la placa y el sarro, más dañinos se vuelven. Las bacterias causan una inflamación de las encías que se llama "gingivitis". Si la persona tiene gingivitis, las encías se enrojecen, se inflaman y sangran fácilmente.

2. Cuando la gingivitis no se trata debidamente, puede convertirse en "periodontitis". Esto quiere decir "inflamación alrededor del diente".

3. Los méxico-americanos tienen más tendencia a desarrollar gingivitis que los blancos no hispanos y los negros no hispanos. Generalmente, la gente pobre, sin importar la raza, tiene más problemas con la periodontitis temprana que la de clase económica más elevada.

B. TRADUCE AL ESPAÑOL LAS SIGUIENTES FRASES

1. If you have constant bad breath, red or inflamed gums and loose teeth, you might have periodontal disease.

2. To ensure the good health of your mouth and teeth, make sure to brush your teeth twice a day with a toothpaste containing fluoride, use dental floss and visit your dentist every six months.

3. Smoking and stress are all risk factors in developing periodontal disease.

TU VOCABULARIO

Anota las palabras y frases nuevas que has aprendido no incluidas en el vocabulario de este capítulo.

_____

_____

_____

_____

PARA SABER MÁS

Esta página de *New York Online Access to Health* contiene mucha información y bien organizada sobre la salud bucal: http://www.noah-health.org/es/dentistry/

En este enlace encontrarás hay un vídeo sobre la salud dental de la mujer embarazada: http://www.youtube.com/watch?v=KufirGoXydU

LA RISA ES LA MEJOR MEDICINA

El médico le dice a su paciente en tono muy enérgico:
— En los próximos meses nada de fumar, nada de beber, nada de salir con mujeres ni ir a comer a esos restaurantes caros, y nada de viajes ni vacaciones.
—¿Hasta que me recupere, Doctor?
—¡No, hasta que me pague todo lo que me debe!

Están dos médicos en plena junta discutiendo la salud de un paciente y dice uno:

—En definitiva a ese paciente hay que operarlo.

A lo que el colega pregunta:

—¿Y por qué? ¿Qué tiene?

El primero responde:

—¡Muchííísimo Dinero!

Escribe unas notas sobre lo que has aprendido a nivel de contenidos médicos, de costumbres de los hispanos y sobre la situación sanitaria de los países estudiados en este capítulo.

CAPÍTULO 3

EL SISTEMA SENSORIAL I:

LOS OJOS Y LA VISIÓN

Cría cuervos y te sacarán los ojos.

Refrán

Objetivos

Al acabar este capítulo podrás comunicarte sobre los siguientes temas:

- Algunas ideas erróneas sobre la visión
- Las cataratas y cómo afectan a los hispanos
- La salud en Cuba y la República Dominicana

También practicarás cómo dar mandatos.

1. ¿Qué piensas del refrán introductorio al capítulo? ¿Qué te señala sobre la cultura hispana? ¿Hay algún refrán o dicho parecido en tu lengua materna?

2. ¿Has oído alguna vez que no es bueno mirar la televisión en una habitación poco iluminada? ¿Crees que es verdad?

3. ¿Tienes algún abuelo, abuela o pariente ya mayor que haya tenido una operación de cataratas? ¿Crees que esto es común en la gente de edad avanzada?

4. ¿Qué crees que ocurre en comunidades rurales de Latinoamérica cuando la gente tiene problemas de visión?

5. ¿Cuáles crees que son las causas principales de ceguera en el mundo?

6. ¿Qué sabes sobre la situación de la salud en Cuba y la República Dominicana?

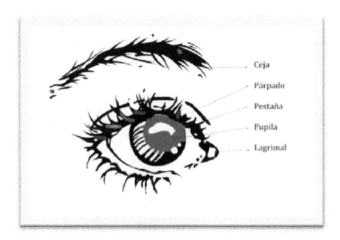

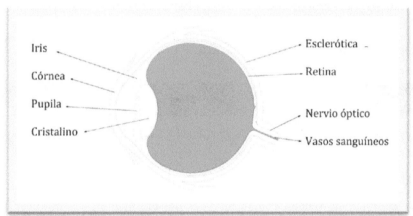

Estudia el siguiente vocabulario para poder comunicarte mejor sobre este tema.

Anatomía del ojo		La visión se puede describir como	
Iris, m.	Iris	Visión borrosa, f.	Blurred vision
Lente cristalino, m.	Crystalline lens	Visión opaca, f.	Opaque vision
Nervio óptico, m.	Optic nerve	Visión doble, f.	Double vision
Párpado, m.	Eyelid		
Pestaña, f.	Eyelash		
Pupila, f.	Pupil		
Retina, f.	Retina		

Problemas y palabras asociados con los ojos

Catarata, f.	Cataract	Lágrima, f.	Tear
Ceguera, f.	Blindness	Lentes de contacto, f.	Contact lenses
Ciego, m.	Blind person	Lentes, f.	Glasses
Daltónico, adj.	Color blind	Lentillas, f.	Contact lenses
Daltonismo, m.	Color blindness	Miope, adj.	Nearsighted, myopic
Destello, m.	Twinkle/sparkle	Miopía, f.	Nearsightedness, myopia
Deterioro visual, m.	Visual deterioration	Ocular, adj.	Related to the eye
Discapacidad visual, f.	Visual impairment	Oculista, m.	Eye doctor
Gafas, f.	Glasses	Oftalmólogo, m.	Ophthalmologist
Hipermetropía, f.	Farsightedness, hypermetropia	Parpadear, v.	To blink
Lagaña, f.	Sleep in one's eyes	Vista cansada, f.	Eye strain

¿QUÉ ES Y CÓMO FUNCIONA?

Por supuesto, los ojos son los encargados de la visión o vista, pero cada parte del ojo tiene una función específica.

- El párpado protege el ojo y ayuda a mantenerlo limpio.

- Las lágrimas también ayudan con la limpieza del ojo ayudando a eliminar polvo y otras substancias extrañas.

- El ojo tiene forma de esfera o globo. La esclerótica es la membrana dura que prácticamente cubre todo el globo y lo protege. Si miras un ojo de frente, es la parte blanca. También ejerce una función protectora. Tiene dos aperturas, una que comunica con la córnea y otra con el nervio óptico.

- La córnea es la estructura transparente situada entre la esclerótica y el iris. Ayuda al ojo a enfocar la imagen.

- El iris es el disco que define el color de los ojos. Tiene músculos que ayudan a contraer la pupila.

- La pupila está en el centro del iris. Es el círculo negro que permite el paso de la luz. Si comparamos el ojo a una cámara fotográfica, la pupila sería el diafragma.

- El cristalino (o lente cristalino) está detrás del iris y permite al ojo enfocarse en objetos que están a diferentes distancias.

- La retina es la capa más interna del ojo. Está compuesta por millones de células sensibles a la luz. La retina transforma la luz en señales nerviosas.

- El nervio óptico lleva la información desde la retina hasta el cerebro, donde es interpretada como imágenes.

El médico especializado en problemas que afectan la visión es el oftalmólogo. El oculista tiene conocimientos más limitados sobre problemas comunes, como vista cansada y miopía.

COMPETENCIA CULTURAL: IDEAS SOBRE LA VISIÓN

Algunas comunidades hispanohablantes poseen ideas erróneas sobre las situaciones que pueden causar problemas de la visión. Varias de éstas están muy extendidas y tal vez las hayas escuchado antes. ¿Sabías que si miras la televisión en una habitación poco iluminada, tu visión va a resultar dañada? Si no lo sabías, no tienes que aprenderlo ahora porque no es cierto. Sin embargo muchas personas creen que sí lo es e insisten a sus hijos para que enciendan las luces en una habitación oscura. No hay estudios por ahora que confirmen esta información. Por el contrario, se dice que este rumor fue iniciado por un fabricante de lámparas que temía perder clientes debido al uso cada vez mayor de televisores.

Hay familiares que les pedirán a sus niños que no se acerquen tanto a la pantalla porque eso perjudica la vista. Tampoco se han anunciado estudios que verifiquen la verdad de esta afirmación, aunque si lo fuera todas las personas en oficinas que trabajan diariamente con computadoras (u ordenadores) tendrían bastantes problemas.

Otro rumor bastante extendido es que el leer cansa, o gasta, la vista. Por supuesto, la vista no se gasta porque la usemos. Sí es cierto que conforme una persona avanza en edad (alrededor de los 40) es común que necesite gafas ya que a los músculos de los ojos les cuesta más contraerse para enfocar y ver objetos cercanos. Esto causa pérdida de la visión y dolor de cabeza. Es interesante que a

esta condición se la llama tener la "vista cansada", lo que no significa que sea causada por lo mucho que una persona ha leído en su vida.

Un oculista puede oír de su paciente hispano que no quiere usar lentes (o gafas) porque el uso de lentes causa dependencia en su uso y la visión empeora. Esto tampoco es cierto. Las gafas no van a hacer que la visión se deteriore; lo que ocurre es que el paciente se acostumbra a ver mejor y luego no está satisfecho con la calidad de lo que ve si no las usa.

Finalmente, otra idea bastante extendida es que la masturbación puede producir ceguera. El famoso estudio de Alfred Kinsey en los años 50 mostró que el 92% de los hombres y el 62% de las mujeres se habían masturbado en algún momento de su vida, lo que evidencia que esta creencia es falsa. Lo que sí puede causar ceguera es la sífilis, incluso la sífilis congénita que un bebé contrae en el útero de su madre infectada. A pesar de que la sífilis se puede curar con antibióticos si se trata pronto, MedlinePlus informa que el número de bebés nacidos a mujeres infectadas con sífilis está aumentado recientemente.

Un oculista con competencia cultural estará familiarizado con estas ideas erróneas sobre las causas de algunos problemas de la visión y cuando tenga la oportunidad de rebatirlas, lo hará.

¿Qué es una catarata?

Una catarata ocurre cuando el cristalino (el "lente" del ojo) se nubla, afectando la visión. La mayoría de las cataratas están relacionadas con el envejecimiento. Las cataratas son muy comunes en las personas mayores. Cuando llegan a los 80 años de edad, más de la mitad de los norteamericanos tienen una catarata o han tenido una operación de cataratas. La catarata puede ocurrir en uno o en ambos ojos. La catarata no se transmite de un ojo al otro.

¿Qué es el cristalino?

El cristalino es la parte clara del ojo que ayuda a enfocar la luz, o una imagen, sobre la retina. La retina es el tejido sensible a la luz situado en el fondo del ojo. En un ojo normal, la luz pasa a través del cristalino transparente a la retina. Al llegar a la retina, la luz se convierte en señales nerviosas que se envían al cerebro. El cristalino tiene que estar transparente para que la retina pueda recibir una imagen clara. Si el cristalino está nublado por una catarata la imagen que usted ve será borrosa.

¿Cómo se desarrollan las cataratas?

Las cataratas relacionadas con la edad se desarrollan de dos maneras:

1. Cuando las acumulaciones de proteína reducen la claridad de la imagen que llega a la retina. El cristalino está compuesto en su mayoría por agua y proteína. Cuando esta proteína se acumula, nubla el cristalino disminuyendo la luz que llega a la retina. La opacidad puede ser tan severa que hace borrosa la visión. La mayoría de las cataratas relacionadas con la edad se desarrollan debido a las acumulaciones de proteína. Cuando la catarata está pequeña, la opacidad afecta solamente una pequeña porción del cristalino. Quizás usted no note ningún cambio en su visión. Las cataratas tienden a "crecer" lentamente, así que la visión se deteriora gradualmente. Con el tiempo, el área opaca del cristalino se puede agrandar y la catarata puede aumentar de tamaño. La visión se dificulta, haciéndose más opaca o más borrosa.

2. Cuando el cristalino cambia lentamente a un color amarillento o marrón, añadiendo un tinte marrón a la visión. Cuando el cristalino transparente poco a poco adquiere color con la edad, su visión puede lentamente ir adquiriendo un tinte marrón. Al principio, la cantidad del tinte puede ser poca, sin causar problemas con la visión. Con el tiempo, el tinte se intensifica y puede hacer más difícil leer y hacer otras actividades rutinarias. Este cambio gradual en la cantidad del tinte no afecta la claridad de la imagen transmitida a la retina. Si usted tiene una decoloración avanzada del cristalino, quizás no pueda identificar los tonos azulados y morados. Por ejemplo, usted puede creer que tiene puesto un par de calcetines negros y no se dará cuenta que son morados hasta que sus amigos se lo digan.

¿Quién tiene riesgo de desarrollar cataratas?

El riesgo de cataratas aumenta al envejecer. Otros factores de riesgo para las cataratas son:
- Ciertas enfermedades (por ejemplo, la diabetes).
- Comportamientos individuales (uso de tabaco o alcohol).
- El medio ambiente (exposición prolongada a los rayos ultravioletas del sol).

¿Cuáles son los síntomas de una catarata?

Los síntomas más comunes de una catarata son:

1. Visión borrosa u opaca.

2. Los colores lucen desteñidos.

3. Destello. Las luces de los automóviles, las lámparas o la luz del sol parecen muy brillantes. Una aureola puede aparecer alrededor de las luces.

4. No se ve bien de noche.

5. Visión doble o imágenes múltiples en un ojo. (Este síntoma puede desaparecer cuando la catarata crece).

6. Cambios frecuentes en la receta de sus anteojos o lentes de contacto.

Estos síntomas también pueden ser señales de otros problemas en los ojos. Si usted tiene cualquiera de estos síntomas, consulte con su oculista.

¿Cómo se detecta una catarata?

La catarata se detecta a través de un examen completo de los ojos que incluye:

- Prueba de agudeza visual. En esta prueba se usa una tabla optométrica para medir su vista a diferentes distancias.

- Examen con dilatación de las pupilas. Para dilatar o agrandar las pupilas, el oculista le pone unas gotas en los ojos. El oculista mira a través de un lente de aumento especial para examinar la retina y el nervio óptico para ver si hay señales de daño u otros problemas de los ojos. Después del examen, su visión de cerca podrá permanecer borrosa por varias horas.

- Tonometría. Se utiliza un instrumento para medir la presión dentro del ojo. Para esta prueba, el oculista puede ponerle unas gotas para adormecerle los ojos.

¿Cómo se tratan las cataratas?

Se pueden mejorar los síntomas de una catarata en su etapa inicial con nuevos anteojos, mejor luz, gafas anti-reflectoras para el sol, o lentes de aumento. Si estas medidas no le ayudan, la cirugía es el único tratamiento eficaz. La cirugía consiste en quitar el cristalino opaco y reemplazarlo con un lente artificial.

La catarata solamente se debe quitar cuando la pérdida en la visión interfiere con sus actividades diarias, como manejar, leer o ver televisión. Usted y su oculista pueden tomar esta decisión juntos.

¿Cuán eficaz es la cirugía para las cataratas?

La operación de las cataratas es una de las más comunes en los Estados Unidos. También es una de las más seguras y eficaces. En alrededor del 90 por ciento de los casos, las personas que se operan de las cataratas ven mejor después de la operación.

¿Cuáles son los riesgos de la cirugía para las cataratas?

Como con cualquier operación, la cirugía para las cataratas tiene sus riesgos, como una infección o pérdida de sangre. Antes de la cirugía, el médico le puede pedir que temporalmente deje de tomar ciertos medicamentos que aumentan el riesgo de una hemorragia durante la operación. Después

de la cirugía, usted debe mantener su ojo limpio, lavarse las manos antes de tocarse el ojo y utilizar los medicamentos recetados para ayudar a minimizar el riesgo de una infección. Una infección seria puede resultar en pérdida de la visión.

¿Cuándo volverá mi visión a la normalidad?
Usted puede volver rápidamente a muchas de sus actividades diarias, pero es posible que vea borroso. El ojo que se está recuperando necesita tiempo para adaptarse a enfocar correctamente con el otro ojo, especialmente si el otro ojo tiene una catarata. Pregúntele a su médico cuándo podrá volver a conducir.

Fuente: Adaptado de "Las cataratas. Lo que usted debe saber". Instituto Nacional del Ojo Institutos Nacionales de la Salud. Departamento de Salud y Servicios Humanos de los EEUU.

A. SEGÚN EL TEXTO

Contesta de forma breve las siguientes preguntas según la lectura.

1. ¿Cómo se forman las cataratas?

2. ¿Qué porcentaje de personas mayores de 80 años sufre esta situación?

3. ¿Qué síntomas tienen las cataratas?

4. ¿Cómo se pueden tratar las cataratas?

5. ¿Cuál es el riesgo mayor que tiene la cirugía para quitar la catarata?

6. ¿Qué problemas puede haber después de la operación?

B. MÁS ALLÁ DEL TEXTO

Con un compañero haced los papeles de oculista y paciente. El oculista le debe explicar al paciente la situación con su enfermedad (cataratas). El enfermo le hará preguntas al oculista sobre cualquier tema relacionado con la enfermedad que le preocupe. Escribid el diálogo para luego poder presentarlo a la clase.

Según un estudio de investigación, los latinos que residen en los Estados Unidos tienen tasas altas de enfermedades de los ojos y deterioro visual, y es posible que un número considerable de ellos no sepa que tiene una enfermedad de los ojos. Este estudio, llamado el Estudio de Ojos Latinos de Los Ángeles (LALES, por sus siglas en inglés), constituye el análisis epidemiológico más grande y completo del deterioro visual en los latinos llevado a cabo en los Estados Unidos. Fue financiado por el Instituto Nacional del Ojo (NEI, por sus siglas en inglés) y el Centro Nacional de Salud de Minorías y Disparidades en Salud (NCMHD, por sus siglas en inglés), ambos componentes de los Institutos Nacionales de la Salud del gobierno federal. Los resultados del estudio están publicados en las ediciones de junio, julio y agosto del 2004 de la revista médica Ophthalmology.

Los investigadores han encontrado que los latinos tienen altas tasas de retinopatía diabética, una complicación de los ojos causada por la diabetes; y de glaucoma de ángulo abierto, una enfermedad que daña el nervio óptico.

Los investigadores encargados del estudio realizaron una entrevista detallada de la salud y un examen clínico a más de 6.300 latinos, la mayoría mexicanoamericanos, mayores de 40 años de edad, del área de Los Ángeles, para evaluar sus factores de riesgo para las enfermedades de los ojos y medir la calidad de vida con relación a su salud y a su visión. A cada participante se le hizo una prueba de sangre para la diabetes y un examen completo de los ojos que incluyó fotografías del fondo del ojo. "Este estudio ha proporcionado los datos que tanto se necesitaban sobre enfermedades de los ojos en el grupo minoritario de más rápido crecimiento dentro de los Estados Unidos", indicó Elías A. Zerhouni, M.D., director de los NIH. "Se han realizado varios estudios epidemiológicos sobre la prevalencia y gravedad de las enfermedades de los ojos más importantes en poblaciones de blancos y negros, sin embargo, se han hecho relativamente pocos estudios similares en las poblaciones de latinos", dijo Paul A. Sieving, M.D., Ph.D., director del NEI. "Este estudio destaca la importancia de proveer educación de la salud y cuidado de la visión a los latinos".

Los investigadores notaron que muchos de los participantes del estudio no sabían que tenían una enfermedad de los ojos. Una de cada cinco personas con diabetes fue diagnosticada por primera vez durante el examen clínico para el LALES y se encontró que el 25 por ciento de estas personas tenían retinopatía diabética. En general, casi la mitad de todos los latinos con diabetes tenía retinopatía diabética. Entre los que tenían algunas señales de degeneración macular relacionada con la edad (AMD, por sus siglas en inglés), una enfermedad que puede conducir a la pérdida de la visión central, solamente el 57 por ciento indicó haber ido alguna vez a un oculista y solamente un 21 por ciento lo hacía anualmente. El 75 por ciento de los latinos con glaucoma e hipertensión ocular (presión alta dentro del ojo) no había sido diagnosticado hasta participar en el estudio LALES.

"Ya que la pérdida de la visión frecuentemente se puede reducir con exámenes completos de los ojos realizados periódicamente y con tratamiento a tiempo, se hace mayor la necesidad de implementar programas culturalmente apropiados para detectar y controlar las enfermedades de los ojos en esta población", dijo Rohit Varma, doctor en medicina y salud pública (M.D., M.P.H.) y profesor asociado de Oftalmología y Medicina Preventiva en el Instituto de Ojos Doheny de la Escuela de Medicina Keck de la Universidad de California del Sur, y director del estudio. "Esto es particularmente evidente cuando se considera que los latinos, en comparación con otros grupos

étnicos en los Estados Unidos, tienen una prevalencia alta de baja visión, retinopatía diabética y glaucoma. Normalmente, es mucho más probable que los latinos hayan recibido cuidados médicos generales que cuidados para sus ojos".

El estudio determinó que el 3 por ciento de los participantes en el LALES tenían deterioro visual, lo que se define como tener una agudeza visual en el mejor ojo después de corrección de 20/40 o menos, y el 0,4 por ciento eran ciegos, que se define como teniendo una agudeza visual después de corrección de 20/200 o menos en el mejor ojo. Las tasas de prevalencia de deterioro visual en los latinos son más altas que aquellas reportadas para los blancos y se comparan a las reportadas para los negros. El deterioro visual aumenta con la edad. Los septuagenarios y octogenarios tienen ocho veces más probabilidad de tener un deterioro visual que los latinos más jóvenes. Otros factores de riesgo para el deterioro visual incluyen ser del sexo femenino, nivel bajo de educación, desempleo, historial de enfermedades de los ojos y diabetes.

Cerca de la mitad de todos los participantes del estudio que tienen diabetes-casi la cuarta parte de la población del LALES-tenían alguna señal de retinopatía diabética. Mientras más tiempo habían tenido la diabetes, más riesgo tenían de retinopatía. Además, más del 10 por ciento de los participantes con diabetes tenían edema macular (acumulación de líquido en el fondo del ojo), de los cuales el 60 por ciento tenían casos suficientemente graves para requerir tratamiento con láser. Los latinos tenían tasas más altas que los blancos de retinopatía diabética grave que amenazaba su visión.

La prevalencia general de glaucoma de ángulo abierto entre los latinos del estudio fue casi del 5 por ciento. Esta tasa aumenta con la edad yendo de alrededor de un 8 por ciento en el caso de los sexagenarios, a un 15 por ciento para los septuagenarios. Esto es más alto que la tasa reportada para los blancos y similar a la reportada para los negros en este país. Casi el 4 por ciento de los latinos tenían hipertensión ocular, un factor de riesgo para el glaucoma.

Alrededor del 10 por ciento de los participantes se consideraban a riesgo de progresar a etapas más avanzadas de AMD, y casi la cuarta parte de estas personas tenían señales de AMD en ambos ojos. Solamente 25 personas tenían AMD avanzada, una tasa de prevalencia del 0.5 por ciento. La edad era un factor fuerte de predicción para el desarrollo de etapas más avanzadas de AMD. Mientras que los latinos tenían señales tempranas de AMD en tasas similares a las de los blancos, las tasas de AMD avanzada eran más bajas que las de los blancos y parecidas a las de los negros.

Uno de cada cinco latinos adultos tenía cataratas. La mitad de los latinos con cataratas u otra opacificación del cristalino tenían deterioro visual.

Los latinos con deterioro visual, diagnosticados en el examen de los ojos de este estudio, informaron tener una función visual más baja en un cuestionario. En particular, era más probable que aquellos cuya visión había empeorado por dos líneas o más en una tabla de ojos estándar informaran tener una calidad de vida inferior.

"Los datos del censo del 2000 muestran que el 12,5 por ciento de los residentes de este país, es decir, 35 millones de personas, son latinos", dijo John Ruffin, Ph.D., director del NCMHD. "Se calcula que esa cifra aumentará a 61.4 millones para el año 2025. Este estudio reafirma la importancia de las enfermedades de los ojos y del deterioro visual en los latinos, y su significado para la salud pública", indicó Ruffin.

Además del auspicio del NEI y del NCMHD, el estudio LALES recibió apoyo de Research to Prevent Blindness, Inc.

Fuente: "Los Latinos en los Estados Unidos Tienen Tasas Altas de Enfermedades de los Ojos y Deterioro Visual". National Institutes of Health.

A. SEGÚN EL TEXTO

1. ¿Qué tipo de problemas relacionados con la visión tienen los hispanos residentes en EEUU?
2. ¿En qué segmento de la población se concentró el estudio?
3. ¿Qué querían medir los investigadores?
4. ¿Qué pruebas se hicieron a los participantes?
5. ¿Con qué fueron diagnosticados algunos participantes por primera vez?
6. ¿Qué factores afectan el deterioro visual?

B. MÁS ALLÁ DEL TEXTO

Busca en Internet distintos esfuerzos dirigidos a educar a la comunidad hispana sobre temas de salud. ¿Qué aspectos en común tienen? Compara con los pósters que han encontrado tus compañeros. Luego diseña un póster dirigido a miembros de la comunidad hispana en tu estado-ciudad animándoles a cuidar de su visión.

ASPECTO COMUNICATIVO: DANDO MANDATOS

Cuando un profesional de la salud habla con un cliente o paciente, muchas veces necesita dar recomendaciones o mandatos, por ejemplo, "utilice gafas de sol", o "no fume". Esta función comunicativa utiliza el imperativo formal. Es una forma verbal que muchos estudiantes usan muy poco lo que dificulta el que se llegue a dominar. Por lo tanto, revísala atentamente.

A. REPASO GRAMATICAL: EL IMPERATIVO

Imperativo formal

Infinitivos	Singular		Plural	
	Afirmativo	**Negativo**	**Afirmativo**	**Negativo**
Tomar	Tome	No tome	Tomen	No tomen
Comer	Coma	No coma	Coman	No coman
Lavarse	Lávese	No se lave	Lávense	No se laven
Dormirse	Duérmase	No se duerma	Duérmanse	No se duerman

Fíjate que los imperativos informales no cambian la desinencia en la forma negativa. Sólo cambia la posición del pronombre reflexivo, añadido al final del verbo conjugado en la forma afirmativa, y situado delante del verbo conjugado en la forma negativa.

Imperativo informal

Infinitivos	Singular		Plural (en España)	
	Afirmativo	**Negativo**	**Afirmativo**	**Negativo**
Tomar	Toma	No tomes	Tomad	No toméis
Comer	Come	No comas	Comed	No comáis
Lavarse	Lávate	No te laves	Lavaos	No os lavéis
Dormirse	Duérmete	No te duermas	Dormíos	No os durmáis

Fíjate que las formas negativas son diferentes de las afirmativas. Estudia estas diferencias.

Mandatos irregulares

Generalmente, los verbos más comunes tienen formas irregulares. Memoriza los que siguen.

Verbo	Formal	Informal	
	Afirmativo	**Afirmativo**	**Negativo**
Decir	Diga	Di	No digas
Salir	Salga	Sal	No salgas
Hacer	Haga	Haz	No hagas
Ser	Sea	Sé	No seas
Ir	Vaya	Ve	No vayas
Tener	Tenga	Ten	No tengas
Poner	Ponga	Pon	No pongas
Venir	Venga	Ven	No vengas
Traer	Traiga	Trae	No traigas

B. PRÁCTICAS COMUNICATIVAS

1. Vuelve a leer la lectura sobre las cataratas. Escribe diez mandatos que contengan lo que el paciente debe hacer para mejorar su condición.

2. Cambia las frases del ejercicio anterior (1) de la forma afirmativa a la negativa o viceversa. Si son formales, cámbialas a la forma informal.

3. ¿Recuerdas? Basándote en el contenido de los capítulos anteriores, dale mandatos a un paciente sobre lo que debe o no debe hacer para prevenir o mejorar su condición.

   A. Da mandatos a un paciente que sufre de hepatitis C.

   B. Da mandatos a un paciente que tiene gingivitis.

C. PRÁCTICAS DE CONTENIDO Y VOCABULARIO

Rellena el espacio en blanco con el vocabulario apropiado.

1. El cerebro recibe la información visual desde la retina a través del _____.

2. La estructura transparente situada delante del iris es _____.

3. La estructura que permite al ojo enfocarse en objetos que están a diferentes distancias es _____.

4. Una persona que no puede distinguir entre el color verde y el azul es _____.

5. Si no puedes ver de cerca eres _____.

6. Cuando el cristalino se nubla, se dice que se ha desarrollado _____.

LA SALUD EN EL MUNDO HISPANO: LA CEGUERA

Las principales causas de ceguera crónica son las cataratas, el glaucoma, la degeneración macular relacionada con la edad, las opacidades corneales, la retinopatía diabética, el tracoma y las afecciones oculares infantiles, como las causadas por la carencia de vitamina A.

La ceguera relacionada con la edad y la debida a la diabetes no controlada están aumentando en todo el mundo, mientras que la ceguera de causa infecciosa está disminuyendo gracias a las medidas de salud pública. Tres cuartas partes de los casos de ceguera son prevenibles o tratables.

Los resultados de encuestas desarrolladas en 9 países de la región revelan que las máximas prevalencias de ceguera y discapacidad visual se presentan en zonas rurales y marginales. La carga de la ceguera no está distribuida uniformemente en la América Latina y el Caribe. En muchos países es estimado que por cada millón de habitantes hay 5.000 ciegos y 20.000 personas con

discapacidad visual, al menos dos terceras partes es debido a causas tratables como la catarata, defectos refractivos, retinopatía diabética, ceguera infantil, glaucoma, oncocercosis y tracoma.

En los últimos 5 años el acceso y la utilización de los servicios de salud ocular han venido aumentando en las zonas urbanas marginales y zonas rurales en muchos países con el apoyo de OPS-OMS, Visión 2020, organismos no gubernamentales internacionales y cooperación bilateral pero aún falta mucho para alcanzar los niveles óptimos.

A nivel nacional es necesario que los ministerios de salud desarrollen planes nacionales de prevención de ceguera y salud ocular, implementen programas y movilicen los recursos necesarios para fortalecer la provisión de servicios de salud ocular en zonas y áreas donde no existen.

En América Latina y el Caribe la catarata (opacificación del cristalino) es la causa más importante de ceguera. La prevalencia de ceguera en personas mayores de 50 años encontrada en encuestas nacionales en Venezuela y Paraguay varía de 2,3% a 3%, la prevalencia en zonas urbanas de Campinas, Brasil y Buenos Aires, Argentina es alrededor de 1,4%, esto contrasta con la prevalencia en zonas rurales de Perú y Guatemala donde es cercana al 4%. La proporción de ceguera debida a catarata en personas mayores de 50 años varía enormemente hasta alcanzar el 65% en las zonas rurales de Perú y Guatemala. Las encuestas nacionales revelan que cerca del 60% de la ceguera es debida a catarata. La cobertura de servicios para ojos con impedimento visual severo es de cerca del 80% en zonas urbanas bien desarrolladas y alrededor del 10 % en las zonas rurales y remotas.

¿Qué necesita hacerse?
Aumentar y mejorar los servicios de cataratas en especial para la población pobre o rural.
Medir la prevalencia de ceguera por catarata, cobertura de servicios, tasa de cirugía de catarata y barreras de acceso por distritos o departamentos para identificar zonas con mayor necesidad de programas.

Fuente: Ceguera. Organización Mundial de la Salud. 2009.

A. SEGÚN EL TEXTO

1. ¿Qué porcentaje de ceguera es prevenible o tratable?

2. ¿Cuáles son las causas de ceguera en el mundo hispano?

3. ¿En qué zonas del mundo hispano es más alto el número de casos de ceguera debido a las cataratas?

B. MÁS ALLÁ DEL TEXTO

1. En relación con tu respuesta a la pregunta # 3 del ejercicio anterior, ¿qué factores crees que influyen en esta situación?

2. ¿Qué piensas de las recomendaciones para prevenir los casos de ceguera?

3. ¿Tienes alguna otra sugerencia?

Primer paso

1. De la lista siguiente, selecciona un problema. También puedes seleccionar un problema relacionado con el sistema ocular que no esté aquí.

Cáncer de ojo, m.	Eye cancer
Degeneración macular, f.	Macular degeneration
Trastornos de la retina, f.	Retinal disorders
Trastornos de los ojos, f.	Eye disorders
Errores de refracción, m.	Refractive errors
Glaucoma, m.	Glaucoma
Infecciones de los ojos, f.	Eye infections
Lesiones del ojo, f.	Eye injuries
Problemas de los ojos asociados con la diabetes, m.	Diabetic eye problems
Tracoma, m.	Trachoma

2. Ve a la página http://www.nlm.nih.gov/medlineplus/spanish/eyesandvision.html u otra similar que ofrezca información en español sobre las enfermedades.

3. Escribe un resumen que incluya los síntomas, los tratamientos y la prevención, si la hay. Utiliza tus propias palabras y no olvides incluir la dirección de Internet de dónde has obtenido la información.

Segundo paso

Explícale a un compañero lo que has aprendido sobre el problema del primer paso. El/ella te hará preguntas sobre posibles dudas. Luego cambiad los papeles.

Tercer paso

1. Ahora que ya estás familiarizado con el problema, haz una pequeña representación con tu compañero. Él/ella puede ser un paciente que tiene los síntomas relacionados con el problema del primer paso. Tú, como médica, le preguntarás sobre su condición, le harás el diagnóstico, hablarás del tratamiento a seguir y de la prognosis. El paciente tendrá preguntas que tú deberás responder.

2. Haz una representación con otros dos compañeros. Uno será un médico que no habla español, otro un paciente que no habla inglés y el tercero será el intérprete. Siguiendo los consejos sobre la interpretación, dramatizad una situación que incluya una de las enfermedades de las que habéis hablado en el paso 2.

Cuba

República Dominicana

A. INVESTIGACIÓN

Primero, visita las páginas de Internet siguientes para aprender sobre cuestiones médicas y culturales en estos países. Luego rellena la tabla siguiente. Finalmente, analiza la información y discútela en clase con tus compañeros.

Cuba

- Portal de Salud de Cuba: http://www.sld.cu/sistema_de_salud/ssalud.html
- Organización Panamericana de la Salud : http://new.paho.org/cub/
- Latin American Network Information Center: http://lanic.utexas.edu/la/cb/cuba/

República Dominicana

- Secretaría de Estado de Salud Pública y Asistencia Social: http://www.sespas.gov.do/
- Organización Panamericana de la Salud: http://new.paho.org/dor/
- Latin American Network Information Center: http://lanic.utexas.edu/la/cb/dr/

	Cuba	República Dominicana
PIB per cápita		
Gastos del gobierno en sanidad per cápita		
Expectativa de vida para ambos sexos		
Expectativa de vida para hombres		
Expectativa de vida para mujeres		
Tasa de mortalidad infantil		
¿Qué cuestiones de salud parecen tener primacía hoy en día?		

B. TÚ ERES EL MÉDICO

Un paciente hispano va a viajar a Cuba y a la República Dominicana y necesitas informarle sobre cómo cuidarse la salud mientras esté allí. Lee la información que el gobierno de EEUU da a los viajeros.

Escribe un resumen en español que le dirías a tu paciente.

Información para viajeros

- Cuba: http://wwwnc.cdc.gov/travel/destinations/cuba.aspx
- República Dominicana: http://wwwnc.cdc.gov/travel/destinations/dominican-republic.aspx

TRADUCCIONES

A. TRADUCE LAS SIGUIENTES FRASES AL INGLÉS

1. Si Ud. tiene la visión borrosa u opaca, si no ve bien de noche o si las luces de los automóviles, las lámparas o la luz del sol parecen muy brillantes, debería ir al oculista para verificar si tiene cataratas.

2. El Estudio de Ojos Latinos de Los Ángeles ha concluido que los latinos residentes en EEUU sufren de tasas altas de enfermedades de los ojos y deterioro visual. Es más, los investigadores opinan que probablemente muchos de ellos viven sin saber que tienen una enfermedad visual.

3. Entre las principales causas de ceguera crónica se encuentran las cataratas, el glaucoma, la degeneración macular relacionada con la edad, las opacidades corneales, la retinopatía diabética, el tracoma, las afecciones oculares infantiles, y la carencia de vitamina A.

B. TRADUCE LAS SIGUIENTES FRASES AL ESPAÑOL

1. Many visual impairment problems, such as nearsightness, can be helped simply by wearing glasses or contact lenses.

2. You should visit your eye doctor at least once a year.

3. If your vision is cloudy or blurry your eye might have developed a cataract. That occurs when protein accumulates in the lens of your eye and thus it stops being transparent.

TU VOCABULARIO

Anota las palabras y frases nuevas que has aprendido no incluidas en el vocabulario de este capítulo.

_____

_____

_____

_____

PARA SABER MÁS

En este sitio encontrarás varias actividades para repasar el contenido y vocabulario del sentido ocular:
http://www.isftic.mepsyd.es/w3/eos/MaterialesEducativos/mem2000/cuerpo/programa/html/ana tojo.html

LA RISA ES LA MEJOR MEDICINA

Después de la operación de ojos, el paciente recién operado todavía tiene el ojo vendado cuando le pregunta a su médico:
—Doctor, ¿Ud. cree que voy a perder este ojo?
El médico le responde:
—Pues, no sé qué quiere que le diga. Eso ya es problema de Ud. Yo se lo he puesto en una bolsita de plástico para que se lo lleve y ya se preocupa Ud. de recordar dónde lo pone.

Un viejito va al oculista. Éste le revisa la visión y le da unos anteojos.
El viejito le pregunta al oculista:
—¿Ud. cree que con estos anteojos voy a poder leer bien?
El oculista le responde:
—¡Por supuesto!
El viejito se pone muy contento y dice:
—Qué alegría más grande, porque antes no sabía leer ni una palabra!

—Doctor, doctor, no sé lo que me pasa. Cada vez que tomo café me duele el ojo derecho.
—¿Ha probado a sacar la cucharilla de la taza?

REFLEXIÓN

Escribe unas notas sobre lo que has aprendido a nivel de contenidos médicos, de costumbres de los hispanos y sobre la situación sanitaria de los países estudiados en este capítulo.

CAPÍTULO 4

EL APARATO RESPIRATORIO

"¿No es verdad, ángel de amor,
que en esta apartada orilla
más pura la luna brilla
y se respira mejor?"

Don Juan Tenorio a Doña Inés

Objetivos

En este capítulo encontrarás contenido y vocabulario para mejorar la comunicación sobre los siguientes temas:

- El funcionamiento del aparato respiratorio
- La resignación en los pacientes hispanos
- El cáncer de pulmón y cómo afecta a los hispanos
- El uso del tabaco entre los hispanos
- La salud en México

También practicarás cómo expresar hechos concretos.

1. ¿Has visto la representación de Don Juan Tenorio, o has leído la obra? La cita introductoria al capítulo proviene de la muy famosa escena del sofá. ¿Crees que el poder respirar bien está relacionado con el bienestar? ¿Con el amor?

2. Generalmente, ¿te resignas a lo que el futuro te depara, o buscas maneras para luchar contra las situaciones? ¿Crees que esto es una característica tuya, de tu familia o de tu comunidad? ¿Cómo crees que son los hispanos?

3. ¿Has visto algún anuncio publicitario contra el tabaquismo? ¿Te impactó de alguna manera? ¿Por qué crees que eso sucedió?

4. ¿Hay mucha gente que fuma en tu universidad, en tu barrio? ¿Sabes qué factores contribuyen a desarrollar cáncer de pulmón?

5. ¿Crees que los hispanos en general fuman o no fuman?

6. ¿Qué sabes sobre la situación de la salud en México?

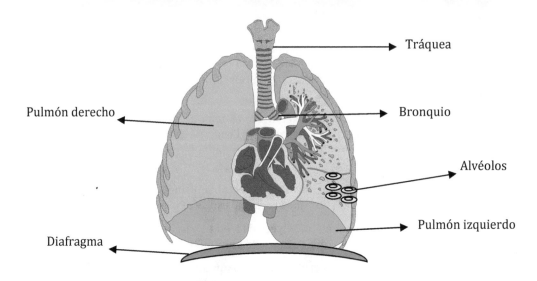

VOCABULARIO

El aparato respiratorio está formado por el pulmón y las vías respiratorias. Para hablar del aparato respiratorio, estudia este vocabulario relacionado con su anatomía y algunos de sus problemas.

Anatomía		Otras palabras asociadas con este sistema	
Alvéolos, m.	Alveoli	Aspirar, v.	To breathe in, to aspire
Bronquio, m.	Bronchial tube	Debilidad, f.	Weakness
Bronquiolos, m.	Bronchioles	Escalofríos, m.	Shivers
Diafragma, m.	Diaphragm	Escupir, v.	To spit
Epiglotis, f.	Epiglottis	Esputo, m.	Spit
Faringe, f.	Pharynx	Exhalar, v.	To exhale
Fosa nasal, f.	Nasal cavity	Expirar, v.	To breathe out
Garganta, f.	Throat	Inhalar, v.	To inhale
Laringe, f.	Larynx	Inspirar, v.	To breathe in
Pleura, f.	Pleura	Mucosidad, f.	Mucus, mucosity
Lóbulo, m.	Lobe	Pérdida de apetito, f.	Loss of appetite
Pulmón, m.	Lung	Pérdida de peso, f.	Weight loss
		Respirar, v.	To breathe
		Ronquera, f.	Hoarseness
		Tos, f.	Cough
		Toser, v.	To cough

Un tumor puede ser

Benigno, adj.	Benign	Maligno, adj.	Malignant

¿QUÉ ES Y CÓMO FUNCIONA?

El aparato respiratorio es el encargado del proceso involuntario llamado respiración con el cual el cuerpo adquiere el oxígeno (O2) que necesita para vivir y expulsa el dióxido de carbono (CO2) que producen las células cuando generan energía.

El aparato respiratorio está compuesto por dos partes principales: las vías respiratorias y los pulmones. Las vías respiratorias conducen el aire desde el exterior hasta los pulmones y desde los pulmones al exterior.

Las fosas nasales y la boca se unen en la faringe (o garganta). Las vías respiratorias están formadas por las fosas nasales, la boca, laringe, la faringe, la tráquea y los bronquios. Al inspirar el aire entra por las fosas nasales y la boca, pasa por la laringe, la faringe, la tráquea (que se divide en dos bronquios). Los bronquios entran en cada uno de los pulmones y se dividen a su vez en bronquiolos. Los bronquiolos se ramifican en alveolos, minúsculas bolsitas de aire, donde ocurre el intercambio de oxígeno y dióxido de carbono. Cada pulmón contiene unos 400 millones de alveolos. Cuando los alveolos se llenan del aire desechable, éste hace el camino inverso por las vías respiratorias hasta ser expulsado por la boca y la nariz.

Los pulmones están cubiertos de una membrana llamada pleura. El diafragma también es muy importante para la respiración. Este músculo se mueve hacia abajo y hacia arriba, aumentando y disminuyendo respectivamente la capacidad torácica (por el tórax, el espacio donde se encuentran los pulmones) y contribuyendo así a que el oxígeno entre en los pulmones y el dióxido de carbono salga.

COMPETENCIA CULTURAL: LA RESIGNACIÓN

Un componente de la cultura hispana es la resignación. Resignarse significa que una persona acepta las adversidades que la vida le depara y no intenta cambiarlas. Hay quien cree que la resignación es parte de un fatalismo cultural. El fatalismo significa que el destino ya está escrito. Las cosas pasan de una manera predeterminada y que no hay forma de evitarlas. Algunos hispanos creen que sufren adversidades porque Dios lo ha mandado. Es común oír frases como "si Dios lo quiere...", "lo que Dios quiera...," o "es la voluntad de Dios". Los hispanos saben que la vida no es perfecta y que todas las personas sufren desgracias en un momento u otro. Es probable que oigas la frase "es la cruz que Dios me manda," o "es mi cruz". En la cultura hispana es importante saber "sobrellevar la cruz" de una manera digna.

En una situación médica, el paciente puede creer que es inútil intentar buscar una solución a su problema de salud. Particularmente, el paciente anciano puede ser reacio a seguir tratamientos que son para él desconocidos. Tal vez, él no conozca los avances médicos y, por otro lado, haya visto a sus familiares mayores sufrir las afecciones de la vejez sin buscar alivio. Es probable que el paciente crea que no hay

nada que él pueda hacer para mejorar la situación.

Es importante que el médico y otros profesionales de salud estén familiarizados con la resignación hispana. Cuando el paciente diga, "¿para qué, si ya soy viejo? podrán explicarle que sí hay tratamientos efectivos para su dolencia. El médico con competencia cultural animará a su paciente a tomar control de la enfermedad y a asumir un papel activo en su recuperación.

LECTURA MÉDICA: EL CÁNCER DE PULMÓN

Según el Instituto Nacional del Cáncer, el cáncer de pulmón es uno de los cánceres más comunes en el mundo. Es la principal causa de muerte por cáncer entre los hombres y las mujeres en los Estados Unidos. El fumar cigarrillos causa la mayoría de los cánceres de pulmón. A mayor cantidad de cigarrillos diarios que fume al día y cuanto más joven se comienza a fumar, mayor será el riesgo de desarrollar un cáncer de pulmón. Otros factores de riesgo son:

- Estar expuesto al humo de tabaco de segunda mano.

- Ser tratado con radioterapia aplicada a la mama o el pecho.

- Estar expuesto a asbestos, radón, cromo, arsénico, hollín o alquitrán.

- Vivir donde el aire está contaminado.

Conforme una persona esté expuesta a más factores de riesgo, más aumenta la posibilidad de que desarrolle esta enfermedad.

Los síntomas comunes del cáncer de pulmón incluyen:

- Una tos que no desaparece y empeora con el tiempo

- Dolor constante en el pecho

- Esputo con sangre

- Falta de aliento

- Silbidos al respirar

- Ronquera

- Problemas repetidos por neumonía o bronquitis

- Inflamación del cuello y la cara

- Pérdida del apetito

- Pérdida de peso sin saber la causa

- Fatiga

Para determinar si una persona tiene cáncer de pulmón se hacen varias pruebas. Su doctor le hará un examen físico y revisará su historial médico. También le preguntará sobre sus hábitos; por ejemplo, querrá saber si fuma y cuánto. También le hará una radiografía del pecho. Puede que haga una citología del esputo. Con esto, un patólogo estudia bajo el microscopio la substancia que

escupe al toser para ver si contiene células cancerosas. Otra prueba que se realiza es una biopsia del pulmón. Durante la biopsia, el médico inserta una aguja en el pulmón para extraer células que más tarde el patólogo analizará. Otros tipos de pruebas incluyen las ecografías, las exploraciones por TC, las exploraciones con TEP y las broncoscopias.

Existen muchos tipos de cáncer de pulmón. Cada uno de ellos crece y se disemina de un modo distinto y se trata de una forma diferente. El tratamiento también depende del estado o de qué tan avanzado se encuentre. El tratamiento puede incluir quimioterapia, radiación y cirugía.

Fuente: Medline e Instituto Nacional del Cáncer de los Institutos Nacionales de Salud de EEUU.

A. SEGÚN EL TEXTO

1. Escribe los factores de riesgo del cáncer de pulmón.

2. Escribe los síntomas del cáncer del pulmón.

B. EN EL CONSULTORIO MÉDICO

1. Imagina que tú eres el médico y tu paciente tiene varios de los síntomas nombrados en la lectura. Actúa la situación con un compañero. Luego presentad vuestra situación delante de la clase.

2. Tú eres el médico y tu paciente, una persona de edad avanzada, acaba de ser diagnosticado con cáncer de pulmón. Cuando le explicas sus opciones, tu paciente no parece muy dispuesto a someterse a tratamientos de quimioterapia y dice que "es la voluntad de Dios". ¿Cómo le animarías a enfrentarse a la enfermedad? Basa tu respuesta en tu competencia cultural.

C. MÁS ALLÁ DEL TEXTO

Reflexiona. Las cuatro imágenes que siguen pertenecen a distintas campañas antitabaco (o antitabaquismo). ¿Crees que las campañas de este tipo funcionan? ¿Cuál de las cuatro imágenes te parece más efectiva. ¿Por qué? ¿A qué grupo demográfico te parece que cada una está dirigida? Con la ayuda del Internet, busca otras imágenes de diferentes campañas y escoge una que te parezca eficaz. Explica tus razones.

Nuestra la verdad.
Las advertencias sanitarias con
imágenes salvan vidas.

ESTA NIÑA FUMA
UN PAQUETE AL DÍA

Cada vez que alguien fuma delante de un niño
está obligándole a fumar.

Elige espacios sin humo. Por lo que más quieras.

Fuente: Gobierno de Navarra

¿FUMAS?
...LUCE SONRISA

PASA DEL TABACO. POR TU CARA BONITA.

Fuente: Gobierno de España

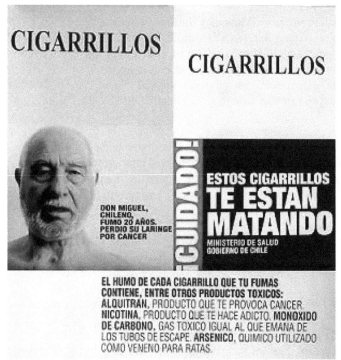

Fuente: Gobierno de Chile

LA SALUD DE LOS HISPANOS EN EEUU: EL TABACO Y SUS CONSECUENCIAS

El fumar es causa del 87% de las muertes por cáncer en los pulmones en Estados Unidos. En total, el cáncer del pulmón es la causa principal de muertes por cáncer entre los hispanos[3]. Las muertes por cáncer del pulmón son tres veces más comunes entre los hombres hispanos (23,1 por cada 100.000) que en las mujeres (7,7 por cada 100.000). La tasa de muertes de cáncer del pulmón por cada 100.000 fueron mayores entre los hombres de ascendencia cubana (33,7) que entre los puertorriqueños (28,3) y los mexicanos (21,9) [3].

La enfermedad coronaria del corazón es la causa principal de muerte entre los hispanos que viven en Estados Unidos. Entre los subgrupos de hispanos entre 1992 y 1994, la tasa de muerte por enfermedades coronarias del corazón eran de 82 por cada 100.000 entre los hombres mexicano americanos y del 44,2 por cada 100,000 en las mujeres mexicano americanas, 118,6 por cada 100. 000 en los hombres puertorriqueños y 67,3 por cada 100.000 en las mujeres puertorriqueñas, y 95,2 por cada 100.000 entre los hombres cubanos y 42,4 por cada 100.000 en las mujeres cubanas[3].·

Predominio del consumo de cigarrillos
Los datos proporcionados por la *National Health Interview Survey* de 1997 muestran que la preponderancia actual general sobre el fumar entre adultos hispanos fue de 20,4%, comparada con un 16,9% entre los descendientes de Asia y las Islas del Pacífico, 25,3% entre los blancos, 26,7% para

africano-americanos y 34,1% entre los Indios Norteamericanos y Nativos de Alaska[4]. En 1997, 26,2% de los hombres hispanos fumaban, comparado con un 27,4 por ciento en los hombres blancos. La tasa de fumar entre las mujeres hispanas fue de 14,3 por ciento mientras que entre las mujeres blancas fue 23,3%[4]. El estudio llamado *Monitoring the Future* muestra que el porcentaje de estudiantes hispanos de tercer año de *High School* (preparatoria) que fuman cigarrillos bajó del 35,7% en 1977 al 20,6% en 1989; sin embargo, el número de jóvenes que fumaba aumentó en los años 90 - de 21,7% en 1990 a 27,3% en 1999[5].

El *Youth Risk Behavior Surveillance System (YRBSS)* 1999 de los Centros para el Control y la Prevención de Enfermedades (CDC) descubrió que aproximadamente una tercera parte de los estudiantes hispanos de *high school* en los grados de 9 a 12 fumaban cigarrillos. La preponderancia de quienes fumaban aumentó una tercera parte entre los estudiantes hispanos entre 1991 (25,3%) y 1997 (34%).

La información proporcionada recientemente por el YRBSS muestra que las tendencias actuales sobre hábitos de fumar entre los estudiantes hispanos sigue siendo alta, pero parece haberse estabilizado al no presentar una diferencia importante entre 1997 y 1999- 34% y 32,7%, respectivamente[6].

La *National Youth Tobacco Survey* (NYTS) 1999 reveló que la tasa de fumadores de cigarrillo, cuando se compara por grupos étnicos y raciales, era mayor entre los estudiantes de *high school* blancos (32,8%) que entre los hispanos (25,8%) y los africano-americanos (15,8%). Sin embargo en las escuelas secundarias (*middle school)*, la tasa de quienes reportaron haber fumado en los pasados 30 días cuando se compara por grupos étnicos y raciales era relativamente similar, de 1 de cada 10; hispanos (11%), africano-americanos (9%), y blancos (8,8%)[7].

Predominio del consumo de otros productos derivados del tabaco
La información de la *Aggregated National Health Interview Survey* de 1987 y 1991 muestra que más hombres de origen cubano (2,5%) fuman que los mexicano-americanos (1,5%) y que los puertorriqueños (1,3%)[3].

El YRBSS de 1999 reveló que el 21,9% de los jóvenes hispanos en *high school* dijeron haber fumado cigarros en uno o más días durante los últimos 30 días en comparación con el 28,3% de los jóvenes blancos y el 16% de estudiantes africano-americanos[6]. El NYTS de 1999 muestra que entre los estudiantes de *high school*, el 13,4% de los hispanos, el 14,8% de africano-americanos, y el 16% de los blancos fumaron cigarros, y que entre los estudiantes de *middle school*, el 7,6% de los hispanos, el 8,8% de los africano-americanos y el 4,9% de los blancos reportaron haber fumado cigarros en los 30 días anteriores[7]. El NYTS de 1999 reveló que el uso de productos tabaco que no producen humo entre los alumnos de *middle y high school* entre los estudiantes blancos fue de 3% y 8.7%, respectivamente, mientras que para los hispanos fue de 2,2% y 3,6%, respectivamente, y para los estudiantes africano-americanos de 1,9% y 2,4%, respectivamente[7].

Influencia de la industria del tabaco
Los productos derivados del tabaco son promovidos y comercializados en forma desproporcionada a las comunidades con minorías étnicas y raciales. Algunos ejemplos de promociones enfocadas en un grupo en particular es, por ejemplo, la introducción de un producto de cigarrillo con el nombre de "Rio" y un producto anterior llamado "Dorado" que fue promovido y comercializado para la comunidad hispana[3]. Para aumentar su credibilidad dentro de la comunidad hispana, la industria del tabaco ha contribuido a los programas que pretenden mejorar la educación primaria y secundaria de

los niños, ha financiado universidades y colegios, y ha apoyado programas de becas que favorecen a los hispanos. Las empresas tabacaleras también han colocado anuncios publicitarios en varias publicaciones hispanas. La industria también contribuye a eventos culturales hispanos y aporta un importante apoyo a la comunidad artística hispana[3,8].

Referencias

1. United States Department of Commerce, Bureau of the Census. U.S. Census Facts for Hispanic Americans, http://www.census.gov/population/estimates/nation/intfiles3-1.txt.
2. United States Department of Commerce, Bureau of the Census. U.S. Census Facts for Hispanic Americans, http://www.census.gov/population/estimates/state/srh/srhus96.txt.
3. U.S. Department of Health and Human Services. Tobacco Use Among U.S. Racial/Ethnic Minority Groups - African Americans, American Indians and Alaska Natives, Asian Americans and Pacific Islanders, and Hispanics: A Report of the Surgeon General. Atlanta: U.S. Department of Health and Human Services, Centers for Disease Control and Prevention, 1998.
Centers for Disease Control and Prevention. Cigarette smoking among adults-United States, 1997. MMWR 1999; 48: 993-6.
5. The University of Michigan. Cigarette Smoking Among American Teens Continues Gradual Decline (press release). December 17, 1999.
6. Centers for Disease Control and Prevention. Youth risk behavior surveillance-United States, 1999. MMWR 2000; 49, No. SS-5.
7. Centers for Disease Control and Prevention. Tobacco use among middle and high school students-United States, 1999. MMWR 2000; 49: 49-53.
8. Glode WF. RJR puts on the Ritz, PM goes to Rio. Advertising Age 1985 (56.2):1, 78; Leviten P. Manufacturers send changing smoking signals. Supermarket Business 1985 (40.12):39-43; and Walters DKH. Cigarettes: Makers Aim at Special Niches to Boost Sales. Los Angeles Times 1985 Sept 15; Business Section:1 (col 3).

Fuente: "Los hispanos y el tabaco". *Tabaquismo*. CDC.

A. SEGÚN EL TEXTO

1. Rellena las distintas columnas con la información dada en la lectura.

Muertes por 100.0000 personas debidas al cáncer de pulmón				
Hombres hispanos	Mujeres hispanas	Ascendencia cubana	Puertorriqueños	Mexicano-americanos

Muertes por 100.0000 personas debidas a enfermedades coronarias					
Mexicano-americanos	Mexicano-americanas	Cubanos	Cubanas	Puertorriqueños	Puertorriqueñas

2.   Convierte el párrafo "Predominio del consumo de cigarrillos" en una tabla.

B. MÁS ALLÁ DEL TEXTO

Reflexiona. ¿Por qué crees que el consumo de tabaco se promociona tanto entre las comunidades hispanas? Compara tus ideas con un compañero y luego presentadlas a la clase.

EL CONSUMO DEL TABACO EN EL MUNDO HISPANO

Como has leído, el tabaco es una de las variables que más afecta la salud de los pulmones. Abajo tienes una tabla con el consumo de tabaco en los países hispanos.

	Porcentaje de adolescentes (13-15 años) de ambos géneros que consumen tabaco	Año	Porcentaje de adultos de ambos géneros que consumen tabaco	Año
Argentina	24,9	2003	30	2005
Bolivia	20,8	2003	31,7	2005
Chile	35,5	2003	37,9	2005
Colombia	32,8	2001		
Costa Rica	18,7	2002	16,8	2005
Cuba	10,3	2004	35,9	2005
Ecuador	25,1	2001	14,9	2005
EEUU			23,9	2005
El Salvador	19	2003		
España			33,7	2005
Guatemala	16,5	2002	14,4	2005
Honduras	20,4	2003		
México	28,6	2006	24,7	2005
Nicaragua	25,1	2003		
Panamá	18,6	2002		
Paraguay	25,7	2003	24	2005
Perú	23,4	2003		
Rep. Dominicana	14,9	2004	15,4	2005
Uruguay	23,2	2007	32,6	2005
Venezuela	14,8	1999	29,8	2005

SEGÚN LA TABLA

En este mapa escribe el nombre de cada país hispanoparlante y el porcentaje de adultos fumadores que le corresponde. ¿Ves algún patrón? ¿Cómo lo explicarías?

INVESTIGACIÓN, ESCRITURA Y CONVERSACIÓN

Primer paso

1. De la lista siguiente, selecciona un problema. También puedes seleccionar un problema relacionado con el aparato respiratorio que no esté aquí.

Apnea del sueño, m.	Sleep apnea
Asfixia, f.	Choking
Asma, m.	Asthma
Bronquitis, f.	Bronchitis
Cáncer de la garganta, m.	Throat cancer
Cáncer de pulmón, m.	Lung cancer
Embolia pulmonar, f.	Pulmonary embolism
Enfermedad de Alfa-1 antitripsina, m.	Alpha-1 antitrypsin deficiency
Enfermedad de obstrucción pulmonar crónica, f.	Chronic obstructive pulmonary disease

Enfermedad del Legionario, f.	Legionnaires' disease
Enfisema, f.	Emphysema
Fibrosis pulmonar, f.	Pulmonary fibrosis
Fístulas, f.	Fistulas
Granulomatosis de Wegener, f.	Wegener's granulomatosis
Gripe aviar, f.	Bird flu
Gripe H1N1 (gripe porcina), f.	H1N1 Flu (swine flu)
Hipertensión pulmonar, f.	Pulmonary hypertension
Mesotelioma, m.	Mesothelioma
Neumonía, f.	Pneumonia
Sarcoidosis, f.	Sarcoidosis
Tos ferina (Tos convulsa) , f.	Whooping Cough (Pertussis)
Tuberculosis, f.	Tuberculosis
Virus respiratorio sincitial, m.	Respiratory syncytial virus infections

2. Para investigarlo, utilizar la información contenida en
   http://www.nlm.nih.gov/medlineplus/spanish

3. Escribe un resumen que incluya los síntomas, los tratamientos y la prevención, si la hay.
   Utiliza tus propias palabras.

Segundo paso

Explícale a un compañero lo que has aprendido sobre el problema del primer paso. El/ella te
hará preguntas sobre posibles dudas. Luego cambiad los papeles.

Tercer paso

1. Ahora que ya estás familiarizado con el problema, haz una pequeña representación con tu
   compañero. Él/ella puede ser un paciente que tiene los síntomas relacionados con el
   problema del primer paso. Tú, como médico/a, le preguntarás sobre su condición, le harás el
   diagnóstico, hablarás del tratamiento a seguir y de la prognosis. El paciente tendrá preguntas
   que tú deberás responder.

2. Haz una representación con otros dos compañeros. Uno será un médico que no habla español,
   otro un paciente que no habla inglés y el tercero será el intérprete. Siguiendo los consejos
   sobre la interpretación, dramatizad una situación que incluya una de las enfermedades de las
   que habéis hablado en el paso 2.

Como ya sabes, el español utiliza diferentes modos verbales para expresar acciones o hechos concretos, objetivos (el modo indicativo) y para expresar hechos que indican subjetividad, incertidumbre, hipótesis, etc. (el modo subjuntivo). En la siguiente sección, repasarás cuándo usar los tiempos del modo indicativo. Más adelante, repasarás los tiempos del modo subjuntivo.

A. REPASO GRAMATICAL: EL MODO INDICATIVO

Esta sección te será útil para repasar los distintos tiempos verbales del modo indicativo.
Sus formas y usos son los siguientes:

Tiempos del modo indicativo	
Simples	**Compuestos** **(conjugados con la forma simple de haber)**
Presente	Pretérito perfecto simple
Ahora *Ej. Te felicito por dejar de fumar*	Acción acabada relacionada con el presente *Ej. Esta mañana, Pedro ha dejado de fumar*
Habitual *Ej. Juan fuma cada día*	Acción inmediata en el pasado *Ej. ¿Has fumado hace un rato?*
Atemporal *Ej. El fumar causa cáncer*	
Presente como futuro *Ej. Mañana dejo de fumar*	
Presente histórico *Ej. En 1492 los europeos descubren el tabaco*	
Presente de mandato *Ej. Mañana dejas de fumar o no salgo más contigo*	

Pretérito imperfecto	Pretérito pluscuamperfecto
Simultáneo a una acción que lo interrumpe *Ej. Pedro fumaba cuando su madre entró en la habitación* Acción habitual *Ej. Cuanto tenía 15 años, Pedro fumaba diez cigarrillos diarios* Descripción *Ej. Pedro tenía tos y le dolía el pecho*	Pasado del pasado *Ej. Pedro había fumado en su habitación antes de que su madre abriera la puerta*

Pretérito perfecto	Pretérito anterior (en desuso)
Acción terminada Ej. Ayer Pedro se fumó un habano	

Futuro	Futuro anterior
Acción futura *Ej. Pedro me ha dicho que no fumará más* Futuro de probabilidad *Ej. Hará unos 20 años que Mario fuma* Futuro de cortesía *Ej. ¿Podrás apagar el cigarrillo?* Futuro concesivo *Ej. Pedro será muy inteligente, pero si lo fuera tanto no fumaría*	Pasado del futuro *Ej. Antes de cumplir los 20 años, Pedro habrá fumado miles de cigarrillos* Probabilidad *Ej. ¿Habrá fumado Pedro hoy?*

Condicional simple	Condicional compuesto
Acción con condición Ej. Pedro dejaría de fumar si supiera lo malo que es para la salud Futuro del pasado Ej. Ayer dijo que dejaría de fumar Cortesía *Ej. ¿Te importaría no fumar en mi presencia?*	Una acción pasada con una condición que no ocurrió *Ej. Pedro habría dejado de fumar si fuera más inteligente*

Si no estás seguro de la conjugación de un verbo específico, puedes utilizar este enlace: http://rae.es/rae.html

Escribe el verbo en el recuadro y cuando te dé la definición pulsa el recuadro azul que dice "conjugar".

B. PRÁCTICAS

Rellena el espacio en blanco con el verbo conjugado en la forma correcta.

1. Cuando sepa que el humo del tabaco (dañar) _____ a su hijo, Pedro (dejar) _____ de fumar.

2. Cuando supo que el humo del tabaco (dañar) _____ a su hijo, Pedro (dejar) _____ de fumar.

3. Cuando Pedro dejó de fumar, sus pulmones todavía (estar) _____ en bastante buena forma.

4. Antes de dejar de fumar, Pedro (gastar) _____ muchísimo dinero en tabaco.

5. Para cuando deje de fumar, Pedro (gastar) _____ muchísimo dinero en tabaco.

6. Esta mañana, Pedro no (fumar) _____ porque quiere dejar el vicio.

7. Antes, Pedro (usar) _____ parches con nicotina, pero no (tener) _____ mucho éxito.

ENFOQUE CULTURAL: MÉXICO

México

A. INVESTIGACIÓN

Primero, visita las páginas de Internet para aprender sobre cuestiones médicas y culturales de este país. Luego rellena la tabla siguiente. Finalmente, analiza la información y discútela en clase con tus compañeros.

- Secretaría de Salud: http://portal.salud.gob.mx/
- Organización Panamericana de la Salud: http://www.mex.ops-oms.org/
- Latin American Network Information Center: http://lanic.utexas.edu/la/mexico/

PIB per cápita

Gastos del gobierno en sanidad per cápita

Expectativa de vida para ambos sexos

Expectativa de vida para hombres

Expectativa de vida para mujeres

Tasa de mortalidad infantil

¿Qué cuestiones de salud parecen tener primacía hoy en día?

TÚ ERES EL MÉDICO

Un paciente hispano va a viajar a México y necesitas informarle sobre cómo cuidarse la salud mientras esté allí. Lee la información que el gobierno de EEUU da a los viajeros. Escribe un resumen en español que le darías a tu paciente.

Información para viajeros: http://wwwnc.cdc.gov/travel/destinations/mexico.aspx

TRADUCCIONES

A. TRADUCE LAS SIGUIENTES FRASES AL INGLÉS

1. Las vías respiratorias están formadas por las fosas nasales, la boca, laringe, la faringe, la tráquea y los bronquios.

2. El fumar es causa del 87% de las muertes por cáncer de los pulmones en Estados Unidos. En total, el cáncer de pulmón es la causa principal de muertes por cáncer entre los hispanos.

3. Algunos de los síntomas del cáncer de pulmón son una tos que no desaparece y empeora con el tiempo, dolor constante en el pecho, esputo con sangre y falta de aliento.

B. TRADUCE LAS SIGUIENTES FRASES AL ESPAÑOL

1. The primary function of the respiratory system is the exchange of oxygen and carbon dioxide.

2. We inhale oxygen and exhale carbon dioxide.

3. The exchange of gases occurs at the level of the alveoli.

4. The main breathing passages are the nasal cavity, the mouth, the larynx, the pharynx and the bronchial tubes.

5. The chemicals found in tobacco cause the abnormal growth of lung cells.

6. Spit with blood, hoarseness, a persistent cough and loss of appetite are some of the symptoms of lung cancer.

TU VOCABULARIO

Anota las palabras y frases nuevas que has aprendido no incluidas en el vocabulario de este capítulo.

_____

_____

_____

_____

PARA SABER MÁS

Aquí encontrarás un vídeo sobre el funcionamiento del aparato respiratorio:
http://educacion,practicopedia,com/como-funciona-el-aparato-respiratorio-2322

En este sitio hay información sobre el aparato digestivo. Contiene actividades:
http://www.juntadeandalucia.es/averroes/manuelperez/curso0405/udanatomia/respiratorio/entrada/entrada.htm

LA RISA ES LA MEJOR MEDICINA

El ascensor no funciona, así que un asmático sube con lentitud cinco pisos. Llama a la puerta, le abren y dice:
–Doctor, me cuesta mucho respirar. ¿Qué me recomienda?
–No fume, no beba, descanse y cómprese unas gafas,
–¿Gafas? ¿Qué tienen que ver las gafas con la respiración?
–Son para que encuentre la oficina del médico que está en el segundo piso. Yo soy abogado.

Escribe unas notas sobre lo que has aprendido a nivel de contenidos médicos, de costumbres de los hispanos y sobre la situación sanitaria de los países estudiados en este capítulo.

CAPÍTULO 5

EL APARATO LOCOMOTOR

Más pronto se coge al mentiroso que al cojo.

Refrán

Objetivos

En este capítulo encontrarás contenido y vocabulario para mejorar la comunicación sobre los siguientes temas:

- La medicina de los pueblos originarios
- La osteoporosis y la artritis, y cómo afectan a los hispanos
- Las fracturas
- La salud en Guatemala y Honduras

También practicarás cómo expresar posibilidades, opiniones, influencias y reacciones emocionales.

1. ¿Qué piensas del refrán introductorio al capítulo? ¿Qué te señala sobre la cultura hispana? ¿Hay algún refrán o dicho parecido en tu lengua materna?

2. ¿Has visitado alguna vez a un practicante de medicina alternativa?¿Qué piensas de las personas que lo hacen? ¿Has visitado alguna vez a un curandero? ¿Qué piensas de las personas que lo hacen? ¿Cuál es la diferencia entre un practicante de medicina alternativa y un curandero?

3. ¿Conoces a alguien que tenga osteoporosis o artritis? ¿Sabes cuál es la diferencia?

4. ¿Te has roto algún hueso? Si sí, ¿qué síntomas tenías? ¿Qué ocurrió en la oficina del médico? ¿Qué crees que hubiera ocurrido si no hubiera habido médico, ni radiografías?

5. ¿Sabes cuáles son las lesiones deportivas más comunes?

6. ¿Qué sabes sobre la situación de la salud en Guatemala y Honduras?

PRINCIPALES HUESOS Y ARTICULACIONES DEL CUERPO HUMANO

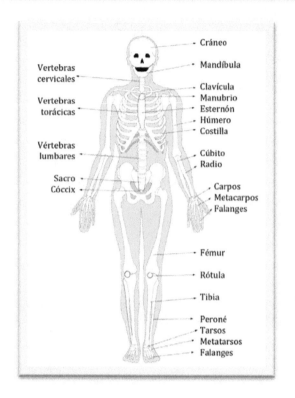

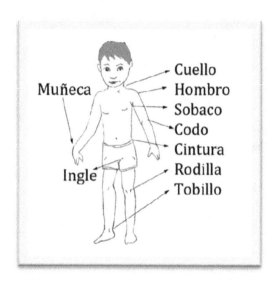

Para hablar del aparato locomotor y de algunos de los problemas que lo afectan, estudia el siguiente vocabulario.

Anatomía

Cadera, f.	Hip	Ingle, f.	Groin
Cintura, f.	Waist	Muñeca, f.	Wrist
Clavícula, f.	Collarbone	Planta del pie, f.	Sole
Codo, m.	Elbow	Rodilla, f.	Knee
Columna, f.	Spine/backbone	Sobaco, m.	Armpit
Cuello, m.	Neck	Talón, m.	Heel
Esqueleto, m.	Skeleton	Tendón, m.	Tendon
Esternón, m.	Sternum/breastbone	Tendón de Aquiles, m.	Achiles tendon
Hombro, m.	Shoulder	Tobillo, m.	Ankle

Otras palabras relacionadas con este aparato

Cabestrillo, m.	Sling	Hinchazón, f.	Swelling
Cirugía, f.	Surgery	Hormigueo, m.	Tingling
Clavo, m.	Nail	Lesionarse, v.	To injure oneself
Dislocamiento, m.	Dislocation	Ligamento, m.	Ligament
Dislocar/dislocarse, v.	To dislocate	Operación quirúrgica, f.	Surgery
Entumecimiento, m.	Rigidity and lack of feeling	Óseo, m.	Osseous, of the bone
Escayola, f.	Cast	Quitar el yeso, v.	To remove the cast
Escayolar/enyesar, v.	To put on a cast	Radiografía, f.	X—ray
Férula, f.	Splint	Torcedura, f.	Sprain
Fractura, f.	Fracture	Torcerse, v.	To sprain
Hematoma, m.	Bruise	Tornillo, m.	Screw
Hemorragia, f.	Hemorrhage	Yeso, m.	Cast

¿QUÉ ES Y CÓMO FUNCIONA?

El aparato locomotor está compuesto por tres sistemas que colaboran para permitirnos el movimiento y mantener la postura. Estos tres sistemas son:

- el sistema óseo
- el sistema articular (ligamentos, tendones, cartílagos)
- el sistema muscular

El cuerpo humano tiene:
- unos 208 huesos
- más de 100 articulaciones
- más de 650 músculos

El sistema óseo consiste de unos 208 huesos que junto con las articulaciones componen el esqueleto humano. El esqueleto tiene tres funciones principales: sirve de anclaje a las articulaciones, constituye el armazón del cuerpo humano, y protege otros órganos, como el cerebro y los pulmones.

Los tendones unen los músculos a los huesos. Los ligamentos unen los huesos entre sí.
El cerebro envía señales a los músculos, éstos se contraen y mueven los huesos a los que están anclados.

Desde tiempo ancestral, las culturas originarias del continente americano han practicado distintos tipos de medicina, desarrollados al margen de la medicina occidental y biomédica y basados en la relación entre el mundo natural y el espiritual. A pesar de haber sido calificados como brujerías, supersticiones o supercherías por europeos y por la élite de sus países, muchos de estos sistemas médicos continúan siendo practicados hoy día.

Los sistemas médicos de los pueblos originarios de las Américas varían entre sí. No obstante también comparten algunas características. Entre éstas, se encuentran las siguientes:

- La medicina está basada en la cosmovisión de su cultura.

- El mundo espiritual afecta la salud del individuo.

- Los que serían llamados "médicos" en la cultura occidental funcionan como intermediarios entre el mundo físico y el espiritual.

- Los que serían llamados "médicos" en la cultura occidental utilizan tratamientos derivados del medioambiente, como pomadas hechas con plantas.

- Durante la época de la colonización, y también en los años desde la independencia de España, estos tipos de curación se practicaron en secreto.

- En los últimos años, y con el creciente respeto por las culturas originarias, estos tipos de curación se han hecho más públicos.

Es difícil designar con una sola palabra a quienes en la cultura occidental se llama "médicos". La palabra "curandero" está cargada de connotaciones negativas en muchas comunidades. "Chamán" tampoco está aceptado universalmente. Debido a esto, es mejor utilizar el vocablo preferido por las comunidades involucradas, si se conoce. Así, es preferible hablar de las machis mapuches en Chile, los yachacs quechuas en Ecuador, los nele kuna en Panamá y Colombia, y los ajq'ijab mayas en Centroamérica y sur de México, por mencionar unos casos específicos.

En muchos sistemas de salud ancestrales existen especialistas que tratan diferentes afecciones. Se puede hablar de yerberos, sobadores, los que traen el alma, curanderos de huesos, curanderos del mal de ojo , y muchos más, según la cultura específica que se esté discutiendo.

En tu relación con pacientes hispanos, debes considerar la posibilidad de que tu paciente haya visitado o esté visitando a un especialista de medicina tradicional. Un profesional de la salud con competencia cultural le preguntará a su cliente/paciente sobre esta probabilidad para averiguar si éste está siguiendo algún tipo de tratamiento que pudiera tener contraindicaciones al usarse al mismo tiempo que otros biomedicamentos.

A. SEGÚN EL TEXTO

En tus propias palabras, explica las semejanzas entre los diferentes sistemas médicos de los pueblos originarios de las Américas.

B. MÁS ALLÁ DEL TEXTO

1. ¿Qué efecto crees que puede tener en las comunidades originarias el llamar a los "médicos" tradicionales con las palabras utilizadas en sus respectivas comunidades?

2. ¿Qué opinión tienes de los tipos de curación descritos en el texto? ¿Qué factores crees que influyen en tu opinión?

3. Si tú fueras un médico y tu paciente fuera un miembro de las comunidades originarias mencionadas en el texto, ¿influiría este conocimiento en tu manera de tratar a tu paciente? Explica.

LECTURA MÉDICA I: ¿QUÉ SON LA OSTEOPOROSIS Y LA ARTRITIS Y CÓMO SE DIFERENCIAN?

La osteoporosis y la artritis pueden confundirse con facilidad. Esta publicación explica en qué se diferencian y en qué se parecen estas enfermedades.

¿Qué es la osteoporosis?
La osteoporosis es una enfermedad que hace que los huesos se debiliten y se rompan con facilidad. Las personas que tienen osteoporosis se rompen frecuentemente los huesos de la cadera, la columna y la muñeca. A la osteoporosis se le ha llamado "la enfermedad silenciosa" porque la pérdida de tejido óseo ocurre sin que haya ningún síntoma. Puede que usted no sepa que tiene osteoporosis hasta que se le rompa un hueso debido a un tirón, un tropiezo o una caída.

La osteoporosis no tiene cura, pero existen maneras de prevenir y tratar la enfermedad, como

- tener una dieta rica en calcio y vitamina D
- hacer ejercicio físico todos los días
- tomar medicamentos.

¿Qué es la artritis?
La artritis afecta las articulaciones o coyunturas y los tejidos alrededor de ellas. Las articulaciones son los puntos donde se encuentran dos huesos, como por ejemplo los codos y las rodillas. Los dos tipos más comunes de artritis son la osteoartritis y la artritis reumatoide

- La osteoartritis es una enfermedad de las articulaciones que causa dolor en las caderas, las rodillas, el cuello, la espalda o las manos. Tener sobrepeso, practicar deportes y usar las articulaciones excesivamente de cualquier otra forma puede dañarlas y causar la osteoartritis. El cartílago es un tejido resbaladizo que se encuentra en las extremidades de los huesos de la articulación, y actúa como una almohadilla para absorber el golpe que se produce con el movimiento físico. Con el tiempo, el cartílago se hace más fino y se desgasta haciendo que los huesos se rocen entre sí.
- La artritis reumatoide es una enfermedad que ataca las articulaciones de las manos y de los pies. En el caso de la artritis reumatoide, el cuerpo ataca los tejidos sanos. Esto causa daño al tejido alrededor de las articulaciones y provoca dolor, hinchazón y rigidez.

¿Cuáles son las diferencias entre la osteoporosis y la artritis?
La osteoporosis y la osteoartritis se confunden algunas veces porque sus nombres se parecen, pero estas enfermedades se diferencian en:
- los síntomas
- el diagnóstico
- los tratamientos

Las personas que padecen de osteoartritis frecuentemente no tienen osteoporosis. Sin embargo, como algunos de los medicamentos que se usan para tratar la artritis reumatoide causan pérdida ósea, las personas con artritis reumatoide pueden llegar a tener osteoporosis. La pérdida de tejido óseo causada por la artritis reumatoide también puede ocurrir como resultado directo de la propia enfermedad.

¿Cómo se enfrentan a la osteoporosis y a la artritis las personas con estas enfermedades?
Si usted tiene osteoporosis o artritis, hacer ejercicio físico puede ayudarle. El ejercicio puede ayudarle a desarrollar fortaleza, mejorar la postura y aumentar el alcance de los movimientos. Algunos ejemplos de ejercicio son:
- los ejercicios aeróbicos de bajo impacto
- la natación
- el tai chi
- el yoga suave.

Las personas que tienen osteoporosis deben evitar inclinarse hacia adelante, torcer la columna y levantar objetos pesados. Las personas que tienen artritis necesitan aprender a vivir con unas articulaciones que no se mueven bien y que pueden ser inestables. Es importante que consulte con su médico para saber qué tipo de ejercicio físico le conviene hacer para no correr peligro de lesionarse.

¿Y qué hay con el dolor?
La mayoría de las personas que tienen artritis tienen dolores diarios. Sin embargo, las personas que tienen osteoporosis sólo necesitan calmar el dolor si se rompen un hueso. Las maneras para calmar el dolor son similares para las personas que tienen osteoporosis, osteoartritis y artritis reumatoide, e incluyen medicamentos para el dolor, ciertos tipos de ejercicios, fisioterapia y a veces cirugía.

Fuente: Institutos Nacionales de la Salud. Centro Nacional de Información sobre la Osteoporosis y las Enfermedades Óseas.

SEGÚN EL TEXTO

1. En pocas palabras, define la osteoporosis y la artritis.

    Osteoporosis: _____

    Artritis: _____

2. Rellena la siguiente tabla según la información del texto.

	afecta	síntomas	diagnóstico	tratamiento	tipo de dolor
osteoporosis					
artritis					

LECTURA MÉDICA II: LAS FRACTURAS

Una fractura es una ruptura, generalmente en un hueso. Si el hueso rompe la piel, se llama fractura abierta o compuesta. Muchas fracturas son causa de accidentes, ya sean accidentes deportivos, automovilísticos, etc. Otra causa es la osteoporosis, que causa debilitamiento de los huesos. Otro tipo de fractura se denomina fractura por estrés. Estas son fisuras muy pequeñas en los huesos.

Los síntomas de una fractura pueden incluir:
- Dislocamiento de una extremidad o una articulación
- Hinchazón
- Hematomas
- Dolor intenso
- Entumecimiento
- Hormigueo
- Movilidad limitada
- Incapacidad para mover una extremidad

Las fracturas requieren la visita al médico. Primero, se lleva a cabo una radiografía. Después el médico decide si se requiere escayolar la parte afectada o si es suficiente con utilizar una férula o un cabestrillo. En algunas ocasiones es necesario llevar a cabo una operación quirúrgica para insertar placas, clavos o tornillos que mantendrán el hueso fijo.

Caídas

Una caída puede cambiarle la vida. Si usted es anciano, una caída puede conducir a discapacidades y pérdida de la independencia. Si sus huesos son frágiles por la osteoporosis, podría tener fracturas frecuentes en la cadera. Pero envejecer no es lo único que hace que las personas se caigan. La diabetes y la insuficiencia cardiaca afectan el equilibrio. También los problemas circulatorios, de la glándula tiroides o del sistema nervioso. Algunas medicinas provocan mareos. Los problemas oculares o con el alcohol suelen ser los factores que los causan. Cualquiera de ellos aumenta las probabilidades de que ocurra una caída. Los bebés y los niños pequeños también presentan riesgos de caídas — por ejemplo desde muebles y escaleras.

Las caídas y los accidentes raras veces "sólo ocurren". Cuidar su salud mediante el ejercicio y los exámenes físicos y oculares periódicos puede ayudarle a reducir sus probabilidades de caerse.

Librarse de los peligros de tropezarse en su casa y usar zapatos que no resbalen también puede ayudar. Para reducir las posibilidades de fracturas óseas si se cae, asegúrese de tomar suficiente calcio y vitamina D.

Problemas y lesiones causados por los deportes
El ejercicio es bueno para usted, pero algunas veces puede lastimarse cuando practica deportes o se ejercita. Los accidentes, la falta de práctica del ejercicio o el uso de ropa y equipo inadecuados pueden ser algunas de las causas. Algunas personas se lastiman porque no están en forma. La falta de calentamiento o estirar los músculos también puede causar lesiones.

Las lesiones deportivas más comunes son:
- Torceduras y distensiones
- Lesiones de rodilla
- Inflamación muscular
- Traumatismos en el tendón de Aquiles
- Dolor en el hueso de la tibia
- Fracturas
- Dislocaciones

Si se lastima, deje de hacer lo que estaba haciendo. Continuar jugando o seguir ejercitándose puede causarle más daño. El tratamiento suele comenzar con el método RICE (reposo, hielo, compresión y elevación) para aliviar el dolor, reducir la inflamación y acelerar la curación. Otros tratamientos posibles incluyen analgésicos, inmovilizar el área lesionada, rehabilitación y, algunas veces, cirugía.

Fuente: Medline Plus.

A. SEGÚN EL TEXTO

1. ¿Qué es una fractura abierta?

2. ¿Qué es una fractura por estrés?

3. ¿Cuáles son las causas más comunes de fracturas?

4. ¿Cuál es el tratamiento para una lesión deportiva?

B. EN EL CONSULTORIO MÉDICO

Imagina que tú eres el médico y tu compañero presenta algunos síntomas de tener un hueso fracturado. Escribid y actuad el diálogo apropiado, incluyendo síntomas, pruebas que se deben hacer y tratamiento.

Cuando quieras expresar una posibilidad, una opción es empezar la frase con ojalá, quizás o tal vez. El verbo que siga a estas interjecciones o adverbios va a depender de la intención del hablante.

A. Después de "ojalá" : SIEMPRE SE USA SUBJUNTIVO

Ojalá mi abuela no tenga dolor en las articulaciones. (Es probable que no tenga dolor).

Ojalá mi abuela no tuviera dolor en las articulaciones.(Probablemente tiene dolor).

B. Después de "tal vez" y "quizás": EL MODO DEPENDE DEL GRADO DE INCERTIDUMBRE

Quizás a mi abuela le duele la muñeca. (Estoy bastante seguro de que le duele).

Quizás a mi abuela le duela la muñeca. (No estoy tan seguro).

El dar una opinión es similar a hablar de una posibilidad, ya que ambos tipos de frases reflejan un cierto nivel de subjetividad. Para dar una opinión puedes usar frases personales (creo, crees) o impersonales (es importante). La siguiente tabla te ayudará a decidir qué modo verbal utilizar cuando quieras comunicar este tipo de ideas.

Opiniones	
Personales afirmativas: Indicativo	Creo que mi paciente tiene cáncer. Creía que mi paciente tenía cáncer.
Personales negativas: Subjuntivo	No creo/dudo que mi paciente tenga cáncer. No creía/dudaba que mi paciente tuviera cáncer.
Impersonales: Siempre subjuntivo	Es importante que Ud. se haga las pruebas mencionadas. Era importante que Ud. se hiciera las pruebas mencionadas.

Cada vez que quieras expresar un deseo, una influencia o una reacción emocional, si el sujeto de la segunda frase es diferente al sujeto de la frase principal, la frase subordinada va a contener un verbo conjugado en uno de los tiempos del modo subjuntivo. Estudia los siguientes ejemplos.

Reacciones emocionales	Me entristece que mi paciente tenga cáncer. Me entristecía que mi paciente tuviera cáncer.
Influencias	Deseo que mi paciente no tenga cáncer. Deseaba que mi paciente no tuviera cáncer.

A. REPASO GRAMATICAL: EL SUBJUNTIVO

Debido a que para expresar posibilidades y opiniones vas a necesitar usar el modo subjuntivo, ahora es un buen momento para que lo revises. La siguiente tabla te puede ser de utilidad.

Modo subjuntivo	
Tiempos simples	**Tiempos compuestos** **(conjugados con la forma simple de haber)**
Presente	**Pretérito perfecto simple**
• Probable para el hablante Ej. Ojalá mi madre no sufra de artritis. • Acción presente Ej. Espero que mi madre no sufra de artritis.	• Improbable para el hablante Ej. Ojalá mi madre no haya sufrido. • Pasado reciente Ej. Espero que mi madre no haya sufrido.
Pretérito imperfecto	**Pretérito pluscuamperfecto**
• Totalmente improbable Ej. Ojalá mi hijo no sufriera. • Acción pasada Ej. Esperaba que mi madre no sufriera/ sufriese/sufriese.	• Totalmente improbable y anterior a otra acción pasada Ej. Ojalá mi hijo no hubiera sufrido. • Acción pasada anterior a otra acción Ej. Esperaba que mi madre no hubiera sufrido.
Futuro	**Futuro imperfecto**
En desuso, excepto en contextos legales y similares	*En desuso, excepto en contextos legales y similares*

B. PRÁCTICAS COMUNICATIVAS

A. Expresa posibilidades y opiniones conjugando el verbo entre paréntesis en la forma verbal adecuada.

1. Ojalá que mis pacientes (tener) _____ dietas saludables.

2. Quizás mi paciente (tomar) _____ todos sus medicamentos.

3. Es importante que Ud. (hacer) _____ ejercicio físico todos los días.

4. Creo que Ud. (deber) _____ vigilar lo que come.

5. No creo que Ud. (deber) _____ comer alimentos basura.

6. Es crucial que las personas con osteoporosis (evitar) _____ torcer la columna.

7. Dudo que Ud. (poder) _____ levantar objetos pesados.

8. Es necesario que Ud. (consultar) _____ al especialista para saber qué ejercicios puede hacer.

B. Expresa influencias y reacciones emocionales conjugando el verbo entre paréntesis en la forma verbal adecuada.

1. Necesito que Ud. (tomar) _____ su medicación.

2. Me apena que Ud. (tener) _____ tanto dolor.

3. Mi doctor quiere que yo (hacer) _____ yoga tres veces a la semana.

4. Le suplico a mis padres que (vigilar) _____ lo que comen.

5. Tengo miedo de que mi madre (caerse) _____.

6. Le pido a mi yerno que (ir) _____ al médico.

7. Qué triste que Ud. no (poder) _____ doblar el codo.

8. Cuánto me apena que a Ud. le (doler) _____ las articulaciones.

C. Todos los verbos de las prácticas A y B anteriores pueden estar en un tiempo presente. Cámbialos a un tiempo pasado.

C. PRÁCTICA DE VOCABULARIO

Rellena el espacio en blanco con la palabra adecuada.

1. El/la _____ es el armazón que aguanta el cuerpo humano.

2. Un _____ une un músculo a un hueso.

3. Generalmente, el reloj se lleva en _____.

4. Cuando te das un golpe fuerte, se forma un _____.

5. Si te rompes un hueso, el doctor te pondrá _____.

Se calcula que 3.1 millones de adultos hispanos en los Estados Unidos tienen artritis. Un nuevo estudio divulgado por los CDC proporciona información actualizada sobre la carga de la artritis en grupos hispanos específicos en este país. Los CDC encontraron que la prevalencia de artritis varía entre las poblaciones hispanas, desde un 12% en cubanos o cubanoamericanos hasta un 22% en puertorriqueños.

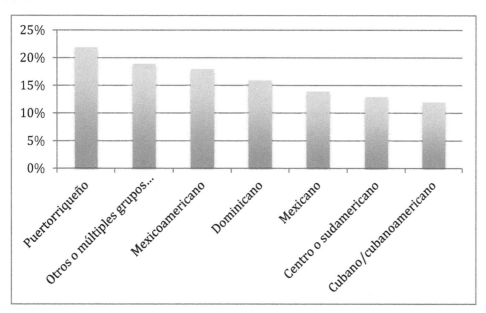

El estudio también mostró que al menos uno de cada cinco hispanos con artritis padecía un efecto adverso asociado a la artritis, como dolor o limitaciones en la actividad. Aproximadamente 1.4 millones de hispanos tenían limitaciones en la actividad debido a la artritis, haciendo de esta la discapacidad más frecuente atribuida a la artritis en dichos grupos de la población.

En este informe, los CDC describieron la prevalencia de la artritis y de los efectos atribuibles a la artritis (limitaciones en la actividad, limitaciones ocupacionales, dolor) en siete grupos hispanos. Estos grupos eran: mexicanos; mexicoamericanos; centroamericanos y sudamericanos; puertorriqueños; otros o múltiples grupos latinos o hispanos; cubanos o cubanoamericanos y dominicanos. El análisis se basó en datos de la Encuesta Nacional de Entrevistas de Salud, una encuesta representativa de la población civil estadounidense.

El ejercicio puede ayudar a aliviar los dolores de artritis
El ejercicio es un método comprobado para reducir los dolores de artritis y aumentar el funcionamiento físico. Caminar es una actividad que no conlleva riesgos y una forma eficaz de comenzar a reducir hoy los dolores de artritis.

Estudios del CDC sugieren que las limitaciones laborales causadas por la artritis entre los hispanos tal vez se deban al tipo de trabajo que los participantes en el estudio llevaban a cabo. Por ejemplo, las

personas cuyo trabajo requiera actividad física, tal como doblar las rodillas o levantar cosas pesadas, podrían experimentar más limitaciones debidas al dolor que personas cuyo trabajo se lleve a cabo detrás de un escritorio en una oficina debido a que las actividades físicas pueden empeorar los síntomas de las articulaciones.

Se han creado cursos en español destinados a enseñar técnicas para controlar la artritis en la población hispana.

- El *Programa de manejo personal de la artritis* es un curso elaborado específicamente para personas con artritis.
- *Tomando control de su salud* es un curso que aborda la artritis y otras afecciones crónicas, como las enfermedades cardiacas.
- *Manejando mi artritis* es un programa de autoestudio para los adultos con artritis.

Osteoporosis
Los estudios llevados a cabo hasta ahora señalan que la osteoporosis afecta en mayor número a las mujeres que a los hombres y a las caucásicas y asiáticas más que a las de origen hispano o africano.

¿Qué factores aumentan la probabilidad de tener osteoporosis?

- Las mujeres tienen cuatro veces más probabilidades que los hombres

- Mujeres en la menopausia (falta de estrógeno)

- Estructura del hueso (huesos finos)

- Herencia

Fuentes: *Prevalence of Doctor-Diagnosed Arthritis and Arthritis-Attributable Effects Among Hispanic Adults, by Hispanic Subgroup—United States. MMWR* 2011;60(6):167-171, CDC, y la Arthritis Foundation.

A. SEGÚN EL TEXTO

Resume con tus propias palabras la situación de los hispanos en relación con la artritis y la osteoporosis.

B. MÁS ALLÁ DEL TEXTO

1. La caída. Imagina que tú eres el médico y tu paciente es una mujer hispana de 55 años. Ella te dice que se cayó y cree que se ha roto un hueso. ¿Qué tipo de conversación tendrías con ella? ¿Qué preguntas le harías? ¿Qué tipo de prueba adicional le recomendarías? ¿Cómo le explicarías la probabilidad de que tenga osteoporosis? Toma notas y luego practica con un compañero/a.

2. El obrero. Imagina que tú eres el médico y tu paciente es un hombre hispano de 55 años que trabaja de albañil. Él te dice que le duelen las articulaciones de los dedos. ¿Qué tipo de conversación tendrías con él? ¿Qué preguntas le harías? ¿Qué tipo de prueba adicional le recomendarías? ¿Cómo le explicarías la probabilidad de que tenga artritis? Toma notas y luego practica con un compañero/a.

Primer paso

1. De la lista siguiente, selecciona un problema. También puedes seleccionar otro problema relacionado con el aparato locomotor que no esté aquí.

Bursitis, f.	Bursitis
Calambre muscular, m.	Muscle Cramps
Callo, m.	Callus, corn
Cáncer de hueso, m.	Bone Cancer
Distrofia muscular, f.	Muscular Dystrophy
Enanismo, m.	Dwarfism
Enfermedades del cartílago, f.	Cartilage Disorders
Esclerodermia, f.	Scleroderma
Escoliosis, f.	Scoliosis
Espondilitis anquilosante, f.	Ankylosing Spondylitis
Fibromialgia, f.	Fibromyalgia
Hernia de disco, f.	Herniated Disk
Juanete, m.	Bunion
Miositis, f.	Myositis
Osteogénesis imperfecta, f.	Osteogenesis Imperfecta
Osteonecrosis, f.	Osteonecrosis
Pie diabético, m.	Diabetic Foot
Polimialgia reumática, f.	Polymyalgia Rheumatica
Reumatoide juvenil artrítica, f.	Juvenile Rheumatoid Arthritis
Tendinitis/tendonitis, f.	Tendinitis/tendonitis

2. Para investigar tu tema, utiliza la información contenida en http://www.nlm.nih.gov/medlineplus/spanish o en un sitio similar. Escribe un resumen que incluya los síntomas, los tratamientos y la prevención, si la hay. Utiliza tus propias palabras. Incluye la dirección de Internet que usas para obtener tu información.

Segundo paso

Explícale a un compañero lo que has aprendido sobre el problema del primer paso. Él/ella te hará preguntas sobre posibles dudas. Luego cambiad los papeles.

Tercer paso

Ahora que ya estás familiarizado con el problema, haz una pequeña representación con tu compañero. Él/ella puede ser un paciente que tiene los síntomas relacionados con el problema del primer paso. Tú, como médico/a, le preguntarás sobre su condición, le harás el diagnóstico, hablarás del tratamiento a seguir y de la prognosis. El paciente tendrá preguntas que tú deberás responder.

Haz este crucigrama para practicar el vocabulario relacionado con el sistema locomotor.

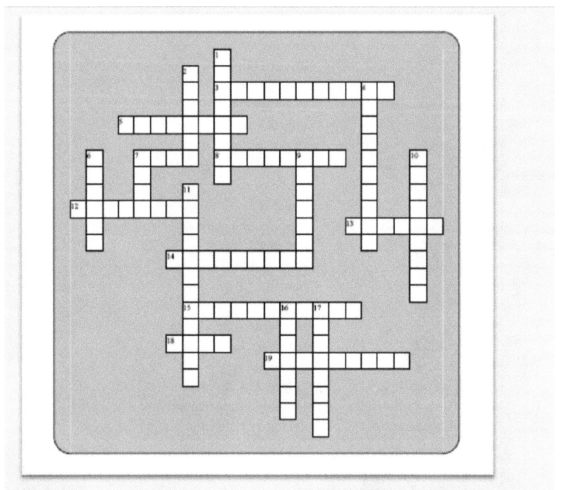

DEFINICIONES

Horizontal

3 — Banda que cuelga del cuello para sostener e inmovilizar el brazo lastimados

5 — Cuando se contraen, mueven los huesos

7 — Tipo de ejercicio que puede ayudar a personas con artritis y osteoporosis

8 — Enfermedad que afecta las articulaciones y los tejidos que las rodean

12 — Unen los músculos a los huesos

13 — Doblar bruscamente una parte del cuerpo en una dirección contraria a la normal.

14 — Sensación parecida a las cosquillas

15 — Tipo de fotografía usada para verificar si un hueso se ha fracturado

18 — Relativo al hueso

19 — Aumento de volumen de una parte del cuerpo debido a un golpe o lesión

Vertical

1 — Músculo del pecho

2 — Tablilla usada en el tratamiento de fracturas

4 — Unen los huesos entre sí

6 — Parte del cuerpo donde se articula la mano con el antebrazo

7 — Material que se endurece rápidamente, usado cuando alguien se rompe un hueso

9 — Parte del cuerpo donde se une el pie a la pierna

10 — Conjunto de huesos que forman el armazón del cuerpo

11 — Enfermedad que causa que los huesos se debiliten y rompan

16 — El codo de la pierna

17 — Ruptura

Respuestas posibles

Artritis, cabestrillo, esqueleto, fractura, férula, hinchazón, hormigueo, ligamentos, muñeca, músculos, osteoporosis, pectoral, radiografía, rodilla, tendones, tobillo, torcer, yeso, yoga , óseo.

ENFOQUE CULTURAL: GUATEMALA Y HONDURAS

Guatemala   **Honduras**

A. INVESTIGACIÓN

Primero, visita las páginas de Internet para aprender sobre cuestiones médicas y culturales en estos países. Luego rellena la tabla siguiente. Finalmente, analiza la información y discútela en clase con tus compañeros.

Guatemala

- Ministerio de Salud Pública y Asistencia Social: http://portal.mspas.gob.gt/
- Organización Panamericana de la Salud : http://new.paho.org/gut/
- Latin American Network Information Center: http://lanic.utexas.edu/la/ca/guatemala/

Honduras

- Secretaría de Salud: http://www.salud.gob.hn/
- Organización Panamericana de la Salud: http://new.paho.org/hon/
- Latin American Network Information Center: http://lanic.utexas.edu/la/ca/honduras/

	Guatemala	Honduras
PIB per cápita		
Gastos del gobierno en sanidad per cápita		
Expectativa de vida para ambos sexos		
Expectativa de vida para hombres		
Expectativa de vida para mujeres		
Tasa de mortalidad infantil		
¿Qué cuestiones de salud parecen tener primacía hoy en día?		
¿De qué manera tratan estos países los principios de la medicina tradicional?		

B. TÚ ERES EL MÉDICO

Un paciente hispano va a viajar a Guatemala y Honduras y necesitas informarle sobre cómo cuidarse la salud mientras esté allí. Lee la información que el gobierno de EEUU da a los viajeros. Escribe un resumen en español que le darías a tu paciente.

Información para viajeros

- Guatemala: http://wwwnc.cdc.gov/travel/destinations/guatemala.aspx

- Honduras: http://wwwnc.cdc.gov/travel/destinations/honduras.aspx

A. TRADUCE LAS SIGUIENTES FRASES AL INGLÉS

1. La osteoporosis es una enfermedad que hace que los huesos se debiliten y se rompan con facilidad. Las personas que tienen osteoporosis se rompen frecuentemente los huesos de la cadera, la columna y la muñeca.

2. Torceduras, lesiones de rodilla, inflamación muscular y fracturas son algunas de las lesiones deportivas más comunes.

3. Las personas que tienen osteoporosis deben evitar inclinarse hacia adelante, torcer la columna y levantar objetos pesados. Las personas que tienen artritis necesitan aprender a vivir con unas articulaciones que no se mueven bien y que pueden ser inestables.

B. TRADUCE LAS SIGUIENTES FRASES AL ESPAÑOL

1. To sprain an ankle might be as painful as to break it.

2. My son broke his arm five weeks ago. Tomorrow he'll have the cast taken off.

3. I fell down and now my ankle and my heel are swollen.

4. My sister has a dislocated elbow.

5. When I sprained my arm, I had to wear a sling.

Anota las palabras y frases nuevas que has aprendido no incluidas en el vocabulario de este capítulo.

_____

_____

_____

_____

Este sitio contiene mucha información y actividades:
http://www.uc.cl/sw_educ/anatnorm/alocomot/htm/8.htm

Las siguientes páginas contienen buenas actividades para aprender el vocabulario relacionado con el aparato locomotor:

- http://www.gobiernodecanarias.org/educacion/9/Usr/eltanque/CM6/cuerpo/esqcuerpo.html

- http://www.gobiernodecanarias.org/educacion/9/Usr/eltanque/CM6/cuerpo/esqcuerpo_d.html

- http://www.gobiernodecanarias.org/educacion/9/Usr/eltanque/CM6/cuerpo/muscuerpo.html

CANCIÓN MÉDICA: EL NIÁGARA EN BICICLETA

La canción "El Niágara en bicicleta " de cantautor Luis Guerra presenta una situación médica. Disfruta escuchándola y haz las tareas que siguen al texto.

Me dio una **sirimba** un domingo en la mañana
cuando menos lo pensaba caí redondo,
como una **guanábana**, sobre la alcantarilla
será la presión o me ha subido la **bilirrubina**.
Y me entró la calentura
y me fui poniendo blanco como bola (d)e naftalina
me llevaron a un hospital de gente (supuestamente)
en la Emergencia, el recepcionista escuchaba la lotería
(¡treinta mil pesos!)
¡Alguien **se apiade** de mi!
grité perdiendo el sentido
y una enfermera se acercó a mi oreja y me dijo:
"Tranquilo, Bobby, tranquilo"

Me acarició con sus manos de Ben Gay y me dijo:
"¿Qué le pasa, atleta?"
y le conté con lujo de detalles lo que me había sucedido

Hay que chequearte la presión
pero la sala está ocupada y,
mi querido en este hospital no hay luz
para un electrocardiograma

Abrí los ojos como luna llena y me agarré la cabeza
porque es muy duro
pasar el Niágara en bicicleta

Sirimba, f. : Un ataque temporal con temblores en el que la gente pierde el conocimiento (Caribe)
Guanábana, f. : Fruta de corteza verdosa y sabor azucarado
Bilirrubina, f. : El producto resultante de la descomposición normal de los glóbulos rojos. Demasiada en la sangre causa ictericia (jaundice)
Apiadarse de, v. : Take pity on

No me digan que los médicos se fueron
no me digan que no tienen anestesia
no me digan que el alcohol se lo bebieron
y que el hilo de coser
fue **bordado** en un **mantel**

Bordar, v. : To embroider
Mantel, m.: Tablecoth

No me digan que las pinzas se perdieron
que el estetoscopio está de fiesta
que los rayos X **se fundieron**
y que el **suero** ya se usó
para endulzar el café

Fundirse, v. : Burn out, melt
Suero, m. : Serum, IV

Me **apoyé** de sus hombros como un **cojo** a su **muleta**
y le dije: "¿Qué hago, princesa?"
y en un papel de **receta** me escribió muy dulcemente:
(mi princesa, ¿qué va a ser de mí?, uh...)
"Lo siento, atleta"

Apoyarse, v. : To lean on
Cojo, m. : Lame person
Muleta, f. : Crutch
Receta, f. : Prescription

Me acarició con sus manos de Ben Gay y siguió su destino
y oí claramente cuando dijo a otro paciente:
"Tranquilo, Bobby, tranquilo"
Bajé los ojos a media asta
y me agarré la cabeza
porque es muy duro pasar
el Niágara en bicicleta

No me digan que los médicos se fueron
no me digan que no tienen anestesia
no me digan que el alcohol se lo bebieron
y que el hilo de coser
fue bordado en un mantel

No me digan que las pinzas se perdieron
que el estetoscopio está de fiesta
que los rayos X se fundieron
y que el suero ya se usó
para endulzar el café

(No me digan que me va cayendo
de tanto dolor
no me digan que las aspirinas
cambian de color

No me digan que me van pariendo
que le falta amor
no me digan que le está latiendo, oh no...)

A. SEGÚN EL TEXTO

1. ¿Qué situación describe la voz poética?

2. ¿Cuál es el tema de la canción?

3. ¿Qué problemas específicos tiene el hospital al que fue el cantante?

4. ¿A qué crees que se refiere la metáfora "cruzar el Niágara en bicicleta"?

5. ¿Cuál es el tono de la canción?

B. MÁS ALLÁ DEL TEXTO

1. ¿Has estado alguna vez en un hospital en EEUU? ¿Tenía algún problema similar a los descritos en la canción? ¿Cuál?

2. ¿Has estado alguna vez en algún hospital latinoamericano? ¿Tenía algún problema similar a los descritos en la canción? ¿Cuál?

LA RISA ES LA MEJOR MEDICINA

Un hombre va a la consulta del médico y le dice:
—Doctor, doctor... ¡me he caído y me duelen mucho las piernas!
El médico después de examinarle le dice:
— No se preocupe, no es nada. Dentro de unos días ya estará Ud. trabajando.
— ¡Qué buena noticia, doctor! Además de curarme ¿me dará un trabajo?

Un hombre va a la consulta del médico y le dice:
— ¡Doctor, doctor!... ¡me pican los pies de una manera horrible!
El médico le dice que se descalce para examinarle, y cuando le ve los pies con una capa de suciedad tan tremenda y con un olor tan horroroso, le dice:
— Mire, lo primero que tiene que hacer es lavarse esos pies con jabón y un cepillo bien duro, y luego hablamos.
El paciente pasa al servicio y comienza a lavarse. Al rato el médico escucha al hombre que le grita:
—¡Mire, doctor! ¡Deditos, como en las manos!

Escribe unas notas sobre lo que has aprendido a nivel de contenidos médicos, de costumbres de los hispanos y sobre la situación sanitaria de los países estudiados en este capítulo.

CAPÍTULO 6

EL SISTEMA NERVIOSO

Cada cabeza es un mundo.

Refrán

Objetivos

En este capítulo encontrarás contenido y vocabulario para mejorar la comunicación sobre los siguientes temas:

- Los ataques cerebrales y cómo afectan a los hispanos
- El lenguaje corporal de los hispanos
- La salud en El Salvador y Costa Rica

También practicarás cómo hablar de situaciones que no son específicas y repasarás el uso de las preposiciones con algunos verbos.

1. ¿Qué piensas del refrán introductorio al capítulo? ¿Qué te señala sobre la cultura hispana? ¿Hay algún refrán o dicho parecido en tu lengua materna?

2. ¿Crees que el lenguaje corporal es importante en un contexto comunicativo? ¿Crees que el lenguaje corporal de los hispanos es igual al de tu comunidad?

3. ¿Qué sabes de los derrames cerebrales? Si un amigo o familiar tuyo sufriera uno, ¿lo podrías reconocer? ¿Cuánto tiempo tendrías para llegar al hospital y prevenir la invalidez de tu amigo o familiar?

4. ¿Qué países crees que tienen las tasas más altas de mortalidad por enfermedades cerebrovasculares? ¿Crees que mueren más hombres o mujeres?

5. ¿Qué sabes sobre la situación de la salud en El Salvador y Costa Rica?

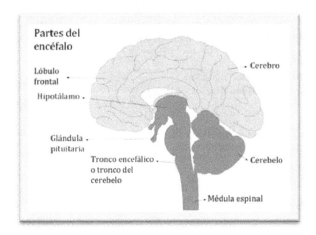

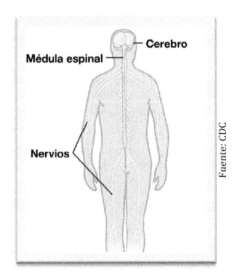

VOCABULARIO

Estudia el siguiente vocabulario para poder comunicarte mejor sobre este tema.

Anatomía		Patologías	
Cerebelum, m.	Cerebelum		
Cerebro, m.	Brain	Apoplejía, f./derrame cerebral, m./ hemorragia cerebral, f./ ataque cerebral, m./ embolia, f.	Stroke
Glándula pituitaria, f.	Pituitary gland		
Hipotálamo, m.	Hypothalamus		
Lóbulo, m.	Lobe		
Médula espinal, f.	Spinal cord	Enfermedades neurodegenerativas, f.	Degenerative nerve diseases
Nervio, m.	Nerve	Parálisis, f.	Paralysis

El especialista clínico que trata las afecciones de este sistema es el neurólogo. El especialista quirúrgico es el neurocirujano.

La palabra *hipotálamo* está compuesta por *hipo* (debajo de) y *tálamo* (ventrículo). Como hipotálamo, muchas palabras médicas tienen sus orígenes en afijos grecolatinos. Ve a la página 286 (Apéndice 2) y estudia los afijos para ampliar tu vocabulario.

Palabras relacionadas con alguna afección de este sistema			
Adormecerse, v.	To fall asleep	Diluyente de la sangre, m.	Blood thinner
Adormecimiento, m.	Sleepiness/numbness	Entumecimiento, m.	Numbness
Aneurisma, m.	Aneurysm	Flujo sanguíneo, m.	Bood flow
Anticoagulante, adj.	Blood thinner	Hemorragia, f.	Hemorrhage
Bloquear, v.	To block	Invalidez/Discapacidad, f.	Disability
Bloqueo, m.	Blockage	Obstruir, v.	To impede, to block
Coagular, v.	To clot	Obstrucción, f.	Blockage
Coágulo, m.	Blood clot	Raciocinio, m.	Reason, reasoning

¿QUÉ ES Y CÓMO FUNCIONA?

El sistema nervioso está formado por una serie de órganos que controlan todas las actividades del cuerpo humano. Se puede dividir en dos partes:

1. **El sistema nervioso central**, compuesto por
   - El encéfalo formado por
     - El cerebro
     - El cerebelo (ayuda a coordinar los movimientos)
     - El tronco del cerebelo (que conecta con la médula espinal)
   - La médula espinal (localizada dentro de la columna vertebral)
2. **El sistema nervioso periférico**, compuesto por los nervios que conectan el sistema nervioso central con el resto del cuerpo

El sistema nervioso se divide en dos grandes secciones:

1. **Sistema nervioso autónomo** (*sistema nervioso visceral*)
   Regula todas las actividades involuntarias o inconscientes, como la digestión, la respiración, etc.
2. **Sistema nervioso somático** (también llamado *sistema nervioso de la vida de relación*)
   Regula todas las actividades voluntarias o conscientes, como el trasladarse de un lugar a otro

Cuando los nervios periféricos reciben una estimulación (frío, dolor, calor producido por fuego, etc.), envían una señal eléctrica al cerebro; éste procesa el estímulo y envía otra señal a los nervios ordenando la acción que se debe realizar (como retirar la mano para evitar que se queme, etc.).

En ocasiones, el lenguaje corporal de otra cultura es fácil de leer. Si el médico recibe a su paciente hispano con una sonrisa, éste se va a sentir bienvenido. En otros casos, la interpretación es más difícil. El médico habla con el paciente, pero en lugar de mirarle a los ojos, el paciente mantiene la mirada baja. El médico se extraña y piensa que el paciente no le está escuchando. ¿Está el médico en lo cierto? Por supuesto que no. En algunos grupos sociales hispanos, generalmente entre gente humilde, el evitar la mirada es señal de respeto. ¿Debería el médico actuar de igual manera y evitar la mirada de su paciente? En absoluto; el médico debe seguir mirando a su paciente, lo que es señal de respeto también. Aunque médico y paciente se comuniquen por medio de un intérprete, la mirada del médico nunca debe estar dirigida al intérprete, sino al paciente. El intérprete debe mirar a quien la interpretación va dirigida.

En una situación, el médico le explica a su paciente hispano el tratamiento que debe seguir para recobrar la salud. El paciente, que sigue mirando al suelo, mueve la cabeza afirmativamente. El médico piensa que su paciente ha entendido las instrucciones y da por terminada la consulta. No obstante, el paciente no sigue las instrucciones por lo que su salud no mejora. ¿Qué ha pasado? Muchos hispanos humildes dicen sí para dar a entender que están prestando atención. No significa que entiendan lo que están escuchando, ni que estén de acuerdo. El médico con competencia cultural no se dará por satisfecho cuando su paciente diga sí con la boca o con la cabeza. Le hará preguntas como, "Sra. Sanz, ¿cuántas veces debe tomar las pastillas al día? Sólo quiero asegurarme de que me expliqué bien". En lugar de hacer preguntas que se puedan contestar con un simple sí o no, hará preguntas abiertas para darle la oportunidad a su paciente de comunicar lo que piensa o siente.

Los ataques o derrames cerebrales ocupan el tercer lugar entre las principales causas de muerte en los Estados Unidos y son una de las principales causas de invalidez grave y prolongada en los adultos. Cada año se registran aproximadamente 600.000 casos de estos ataques en los Estados Unidos. Afortunadamente existen tratamientos que pueden reducir en gran medida el daño causado; sin embargo, es importante identificar los síntomas e ir rápidamente al hospital. Si usted puede llegar al hospital durante los primeros 60 minutos, es posible prevenir la invalidez.

¿Qué es un ataque o derrame cerebral? (llamado clínicamente accidente cerebrovascular)
Un ataque cerebral o derrame cerebral ocurre cuando se altera el flujo de sangre hacia el cerebro. Cuando se presenta un ataque cerebral, un área del cerebro empieza a morir porque deja de recibir el oxígeno y los nutrientes que necesita para funcionar.

Hay dos clases principales de accidentes cerebrovasculares. El primero, llamado accidente cerebrovascular isquémico, es causado por un coágulo que bloquea u obstruye un vaso sanguíneo en el cerebro. Aproximadamente el 80% de todos los accidentes cerebrovasculares son isquémicos. El segundo, llamado accidente cerebrovascular hemorrágico (derrame cerebral) es causado por la ruptura y sangrado de un vaso sanguíneo en el cerebro. Aproximadamente el 20% de todos los accidentes cerebrovasculares son hemorrágicos.

¿Qué tipo de invalidez pueden producir los ataques o los derrames cerebrales?

Aunque los ataques cerebrales son una enfermedad del cerebro, pueden afectar todo el cuerpo. Los efectos de un ataque cerebral pueden variar desde leves hasta severos, y pueden incluir parálisis, problemas de raciocinio, del habla, problemas de visión, y problemas en la coordinación motora. Los pacientes también pueden sentir dolor y adormecimiento después de un accidente cerebrovascular.

Conozca las señales

Usted puede no darse cuenta que está sufriendo un ataque cerebral porque éste afecta el cerebro. Para un espectador, alguien que esté sufriendo un ataque cerebral puede parecerle simplemente distraído o confundido. Las víctimas de estos ataques pueden quedar menos afectadas si alguien a su alrededor reconoce los síntomas y actúa rápidamente.

Síntomas de los ataques cerebrales

Los síntomas de los ataques cerebrales son claros y se presentan repentinamente. Llame al 911 si usted o alguien a su alrededor está sufriendo cualquier de estos síntomas:

- Súbito adormecimiento de la cara o las extremidades
- Súbita debilidad en la cara, el brazo o la pierna (especialmente en un lado del cuerpo)
- Súbita confusión, dificultad para hablar o entender
- Súbita dificultad para ver con uno o con los dos ojos
- Súbita dificultad para caminar,
- Mareo
- Pérdida del equilibrio
- Pérdida de la coordinación
- Súbito dolor de cabeza severo, sin causa conocida

Llame inmediatamente al 911

Un ataque cerebral es una emergencia médica. Cada minuto cuenta cuando alguien está sufriendo un ataque cerebral. Cuanto más tiempo dure la interrupción del flujo sanguíneo hacia el cerebro, mayor es el daño. La atención inmediata puede salvar la vida de la persona y aumentar sus posibilidades de una recuperación exitosa. Si usted cree que alguien está teniendo un ataque cerebral -si él o ella pierde súbitamente la habilidad para hablar, o para mover el brazo o la pierna de un lado del cuerpo, o experimenta parálisis en un lado de la cara- llame inmediatamente al 911.

¿Por qué es necesario actuar rápidamente?

El tipo más común de ataque cerebral puede ser tratado con una droga que disuelve los coágulos que obstruyen el flujo de sangre hacia el cerebro. El plazo máximo para que a los pacientes con accidentes cerebrovasculares se les inicie el tratamiento es de tres horas. Pero para que puedan ser evaluados y sometidos a tratamiento, los pacientes deben llegar al hospital lo más pronto posible.

¿Qué puedo hacer para prevenir un ataque cerebral?

El mejor tratamiento para los ataques cerebrales es la prevención. Hay varios factores de riesgo que aumentan su probabilidad de tener un ataque cerebral:

- Presión arterial alta

- Problemas cardíacos

- Diabetes

- Colesterol alto

- Fumar

Si usted fuma, deje de fumar. Si usted tiene diabetes, la presión arterial alta, o el colesterol alto, el ponerlos bajo control y continuar controlándolos reducirá en gran medida sus probabilidades de sufrir un ataque cerebral.

Fuente: "Conozca qué son los ataques o derrames cerebrales". Instituto Nacional de Trastornos Neurológicos y Accidentes Cerebrovasculares.

SEGÚN EL TEXTO

1. ¿Cuánto tiempo tiene una víctima de un ataque cerebral para llegar al hospital?

2. ¿Qué es un ataque cerebral?

3. ¿Qué tipos hay?

4. ¿Cuáles son algunos síntomas y los factores de riesgo?

MÁS ALLÁ DEL TEXTO

Con un compañero escribe un diálogo con dos protagonistas: una persona que está sufriendo un ataque cerebral y su amigo. Hablad de los síntomas que está sufriendo el enfermo. Luego, el amigo llamará al 911 explicando la situación al operador u operadora.

Después, escenificad la situación delante de la clase.

Analiza las siguientes tablas. Han sido compiladas por los Centros para el Control y la Prevención de Enfermedades.

Casos de derrames cerebrales diagnosticados

Porcentaje de personas mayores de 18 años con derrames cerebrales, ajustado para la edad (2007)		
Hispanos/Latinos	Blancos no hispanos	Proporción de hispanos/Blancos no hispanos
2,5	2,2	1,1

Mortandad

Muertes debidas a derrames cerebrales por 100.000, ajustado para la edad (2005)			
	Hispanos	Blancos no hispanos	Proporción hispanos-blancos no hispanos
Hombres	38	44,8	0,8
Mujeres	33,5	44,4	0,8
Total	35,7	45	0,8

Fuente: "Stroke and Hispanic Americans". 28 July 2009. The Office of Minority Health, Web. 19 Sep. 2009. Web. Con información del CDC.

A. SEGÚN EL TEXTO

De los dos grupos étnico-raciales que muestran las tablas,

1. ¿Cuál tiene más riesgo de sufrir una apoplejía?

2. ¿Cuál de los grupos tiene más riesgo de morir debido a una apoplejía?

3. ¿Cuál es el subgrupo con menos riesgo de morir?

B. MÁS ALLÁ DEL TEXTO

1. ¿A qué crees que se deben las diferencias entre los distintos grupos? Piensa en lo que sabes de esta enfermedad y de las dos culturas.

2. La información anterior (igual que muchas lecturas de este libro) proviene del CDC. ¿Qué sabes de los Centros para el Control y La Prevención de Enfermedades (CDC por sus siglas en inglés)? ¿Crees que es importante que exista una organización de este tipo? ¿Por qué? Razona tu respuesta.

El español marca la diferencia entre objetos específicos y no específicos. Cuando quieras comunicar que buscas, quieres, necesitas, etc., algo no específico o que no sabes si existe, el verbo en la oración subordinada debe estar en el modo subjuntivo. Si, por el contrario, buscas, quieres o necesitas algo específico, el verbo en la oración subordinada debe estar en el modo indicativo.

Generalmente, si sabes que el objeto existe, lo calificarás con el artículo determinado. Por el contario, si no sabes si existe, lo calificarás con el artículo indeterminado. Este detalle te puede ayudar a decidir qué modo usar.

Estudia la tabla siguiente para ver la diferencia. Explica cómo tú lo entiendes a un compañero y luego él/ella te lo explicará a ti.

Subjuntivo: No específico o no sabes si existe	Quiero un medicamento que me calme el dolor. Quería un medicamento que me calmara el dolor. No existe un medicamente que me pueda calmar el dolor.
Indicativo: Específico y basado en la experiencia	Quiero el medicamento que me calma el dolor. Quería el medicamento que me calmaba el dolor. Tengo un medicamento que me calma mucho el dolor. Tenía un medicamento que me calmaba mucho el dolor.

PRÁCTICA COMUNICATIVA

Expresa lo que necesita el paciente, conjugando el verbo en el tiempo verbal requerido.

1. Carlos busca a la persona que (llamar) _____ al 911.

2. Carlos necesita una persona que (llamar) _____ al 911.

3. Carlos no conoce a nadie que (llamar) _____ al 911.

4. Carlos necesita al doctor que (ser) _____ especialista en apoplejías.

5. Carlos necesita un doctor que (ser) _____ especialista en apoplejías.

6. El Dr. Ramírez tiene un paciente que (sufrir) _____una apoplejía.

7. El Dr. Ramírez busca personas que (sufrir) _____ una apoplejía para hacer un estudio.

8. No tengo ningún familiar que (sufrir) _____ una apoplejía.

Los verbos de movimiento como *ir, correr, subir, bajar, escalar*, etc., usan la preposición *a* cuando el objeto indica destino y la preposición *de* cuando el objeto indica el origen.

Ej.: subir a la montaña, bajar de la montaña, escalar a la cima, volver de la clínica, correr al hospital

Otros verbos utilizan distintas preposiciones. Aquí tienes una lista de algunos de los verbos más comunes con las preposiciones que generalmente los acompañan. Debes memorizarlos.

acabar de	convertirse en	especializarse en	preocuparse de/por
acordarse de	darse cuenta de	estar enamorado de	quedar por
acostumbrarse a	dejar de	fijarse en	quejarse de
alegrarse de	depender de	hablar de/sobre/acerca de	reírse de
aprender a	despedirse de	influir en	resignarse a
apresurarse a	detenerse a	insistir en	resistirse a
arrepentirse de	empeñarse en	interesarse por/en	salir con + *persona*
atreverse a	empezar a	invitar a	salir de
avergonzarse de	enamorarse de	irse de + *sitio*	soñar con
ayudar a	encontrarse con	meterse con	tardar en
burlarse de	enojarse con	negarse a	terminar de
casarse con	enseñar a	olvidarse de	tratar de
comenzar a	enterarse de	pensar en	tratarse de
consistir en	entrar en	ponerse a	volver a
contar con	esforzarse por	preguntar por/sobre+ *persona*	

PRÁCTICAS DE GRAMÁTICA Y VOCABULARIO

En las frases siguientes, escribe la preposición requerida.

1. El Dr. Higuero se especializa _____ derrames cerebrales.

2. Cuando vayas al hospital, pregunta _____ el Dr. Higuero.

3. Debes hablar con el doctor _____ el entumecimiento del brazo. Puede ser algo grave.

4. Me alegro _____ que ese mareo no fuera un síntoma de algo grave.

5. Si alguien se queja _____ adormecimiento de las extremidades, se debe llamar al 911.

6. Trata _____ recordar todos los síntomas de una apoplejía.

7. Aprende _____ reconocer los síntomas de una apoplejía.

8. Si un amigo muestra síntomas de un ataque cerebral, insiste _____ llevarle al hospital o llamar al 911.

9. Si un amigo muestra síntomas de un ataque cerebral, no tardes _____ llevarle al hospital o llamar al 911.

10. No te burles _____ alguien que tiene una súbita dificultad para hablar. Puede tratarse _____ un ataque cerebral.

ENFERMEDADES CEREBROVASCULARES EN EL MUNDO HISPANO

Las enfermedades cerebrovasculares, entre las que se incluye la apoplejía, son la segunda causa de muerte en el mundo. Según la Organización Mundial de la Salud, el 85% de estas muertes ocurren en personas en países con niveles económicos medios o bajos y un tercio de las personas son menores de 70 años.

Las tablas que siguen reflejan los casos de muerte por enfermedades cerebrovasculares en países hispanos en el año 2002, el último del que se tienen cifras.

	Hombres	**Hombres**	**Mujeres**	**Mujeres**
	Núm. total de muertes	Porcentaje de muertes por 100,000	Núm. total de muertes	Porcentaje de muertes por 100,000
Argentina	11.447	61	11.220	58
Bolivia	1.430	33	1.707	39
Chile	3.971	51	4.170	53
Colombia	7.842	36	9.902	45
Costa Rica	575	28	618	31
Cuba	3.873	69	3.810	68
Ecuador	2.189	34	2,184	34
EEUU	65.247	46	98.521	67
El Salvador	781	25	902	28
España	14.445	72	20.434	98
Guatemala	1.092	18	1.138	19
Honduras	1.319	39	1.466	44
México	12.487	25	14.426	28
Nicaragua	791	30	976	36
Panamá	743	48	744	49
Paraguay	1.416	49	1.465	51
Perú	3.937	29	4.146	31
Rep. Dominicana	2.761	63	2.071	49
Uruguay	1.635	99	2.137	122
Venezuela	4.089	32	4.630	37

Tabla 1.

En la tabla siguiente, la información anterior está presentada en columnas.

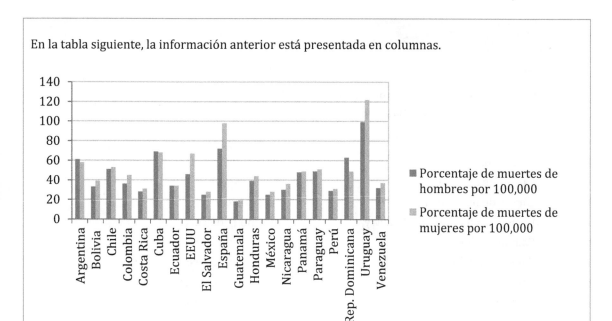

Tabla 2. Con información de la Organización Mundial de la Salud. Mathers, C. D., C. Bernard, K. M. Iburg, M. Inoue, D. Ma Fat, K Shibuya, C. Stein, N. Tomijima, y H. Xu. Global Burden of Disease in 2002: data sources, methods and results. Web. 20 Sep. 2009.

A. SEGÚN EL TEXTO

1. ¿A qué genero afecta más el derrame cerebral?

2. ¿Qué países son los que tienen más muertes? ¿Y menos?

B. TU OPINIÓN

En referencia a las preguntas de "Según el texto" ¿A qué crees que son debidas las diferencias? Contesta basándote en tus conocimientos de los factores de riesgo para desarrollar una apoplejía y a tus conocimientos sobre los países hispanos.

Primer paso

1. De la lista siguiente, selecciona un problema. También puedes seleccionar un problema relacionado con el sistema nervioso que no esté aquí.

Apnea del sueño, f.	Sleep apnea
Bronquitis, f.	Bronchitis
Cáncer de garganta, m.	Throat cancer
Cáncer de pulmón, m.	Lung cancer
Demencia con cuerpos de Lewy, f.	Lewy body disease
Embolia pulmonar, f.	Pulmonary embolism
Enfermedad de Alzheimer, f.	Alzheimer's disease
Enfermedad de Huntington, f.	Huntington's disease
Enfermedad de obstrucción pulmonar crónica, f.	Chronic obstructive pulmonary disease
Enfermedad de Parkinson, f.	Parkinson's disease
Enfermedad del Legionario, f.	Legionnaires' disease
Enfisema, f.	Emphysema
Esclerosis lateral amiotrófica, f.	Amyotrophic lateral sclerosis
Esclerosis lateral amiotrófica/Enfermedad de Lou Gehrig, f.	Amyotrophic Lateral Sclerosis/Lou Gehrig's disease
Esclerosis múltiple, f.	Multiple Sclerosis
Fibrosis pulmonar, f.	Pulmonary fibrosis
Fístulas, f.	Fistulas
Gripe aviar, f.	Bird flu
Gripe H1N1 (gripe porcina), f.	H1N1 Flu (swine flu)
Hipertensión pulmonar, f.	Pulmonary hypertension
Mesotelioma, , m.	Mesothelioma
Neumonía, f.	Pneumonia
Poliomielitis, f.	Poliomyelitis/Infantile paralysis
Sarcoidosis, f.	Sarcoidosis
Tos ferina (Tos convulsa), f.	Whooping Cough (Pertussis)
Tuberculosis, f.	Tuberculosis

2. Ve a la página http://www.nlm.nih.gov/medlineplus/spanish u otra similar que ofrezca información en español sobre las enfermedades.

3. Escribe un resumen que incluya los síntomas, los tratamientos y la prevención, si la hay. Utiliza tus propias palabras y no olvides incluir la dirección de Internet de dónde has obtenido la información.

Segundo paso

Explícale a un compañero lo que has aprendido sobre el problema del primer paso. El/ella te hará preguntas sobre posibles dudas. Luego cambiad los papeles.

Tercer paso

1. Ahora que ya estás familiarizado con el problema, haz una pequeña representación con tu compañero. Él/ella puede ser un paciente que tiene los síntomas relacionados con el problema del primer paso. Tú, como médica, le preguntarás sobre su condición, le harás el diagnóstico. El paciente tendrá preguntas que tú deberás responder.

2. Haz una representación con otros dos compañeros. Uno será un médico que no habla español, otro un paciente que no habla inglés y el tercero será el intérprete. Siguiendo los consejos sobre la interpretación, dramatizad una situación que incluya una de las enfermedades de las que habéis hablado en el paso 2.

ENFOQUE CULTURAL: EL SALVADOR Y NICARAGUA

El Salvador

Nicaragua

A. INVESTIGACIÓN

Primero, visita las páginas de Internet para aprender sobre cuestiones médicas y culturales en estos países. Luego rellena la tabla siguiente. Finalmente, analiza la información y discútela en clase con tus compañeros.

El Salvador

- Ministerio de Salud: http://www.mspas.gob.sv/
- Organización Panamericana de la Salud: http://devserver.paho.org/els/
- Latin American Network Information Center: http://lanic.utexas.edu/la/ca/salvador/

Nicaragua

- Ministerio de Salud: http://www.minsa.gob.ni/
- Organización Panamericana de la Salud:: http://new.paho.org/nic/
- Latin American Network Information Center: http://lanic.utexas.edu/la/ca/nicaragua/

	El Salvador	Nicaragua
PIB per cápita		
Gastos del gobierno en sanidad per cápita		
Expectativa de vida para ambos sexos		
Expectativa de vida para hombres		
Expectativa de vida para mujeres		
Tasa de mortalidad infantil		
¿Qué cuestiones de salud parecen tener primacía hoy en día?		

B. TÚ ERES EL MÉDICO

Un paciente hispano va a viajar a El Salvador y Costa Rica y necesitas informarle sobre cómo cuidar su salud mientras esté allí. Lee la información que el gobierno de EEUU da a los viajeros. Escribe un resumen en español que le darías a tu paciente.
Información para viajeros

- El Salvador: http://wwwnc.cdc.gov/travel/destinations/el-salvador.aspx
- Nicaragua: http://wwwnc.cdc.gov/travel/destinations/nicaragua.aspx

A. TRADUCE LAS SIGUIENTES FRASES AL INGLÉS

1. El sistema nervioso periférico está compuesto por nervios que conectan el sistema nervioso central con el resto del cuerpo.

2. Un ataque cerebral o derrame cerebral ocurre cuando se altera el flujo de sangre hacia el cerebro. Cuando se presenta un ataque cerebral, un área del cerebro empieza a morir porque deja de recibir el oxígeno y los nutrientes que necesita para funcionar.

3. El mejor tratamiento para los ataques cerebrales es la prevención. Hay varios factores de riesgo que aumentan su probabilidad de sufrir un ataque cerebral. Son los siguientes:
   - Presión arterial alta
   - Problemas cardíacos
   - Diabetes
   - Colesterol alto
   - Fumar

B. TRADUCE LAS SIGUIENTES FRASES AL ESPAÑOL

1. To prevent a stroke, a first step is to stop smoking. You should also have a healthy and balanced diet and exercise regularly.

2. If you experience a sudden numbness in the arm, leg or face, you could be experiencing a stroke.

3. Paralysis could be a side effect of suffering a stroke. The type of paralysis would depend on the part of the brain that is affected.

TU VOCABULARIO

Anota las palabras y frases nuevas que has aprendido no incluidas en el vocabulario de este capítulo.

_____

_____

_____

_____

En esta página encontrarás mucha información sobre el sistema nervioso y actividades interactivas: http://www.uc.cl/sw_educ/anatnorm/nervioso/index.htm.

LA RISA ES LA MEJOR MEDICINA

Una mujer está en el hospital porque tiene síntomas de haber sufrido un ataque cerebral. La enfermera le está tomando sus datos personales. En eso llega el doctor y le pregunta a la señora qué edad tiene.

—Treinta y cinco años— Contesta la mujer.

—Apunte pérdida de memoria— Le dice el médico a la enfermera.

☺   ☺   ☺

—Doctor, doctor, últimamente he notado que estoy perdiendo la memoria.

—¿Y eso desde cuándo?

—¿Desde cuándo qué, doctor?

REFLEXIÓN

Escribe unas notas sobre lo que has aprendido a nivel de contenidos médicos, de costumbres de los hispanos y sobre la situación sanitaria de los países estudiados en este capítulo.

CAPÍTULO 7

EL SISTEMA SENSORIAL II. EL OÍDO

No hay peor sordo que el que no quiere oír.

Refrán

Objetivos

En este capítulo encontrarás contenido y vocabulario para mejorar la comunicación sobre los siguientes temas:

- Las afecciones culturales
- La otitis media
- La visita al pediatra
- La salud en Panamá y Venezuela

También practicarás cómo expresar la relación entre palabras.

1. ¿Qué piensas del refrán introductorio al capítulo? ¿Qué te señala sobre la cultura hispana? ¿Hay algún refrán o dicho parecido en tu lengua materna?

2. ¿Crees que hay dolencias que afectan sólo a una población específica? ¿Crees que todo el mundo puede sufrir o sufre "congelación del cerebro" o "brain freeze"?

3. ¿Te pusieron tubitos en los oídos cuando eras pequeño? ¿Sabes por qué?

4. ¿Conoces a alguien que tenga problemas de audición? ¿Sabes qué los causaron? ¿Recibió esta persona un implante coclear?

5. ¿Crees que los niños o jóvenes con problemas de audición sufren la marginación de la sociedad? ¿Qué otros problemas crees que pueden tener?

6. ¿Qué sabes sobre la situación de la salud en Panamá y Venezuela?

El oído está formado por tres partes: el **oído externo**, el **oído medio** y el **oído interno**

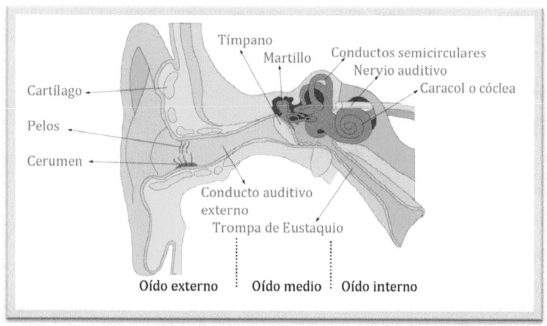

Estudia el siguiente vocabulario para poder comunicarte mejor sobre el funcionamiento del oído y sobre algunos síntomas los problemas que lo afectan.

Anatomía

Adenoide, f.	Adenoid	Martillo, m.	Malleus
Caracol, m.	Cochlea	Pabellón de la oreja, m.	Pinna
Cerumen, m./cera, f.	Wax	Tímpano, m.	Tympanic membrane
Conducto auditivo externo, m.	External auditory meatus	Trompa de Eustaquio, m.	Eustachian tube
Cóclea, f.	Cochlea	Tirar, v.	To pull
Conducto semicircular, m.	Semicircular canal	Zumbido, m.	Buzzing
Estribo, m.	Stapes	Yunque, m.	Incus

La palabra *adenoide* está compuesta por *aden(o)* (glándula) y *eid(es)* (que tiene el aspecto de). Como adenoide, muchas palabras médicas tienen sus orígenes en afijos grecolatinos. Ve a la página 286 (Apéndice 2) y estudia los afijos para ampliar tu vocabulario.

Otras palabras asociadas con este sistema			
Audición, f.	Hearing	Otorrinolaringólogo, m.	Othorhinolaryngologist
Audiología, f.	Audiology	Pediatra, m.	Pediatrician
Audiólogo, m.	Audiologist	Ruido, m.	Noise
Frotar, v.	To rub	Silbido, m.	Ringing/whistling
Marearse, v.	To feel dizzy	Sordera, f.	Deafness
Mareo, m.	Dizziness	Sordo, adj.	Deaf
Otitis media, f.	Ear infection/otitis media	Vértigo, m.	Vertigo

La otorrinolaringología es la disciplina médica que se ocupa del oído y las vías respiratorias superiores (nariz, boca, senos paranasales, laringe y faringe). El médico que tiene esta especialidad, es el otorrinolaringólogo, aunque popularmente se les llama otorrino.

El especialista en problemas de la audición es el audiólogo.

El pediatra es el especialista en la salud de niños desde que nacen hasta que acaban la adolescencia.

¿QUÉ ES Y CÓMO FUNCIONA?

Antes de leer cómo funciona el oído, mira el vídeo, *Viaje Al Interior Del Oído* para familiarizarte sobre su   funcionamiento: http://www.nidcd.nih.gov/staticresources/health/spanish/ask_dr/span_vid_travel.mov

- El pabellón de la oreja o pabellón auricular (en el oído externo) recibe las vibraciones sonoras.

- Estas vibraciones u ondas sonoras viajan a través del canal auditivo externo hasta llegar al tímpano y hacerlo vibrar.

- Los huesos del oído interno (yunque, martillo y estribo) incrementan las vibraciones de los sonidos.

- El oído interno (cóclea o caracol) es un sistema de tubos relleno de un fluido. También contiene numerosos cilios. El fluido hace que los cilios se muevan y éstos últimos llevan la información al nervio auditivo en forma de impulso eléctrico y al cerebro que finalmente la interpreta como sonido.

El oído tiene dos funciones principales:

- Ayuda a mantener el equilibrio.

- Ayuda a la comunicación con el mundo exterior al interpretar los sonidos.

Afecciones o síndromes culturales son enfermedades que afectan a comunidades específicas, sin mostrar una base biológica y sin ser reconocidas por otras culturas. Generalmente, el tratamiento involucra algún tipo de remedio popular. Algunas enfermedades culturales hispanas son **el mal de ojo**, **la caída de mollera**, **el susto**, **el ataque de nervios** y **el empacho**.

El mal de ojo es una afección común en el mundo hispano. Los síntomas del mal de ojo son el llanto, la falta de apetito, el desasosiego y el insomnio. En algunas culturas puede incluir la fiebre. Aunque se da más entre los bebés y los niños pequeños, también puede afectar a adultos. La causa del mal de ojo varía entre las culturas hispanas y originarias. En algunas comunidades se cree que se debe a un desequilibrio entre la energía fuerte de una persona y la energía débil de otra. Cuando se encuentran dos personas con niveles diferentes de energía, la persona con energía fuerte se apodera de la energía de la persona débil. Debido a esto, los niños pequeños, cuyas energías aún no se han desarrollado, son más susceptibles a enfermarse. Un bebé también se puede enfermar si un adulto lo mira con admiración, pero no lo toca. En estos casos, el causante de la enfermedad es inocente; no es consciente de lo que ha sucedido. No obstante, también se puede enfermar un adulto si otro lo mira con envidia y, en esta situación, el causante puede saber lo que está haciendo.

En las comunidades hispanas, la madre es la encargada de la salud de la familia y parte de esta obligación incluye la prevención. Para prevenir el mal de ojo, las mamás usan amuletos que también varían según la comunidad. En algunas comunidades mexicanas se usan los ojos de venado, una semillas como las que ves aquí. En otras partes de Centroamérica, se usan cuentas de cristal rojas o simplemente cintas rojas. En algunas comunidades mayas se usa la semilla del tzité, un frijol rojo y negro.

Los tratamientos para el mal de ojo también varían, no sólo entre comunidades, sino entre familias. Muchas mujeres conocen remedios que se han ido pasando de generación en generación, o que buenas vecinas les explicaron. Un remedio común en México es pasar un huevo por el cuerpo del niño. Al romper el huevo (a veces en un vaso de agua), si muestra una gotita de sangre, indica que se libró al niño de la fuerza negativa. En otras comunidades el huevo se tira al fuego. Madres mayas preparan infusiones para sus hijos con hojas de limón, la semilla del avocado y la hoja de ruda. Ingredientes comunes también lo son el ajo e incluso una tableta de Alka Seltzer. Otras madres bañan a sus niños en el agua resultante de hervir estas plantas. Si a pesar de probar los remedios tradicionales el bebé no mejora, la mamá lo llevará al curandero. En algunas comunidades hay curanderos especialistas en mal de ojo.

El profesional médico con competencia cultural reconocerá el brazalete que lleva un bebé como un amuleto de gran importancia para la madre y no exigirá que se lo saque, a menos que sea sumamente importante para realizar algún tipo de prueba médica, como una radiografía de la muñeca. Incluso en este último caso, tranquilizará a la madre, explicándole que en pocos minutos se lo podrá volver a poner.

Te puede parecer interesante que la creencia en el mal de ojo no es exclusiva de Latinoamérica. Muchos pueblos del Mediterráneo también usan amuletos para protegerse de las fuerzas o energías negativas.

La caída de mollera es otra enfermedad que afecta a bebés y niños de hasta dos años. Mollera es el término popular para referirse a la fontanela, el espacio blando en la cabeza del bebé. Síntomas de la caída de mollera son el llanto, la falta de apetito o de energía para

mamar, diarrea e incluso fiebre en algunas situaciones. Las causas pueden ser una caída, un golpe, un aire, o descuido por parte de la madre al quitarle al bebé el pecho repentinamente. El tratamiento requiere la ayuda de un curandero o sobador, infusiones o masajes, según la comunidad a la que se pertenezca. El sobador a veces toma al bebé por los pies, y lo cuelga hacia abajo, dándole golpecitos en las plantas. Para prevenir que se caiga la mollera, las mamás generalmente presionan con suavidad el paladar del bebé.

Otra enfermedad cultural es **el susto**, también llamado en algunas comunidades espanto o pérdida del alma. La causa es una emoción o sensación fuerte, tal vez el paciente tuvo un accidente de coche o recibió una mala noticia. Los síntomas incluyen la pérdida del apetito, insomnio y falta de energía. La persona que sufre de susto también puede ser más susceptible a contraer otras enfermedades. Si no se trata, el paciente puede incluso morir. Los remedios varían, pero generalmente el paciente o su familia buscan la ayuda de un especialista en recuperar el alma. Esta persona en algunas comunidades será el curandero y en otras el buscador del alma. Como ocurre con otras enfermedades culturales, los remedios varían según la comunidad. El curandero puede pasar hierbabuena por el cuerpo del paciente. Entre los mayas guatemaltecos, se lleva a cabo una larga ceremonia que incluye rezos a santos católicos, velar el sueño del paciente y poner flores donde ocurrió el accidente. También es común cuando alguien sufre una fuerte impresión (estuvo a punto de caerse de una escalera, le sobresaltó un automóvil) realizar la ceremonia de forma preventiva antes de que se desarrollen los síntomas.

El ataque de nervios debe su causa a factores estresantes. Puede que el paciente haya recibido una mala noticia. Tal vez haya estado experimentando circunstancias difíciles y haya llegado a un punto donde la situación se le ha hecho insostenible. Generalmente la persona sufre el ataque cuando está junto a familiares o amigos. El ataque hace que la persona pierda el control, grite, llore o tal vez tire objetos al suelo o a las paredes. Después de sufrir el ataque, es probable que el paciente reciba el apoyo moral de la familia y se recupere. Si esto no sucede, se hace necesario visitar a un especialista. Es común que una persona estresada diga que va a tener un ataque de nervios, o que le va a dar un ataque de nervios.

Finalmente, entre las enfermedades culturales más comunes se encuentra **el empacho.** Está causado por alguna comida no le sentó bien a la personas y se quedó enganchada en alguna sección del tracto intestinal. El enfermo puede sentir náuseas, dolor de estómago, diarrea y varios síntomas más según la comunidad a la que pertenezca. Para tratar el empacho también se utilizan distintos procesos. En áreas de México se estira la piel de la espalda (tirar el cuerito) hasta que se oye un sonido que indica que la comida se ha soltado. También se da un masaje en la barriga con aceite previamente calentado, pero que no queme. En Argentina se usa una cinta que mide la distancia entre el curandero y el afectado varias veces.

Por otro lado, en España, tener empacho o estar empachado simplemente significa que se ha comido demasiado o que la comida no le sentó bien a uno.

En cuanto a las enfermedades culturales, los EEUU también las tiene. Una podría ser el "cólico" de los bebés. Si un bebé llora, está intranquilo y no quiere dormir, pero no muestra síntomas de otra enfermedad, se dice que tiene cólico. A veces los médicos dicen que el llanto es causado por un dolor de estómago o por no poder pasar gas, pero si se expone al bebé al ruido de un aspirador o de una secadora de ropa, el bebé en muchas ocasiones deja de llorar, lo que no ocurriría si la causa del llanto fuera el dolor de estómago. Hasta hace unos años, el cólico era exclusivo de bebés estadounidenses, aunque, debido a la globalización, los bebés europeos ya lo sufren ahora.

EMPAREJADOS

Combina las distintas frases para que reflejen el contenido de la lectura sobre enfermedades culturales. En la columna de la derecha (C.C.) escribe la combinación número-letra apropiada.

Columna A.	Columna B.	C.C.
1. El mal de ojo es una dolencia	A. las mamás usan brazaletes con ojos de venado o cuentas rojas	
2. Para prevenir el mal de ojo,	B. generalmente recibe el apoyo de su familia	
3. La creencia en el mal de ojo está extendida	C. está intentando curarle la caída de mollera	
4. Si ves a un adulto que tiene agarrado a un bebé por los pies que cuelga boca abajo	D. muy común en el mundo hispano	
5. Si una persona experimenta una emoción fuerte, tal vez sufra	E. una enfermedad cultural estadounidense	
6. Si una persona dice que le va dar un ataque de nervios, significa que	F. la pérdida del alma o susto	
7. Para algunas personas, el cólico de los bebés es	G. está estresada	
8. Las mamás presionan el paladar de sus bebés para que	H. requieren el tratamiento de curanderos	
9. Una persona que sufre un ataque de nervios	I. no se les caiga la mollera	
10. Muchas enfermedades culturales	J. por las comunidades mediterráneas	

EN LA CLÍNICA PEDIÁTRICA

Tú eres el padre que lleva a su hijito al pediatra. Rellena el siguiente formulario.

Clínica Pediátrica de la Dra. Ramos	
DATOS PERSONALES	
Nombre:	Número de póliza:
Edad:	Dirección:
Sexo:	Teléfono del hogar:
Fecha de nacimiento:	Teléfono móvil:

Antecedentes familiares

	Madre	Padre	Abuela materna	Abuelo materno	Abuela paterna	Abuelo paterno	Hermano	Hermano
Edad:								
Años de escolaridad								
Profesión								
Tabaquismo:	sí/no	sí/no	sí/no	sí/no	sí/no	sí/no	sí/no	sí/no
Alcoholismo	sí/no	sí/no	sí/no	sí/no	sí/no	sí/no	sí/no	sí/no
Drogas	sí/no	sí/no	sí/no	sí/no	sí/no	sí/no	sí/no	sí/no
Enfermedades actuales								
Enfermedades de la infancia								
Alergias								

Antecedentes del paciente

¿Hubo complicaciones durante el embarazo?	sí/no. Explique.
¿Tomó la madre medicamentos o vitaminas?	sí/no. Explique.
¿Estuvo la madre expuesta a radiaciones?	sí/no. Explique.
¿Se tomaron ecografías?	sí/no. Explique.
¿Hubo sufrimiento fetal?	
Semanas de gestación:	Ictericia: sí/no.
Parto vaginal o cesárea:	Perímetro cefálico: cm.
¿Complicaciones neonatales?	sí/no. Explique.
Peso al nacer: kg. Talla: cm.	¿Se le dio de alta junto a la madre? sí/no. Explique.
Alergia a medicamentos	sí/no. Explique.
Alergia a alimentos	sí/no. Explique.

Inmunizaciones y fechas	
Al lado del nombre de la vacuna, indique cuándo su niño la recibió.	
HepB (Hepatitis B)	DTC/Tdap (difteria, tétanos, tos ferina)
Hib (Haemophilus influenza tipo b)	VPI (Polio)
PCV (Neumocócica conjugada)	RV (Rotavirus)
MMR (sarampión, paperas, rubéola)	Varicela
HepA (Hepatitis A)	HPV (Virus del papiloma humano)
MCV4 (Meningocócica conjugada)	Influenza (Gripe)

Situación actual	
Medicamentos que toma el niño regularmente	
¿Qué le trae a la oficina hoy?	

Síntomas actuales	
Vómito	sí/no. Explique.
Diarrea	sí/no. Explique.
Estreñimiento	sí/no. Explique.
Dificultad respiratoria	sí/no. Explique.
Convulsiones	sí/no. Explique.
Fiebre	sí/no. Explique.
Dolor	sí/no. Explique.
Tos	sí/no. Explique.
Llanto	sí/no. Explique.
Fatiga	sí/no. Explique.
Agitación	sí/no. Explique.
Mocos	sí/no. Explique.
Otro/s	Explique
Otro/s	Explique

¡Mejor prevenir que no oír!

Para un mejor futuro dale a tu bebé un comienzo seguro

¿Tienes motivos para creer que tu hijo pueda tener problemas de audición?

Es posible que tu hijo tenga problemas de audición si:

☐ Pasó más de 5 días en la unidad de cuidados intensivos para recién nacidos o presentó complicaciones mientras estaba siendo atendido en esta unidad. (Pregúntale a tu médico)

☐ Requirió un procedimiento especial (transfusión de sangre) para tratar la ictericia (aumento en el nivel de la bilirrubina).

☐ Estuvo expuesto a alguna infección antes de nacer

☐ La cabeza, la cara o las orejas se han desarrollado o tienen una forma diferente a lo normal.

☐ Tiene algún trastorno neurológico que está relacionado con la pérdida de la audición. (Pregútale a tu médico)

☐ Tuvo una infección llamada meningitis que afecta las capas que cubren el cerebro y la medula espinal.

☐ Se golpeó tan fuerte la cabeza que necesitó atención médica.

☐ Se le administraron medicamentos como los usados en la quimioterapia para el cáncer o de otro tipo que pueden afectar la audición. (Pregúntale a tu médico)

☐ Alguien en tu familia tuvo o tiene problemas de audición que aparecieron en la niñez.

o

☐ Por cualquier razón piensas que tu hijo tiene problemas para oír.

Year 2007 Position Statement: Principles and Guidelines for
Early Hearing Detection and Intervention Programs
Joint Committee on Infant Hearing

Para más información consulta a tu médico

Haz una cita

Revisa la audición de tu hijo cada 6 meses

Programa de detección auditiva e
intervención tempranas
Early Hearing Detection and Intervention (EHDI)

www.cdc.gov/ncbddd/ehdi/spanish

Utiliza la información de este póster para actuar con un compañero una visita al pediatra.

La otitis media es una infección del oído. Al cumplir los 3 años, tres de cada cuatro niños habrán tenido otitis media. La infección del oído es una de las enfermedades más comunes que afectan a bebés y a niños pequeños.

¿Qué causa la otitis media?

Usualmente, la otitis media es causada por virus o bacterias que entran al oído y lo infectan. Es común después de otra enfermedad, como un resfriado. Esto quiere decir que si un niño se enferma, sus oídos pueden verse afectados.

Es más difícil para los niños combatir enfermedades que para los adultos, por eso las infecciones del oído son más comunes en los niños. Los científicos creen que otros factores, como el humo de cigarrillos, pueden facilitar las infecciones del oído.

¿Qué pasa dentro del oído de mi niño cuando está infectado?

Cuando los oídos están infectados, las trompas de Eustaquio se inflaman y se hinchan. Las adenoides también se pueden infectar. Las trompas de Eustaquio están dentro de los oídos. Mantienen estable la presión del aire dentro de los oídos. También dejan que entre el aire en los oídos.
Las adenoides están cerca de las trompas de Eustaquio. Las adenoides son grupos de células que luchan contra las infecciones.

Cuando las trompas de Eustaquio están hinchadas e infectadas, es común que se tapen con líquido y moco de un resfriado. Si se tapan las trompas de Eustaquio, quedan atrapados aire y líquido dentro del oído. Es más difícil que el líquido salga del oído de un niño porque en ellos las trompas de Eustaquio son más pequeñas y más rectas que en los adultos. Por eso también las infecciones del oído son más comunes en los niños. Por lo general, las infecciones son dolorosas.

Las adenoides están en la garganta, cerca de las trompas de Eustaquio. Las adenoides también se pueden infectar e hinchar. Pueden tapar las trompas de Eustaquio y atrapar aire y líquido. Al igual que las trompas de Eustaquio, las adenoides son distintas en los niños y los adultos. Los niños tienen adenoides más grandes que pueden bloquear las trompas de Eustaquio más fácilmente.

¿Puede la otitis media influir en cómo oye mi niño?

Sí, una infección del oído puede causar dificultad para oír sólo de forma pasajera. Es posible que el niño tenga problemas para hablar y comunicarse por algún tiempo. Si no recibe el tratamiento adecuado, estos problemas pueden agravarse.

Una infección del oído afecta a partes importantes del oído que nos ayudan a oír. Los sonidos que nos rodean son recogidos por el oído externo. El sonido viaja después al oído medio, que tiene tres huesos pequeños y está lleno de aire. De allí, pasa al oído interno. En el oído interno, los sonidos se convierten en señales eléctricas que son enviadas al cerebro. La infección del oído afecta a todo el oído, pero en particular al oído medio y al oído interno. El sonido no puede viajar por el oído cuando éste se ha llenado de líquido y eso causa problemas para oír.

¿Cómo puedo saber si mi niño tiene otitis media?

No siempre es fácil saber si un niño tiene una infección del oído. A veces tiene que observarlo con

mucho cuidado. Es posible que su niño tenga una infección del oído antes de que aprenda a hablar. Si todavía no puede decir "me duele el oído", tendrá que buscar otras señales para confirmarla.

Preste atención a las siguientes señales de otitis media en un niño:

- Se frota o tira de las orejas
- Llora más de lo normal
- Le sale líquido del oído
- No duerme bien
- Tiene problemas de equilibrio
- No oye bien
- No responde a sonidos suaves

Cualquiera de estas señales puede indicar una infección de oído. Si nota alguna de ellas, llame al médico.

Qué hará el médico?
El médico examinará al niño y le dirá si tiene una infección del oído. Si hace falta, el médico recetará un medicamento. A veces se recetan medicamentos conocidos como antibióticos para las infecciones del oído. Es importante saber cómo actúan los antibióticos. Los antibióticos sólo matan bacterias, microorganismos que causan enfermedad. No sirven cuando lo que causa la enfermedad es un virus, como en el caso de un resfriado. Para que actúen los antibióticos, asegúrese de que su hijo termine de tomar la dosis indicada. Aunque se vea y se sienta bien, y deje de tirarse de las orejas, es posible que la infección siga estando en el cuerpo del niño. Si no termina el antibiótico, las bacterias pueden volver. Asegúrese de seguir las instrucciones del médico.

El médico también puede recetar medicamentos para aliviar el dolor de oído del niño, como por ejemplo el acetaminofén. Los medicamentos para la alergia ("antihistamínicos") o para aliviar la congestión nasal ("descongestivos") no sirven para prevenir o tratar la otitis media.

¿Cómo hago para darle bien el medicamento a mi niño?
Si el médico receta un medicamento al niño, asegúrese de entender las instrucciones antes de irse del consultorio. Entienda las instrucciones. Compruebe que la farmacia le haya dado la información que necesita para darle el medicamento al niño. Si no entiende las instrucciones pregunte al médico, a los enfermeros o asistentes, o al farmacéutico. Debe saber las respuestas a las siguientes preguntas sobre el medicamento:

- ¿Hace falta refrigerarlo?
- ¿Cuántas veces al día se lo doy?
- ¿Por cuántos días debe tomarlo?
- ¿Se lo doy antes o después de las comidas?

Haga un plan. A veces es difícil recordar cuándo hay que darle el medicamento al niño. Antes de darle la primera dosis, escriba en un papel cada uno de los días que debe tomar el medicamento. Para

recordar las dosis del medicamento puede hacer un cuadro y pegarlo en el refrigerador. Haga una marca cada vez que le da el medicamento al niño.

Mida las cantidades con cuidado. Si el medicamento viene con un vasito para medir, úselo. Si no, use una cuchara o taza que tenga las medidas marcadas, como las que se usan para preparar recetas de cocina. No use las cucharas comunes porque no siempre son del mismo tamaño.

No se olvide de volver al médico. Asegúrese de terminar de darle todo el medicamento al niño. Siga las dosis indicadas. Si el médico le pide que lleve al niño para volver a verlo, hágalo a tiempo. El médico lo examinará para confirmar que no haya más líquido ni infección en los oídos. Antes de irse, anote la fecha de la cita y haga cualquier pregunta que tenga.

¿Hace falta que operen a mi niño?

Algunos niños con otitis media necesitan una operación. Cuando el líquido de una infección del oído no se elimina por varios meses, puede causar sordera y problemas del habla. En estos casos se recomienda una operación que se conoce como canalización del tímpano (o timpanotomía). Un otorrinolaringólogo, es un médico cirujano que se especializa en oído, nariz y garganta, le ayudará si el niño necesita una operación. Esta operación requiere el uso de anestesia.

En la canalización del tímpano, el cirujano hará un pequeño corte en el tímpano para poner un tubito. El tubo alivia la presión del oído tapado para que el niño pueda volver a oír. También deja que entre aire y eso hace que el líquido no se acumule en el oído. Después de unos meses, los tubos se caen solos. Aunque no es común, en algunos casos hay niños que necesitan otra operación de este tipo.

Hay otra operación en la que se sacan las adenoides. Esta operación se llama adenoidectomía. Está comprobado que esta operación ayuda a algunos niños con otitis media que tienen entre 4 y 8 años de edad. No se sabe bien si ayuda en el caso de niños menores de 4 años.

¿Qué más puedo hacer por mi niño?

Hay algunas cosas que puede hacer para que su niño corra menos riesgo de tener otitis media. Lo mejor que puede hacer es prestar atención. Conozca las señales de alerta de una infección del oído y esté atento si a su niño le da un resfriado. Si piensa que su niño tiene una infección del oído, llame al médico.

No fume cerca de su niño. El humo del cigarrillo daña la delicada parte interior del oído.

Fuente: "Infecciones de los Oídos: Hechos para los padres sobre la otitis media". National Institute on Deafness and Other Communication Disorders,

A. SEGÚN EL TEXTO

1. ¿Cuán frecuente es la otitis media en los niños?

2. Con tus propias palabras, resume qué es la otitis media.

3. ¿Qué síntomas tiene?

4. ¿Cómo se trata y cómo se puede prevenir?

5. ¿Para qué sirven los antibióticos y para qué no?

B. MÁS ALLÁ DEL TEXTO

1. Utilizando la información de la lectura, imagina que eres un pediatra y tu paciente tiene otitis media. Explícale a su padre o madre cuál es la situación del niño, cuál es su prognosis, y otros asuntos relacionados.

2. Tú eres el pediatra que atiende al bebé de una mujer hispana. Con un compañero decide qué preguntas le harías a la mamá para averiguar si el bebé está recibiendo algún tipo de tratamientos tradicionales.

ASPECTO COMUNICATIVO: LA RELACIÓN ENTRE PALABRAS

Para diferenciar la relación que existe entre palabras es necesario saber distinguir si algo es la causa o el efecto de una acción. También es importante saber distinguir si alguien ha llevado a cabo una acción en lugar de una persona o para que otra persona esté feliz, por ejemplo. Estos aspectos comunicativos están relacionados con el uso de las preposiciones *por* y *para*.

A. REPASO GRAMATICAL: EL USO DE POR Y PARA

Para usar estas preposiciones correctamente, lo primero que tienes que hacer es no traducir del inglés. "For" a veces se traduce por "*por*" y en otras ocasiones por "*para*". Cuando hables o escribas, piensa en el significado de lo que quieras comunicar y usa las preposiciones según las situaciones descritas seguidamente. La siguiente lista te va a ayudar a discernir cuando usar una o la otra.

Para
Usa esta preposición en los siguientes casos:

- Traducción de "in order to"
  Para saber qué problemas tiene con la visión, necesitamos hacerle un examen de la vista.
- Propósito
  Si no quiere tener más hijos, debe emplear algún método anticonceptivo para no quedarse embarazada.
- Opinión
  Yo no tengo problemas de visión. Para mí que esas letras son borrosas.
- Destino
  El ginecólogo ya salió para la sala de partos.
- Comparación
  Para haber comido tantos dulces, tienes la piel muy sana.
- Fecha límite
  Todas las pruebas médicas tienen que estar listas para el martes próximo.

| **Por** |
| Usa esta preposición en los siguientes casos: |

- Con ciertas expresiones
  - ○ Por favor ○ Por tanto ○ Por eso ○ Por supuesto ○ Porque sí
  - ○ Por fin ○ Por la mañana ○ Por la tarde ○ Por la noche ○ Porque no

- A través
  El niño estuvo sangrando por la nariz toda la noche.
- Causa
  Por comer tantos dulces ahora tienes muchos granos.
- Costo
  El hospital pagó varios millones de dólares por el aparato de resonancia magnética.
- Cantidad de tiempo (en algunos países)
  El bebé estuvo llorando por cuatro horas. Seguramente tiene cólico.
- En lugar de otra persona
  El Dr. Martínez está enfermo hoy. La Dra. Dávila visitó hoy a sus pacientes por él.
- Dando gracias
  ¡Gracias a Dios por la anestesia epidural!
- Modo de comunicación
  El técnico del laboratorio la llamará por teléfono la semana próxima.
- La voz pasiva
  La fiebre es causada por la gripe.

Recuerda que, a diferencia de sus traducciones al inglés, hay verbos como **pedir**, **buscar**, **esperar** o **preguntar** (una cosa) que no utilizan preposiciones.

B. PRÁCTICAS COMUNICATIVAS

1. Durante la conferencia diversos especialistas se comunicaron _____ Internet.

2. _____ tener una piel sana debe usar un jabón medicinal.

3. _____ cortarse esa verruga, ahora sangra mucho.

4. _____ llegar a pediatría, debe tomar el ascensor hasta la segunda planta.

5. _____ llegar a pediatría, debe pasar_____ el departamento de maternidad.

6. _____ saber cómo está el paciente, debe tomarle los signos vitales.

7. Estoy buscando _____ el departamento de radiología.

8. El doctor pidió_____ una radiografía.

9. Lo siento, pero _____ mi esposo, la operación es innecesaria.

10. Nos van a traer el corazón _____ el trasplante _____ avión.

Detección y diagnóstico de pérdida auditiva en recién nacidos

En el 2007, datos de los Centros para el Control y la Prevención de Enfermedades (CDC) mostraron que al 97% de los recién nacidos de los Estados Unidos se les hicieron pruebas de detección auditiva.

- De los bebés a los que se les hizo la prueba, el 2.1% no pasó la prueba final o más reciente.

- De estos bebés que no pasaron la prueba de la audición, el 66.4% recibió diagnóstico de pérdida auditiva o no pérdida auditiva antes de los tres meses de edad.

Causas, factores de riesgo y características
- Entre el 50 y el 60% de los casos de pérdida auditiva en niños se atribuye a los genes.
  - Alrededor del 20% de los bebés con pérdida auditiva de origen genético tienen un "síndrome" (por ejemplo, síndromes de Down o de Usher).
- Las infecciones maternas durante el embarazo, u otras causas ambientales, y las complicaciones después del parto causan pérdida auditiva en casi el 30% de los bebés afectados.
- La infección congénita por citomegalovirus (CMV) durante el embarazo es un factor que representa riesgo de sufrir pérdida auditiva en los niños.
  - El 14% de los niños expuestos al CMV durante el embarazo contrae pérdida auditiva sensoneural de algún tipo.
  - Del 3 al 5% de los niños expuestos al CMV durante el embarazo contraen pérdida auditiva neurosensorial bilateral de moderada a profunda.
  - Una encuesta de los CDC sobre la salud de los estilos de vida en el 2005 encontró que solo el 14% de las mujeres que respondieron habían oído hablar del CMV. El CMV es un tipo de virus del herpes bastante común.
- Alrededor de uno de cada cuatro niños con pérdida auditiva nace pesando menos de 2,500 gramos (cerca de 5½ libras).
- Cerca de una cuarta parte de los niños con pérdida auditiva tiene una o más discapacidades del desarrollo, como parálisis cerebral infantil, discapacidad intelectual o pérdida de la visión.

Transición a la vida adulta
Un estudio de los CDC que dio seguimiento a niños con pérdida auditiva desde la edad escolar hasta los inicios de la edad adulta (21 a 25 años) encontró que:
- Alrededor del 40% de los adultos jóvenes con pérdida auditiva identificada durante su niñez indicaron que habían experimentado al menos una limitación en sus actividades cotidianas.
- Alrededor del 70% de los adultos jóvenes con pérdida auditiva que no tenían afecciones o trastornos relacionados (como discapacidad intelectual, parálisis cerebral infantil, epilepsia o pérdida de la visión) tenían un trabajo.
- Los adultos jóvenes con pérdida auditiva sin otras afecciones o trastornos relacionados (como discapacidad intelectual, parálisis cerebral infantil, epilepsia o pérdida de la visión) eran menos propensos a incurrir en conductas de riesgo para la salud (como fumar o tomar alcohol en exceso) que los otros jóvenes de su edad con afecciones o trastornos relacionados.

Fuente: CDC.

A. SEGÚN EL TEXTO

Porcentajes. En la siguiente tabla, escribe el porcentaje mencionado en texto.

Recién nacidos que recibieron pruebas de detección auditiva	
Bebés que no pasaron las pruebas finales o más recientes	
Porcentaje de pérdida auditiva atribuida a los genes	
Porcentaje de pérdida auditiva atribuida a infecciones maternas durante el embarazo y complicaciones después del parto	
Porcentaje de pérdida auditiva por exposición al CMV	
Porcentaje que indica haber sufrido limitaciones debido a una pérdida auditiva	
Porcentaje de jóvenes con pérdida auditiva (sin otro trastorno relacionado) que tenía empleo	

B. MÁS ALLÁ DEL TEXTO

Con un compañero, discute por qué es importante detectar pronto si un bebé o niño sufre una pérdida auditiva. Toma notas para después poder compartir vuestras ideas con los compañeros.

LA SALUD EN EL MUNDO HISPANO: EL IMPLANTE COCLEAR

Según la Federación de Asociaciones de Implantados Cocleares de España (FAICA), en ese país existen ya unos 6,000 implantados. La Revista del Implante Coclear explica que en España hay 35 centros pertenecientes a la Seguridad Social donde se lleva a cabo esta operación. También funcionan 4 centros privados. Cada año se hacen unos 800 implantes en España. El coste del implante y el primer procesador está cubierto por la Seguridad Sociedad, pero el coste del mantenimiento y de otros procesadores que sean necesarios debe ser cubierto por el paciente. La FAICA intenta que el gobierno autorice que el mantenimiento del implante también esté cubierto por la Seguridad Social.

Otra situación relacionada con el implante coclear en España es que, debido a su alto coste, no todas las personas con deficiencia auditiva lo reciben. Se deben reunir ciertas condiciones. Por ejemplo, en algunos casos, niños sordos con padres sordos no califican ya que se argumenta que no estarían expuestos a voces suficientemente como para aprender a entender los sonidos.

En México, la asociación Amaoír realiza la operación sin costo, pero el paciente debe tener suficientes medios para cubrir la compra del implante. Esto es más de $22.000. Según la Asociación mexicana para la audición, antes de recibir un implante el paciente debe reunir varios criterios, entre los que se encuentra mostrar que se tienen los necesarios recursos económicos. No obstante, las personas que no disponen de recursos suficientes pueden solicitar ayuda al gobierno estatal.

Una situación que incrementa el costo de los implantes cocleares es el seguimiento y rehabilitación que requiere el implantado, ya sea niño o adulto. Es necesario un equipo de audiólogos, psicólogos y logopedas que apoye al paciente en un largo proceso de adaptación. Obviamente, es difícil que personas con pocos recursos o que vivan en zonas remotas tengan acceso a centros que ofrezcan estos servicios.

Fuente: La Revista del Implante Coclear, FAICA, La Jornada. Ciencias, Amaoír.

A. SEGÚN EL TEXTO

Explica con tus propias palabras a qué se debe el alto costo de los implantes cocleares.

B. MÁS ALLÁ DEL TEXTO

1. Debate. Averigua el costo de un trasplante coclear en tu comunidad. Discute con un compañero si lo encontráis apropiado o excesivo. En España, los trasplantes cocleares están cubiertos por la Seguridad Social. ¿Qué piensas de esto? ¿Deben los impuestos pagar para remediar una situación que no pone en peligro la vida del paciente? ¿Deben pagar los impuestos para mejorar la calidad de vida de los individuos? Desarrolla tu argumento. Luego los estudiantes participarán en un debate que discutirá los dos puntos de vista.

2. Puntos de vista sobre los implantes. Hay personas que no creen que se deban hacer implantes cocleares. Busca en Internet información sobre este tema y luego razona tu propio punto de vista.

Primer paso

1. De la lista siguiente, selecciona un problema. También puedes seleccionar un problema relacionado con el oído que no esté aquí.

Cinetosis, f.	Motion sickness
Disfonía traumática, f.	Traumatic voice problems
Enfermedad de Ménière, f.	Meniere's disease
Logopedia, patologías de la voz, f.	Speech therapies-voice pathologies
Meningitis, f.	Meningitis
Neuroma acústico, m.	Acoustic neuroma
Sordera congénita, f.	Congenital deafness
Tapón de oído, m.	Ear plug
Tinnitus, f.	Tinnitus
Trastornos del procesamiento auditivo en los niños, m.	Auditory processing disorder in children

2. Ve a la página http://www.nlm.nih.gov/medlineplus/spanish u otra similar para obtener información sobre problemas asociados con los oídos.

3. Escribe un resumen que incluya los síntomas, los tratamientos y la prevención, si la hay. Utiliza tus propias palabras y no olvides incluir la dirección de Internet de dónde has obtenido la información.

Segundo paso

Explícale a un compañero lo que has aprendido sobre el problema del primer paso. Él/ella te hará preguntas sobre posibles dudas. Luego cambiad los papeles. Él/ella te explicará sobre el problema que ha investigado y tú le harás preguntas.

Tercer paso

1. Ahora que ya estás familiarizado con el problema, haz una pequeña representación con tu compañero. Él/ella puede ser un paciente que tiene los síntomas relacionados con el problema del primer paso. Tú, como médico/a, le preguntarás sobre su condición, le harás el diagnóstico. El paciente tendrá preguntas que tú deberás responder.

2. Haz una representación con otros dos compañeros. Uno será un médico que no habla español, otro un paciente que no habla inglés y el tercero será el intérprete. Siguiendo los consejos sobre la interpretación, dramatizad una situación que incluya una de las enfermedades de las que habéis hablado en el paso 2.

Costa Rica

Panamá

A. INVESTIGACIÓN

Primero, visita las páginas de Internet para aprender sobre cuestiones médicas y culturales en estos dos países. Luego rellena la tabla siguiente. Finalmente, analiza la información y discútela en clase con tus compañeros.

Costa Rica

- Ministerio de Salud http://www.ministeriodesalud.go.cr/

- Organización Panamericana de la Salud: http://new.paho.org/cor/

- Latin American Network Information Center: http://lanic.utexas.edu/la/ca/cr/

Panamá

- Ministerio de Salud: http://www.minsa.gob.pa/
- Organización Panamericana de la Salud: http://new.paho.org/pan/
- Latin American Network Information Center: http://lanic.utexas.edu/la/ca/panama/

	Costa Rica	Panamá
PIB per cápita		
Gastos del gobierno en sanidad per cápita		
Expectativa de vida para ambos sexos		
Expectativa de vida para hombres		
Expectativa de vida para mujeres		
Tasa de mortalidad infantil		
¿Qué cuestiones de salud parecen tener primacía hoy en día?		

B. TÚ ERES EL MÉDICO

Un paciente hispano va a viajar a Costa Rica y Panamá y necesitas informarle sobre cómo cuidarse la salud mientras esté allí. Lee la información que el gobierno de EEUU da a los viajeros. Escribe un resumen en español que le darías a tu paciente.

Información para viajeros

- Costa Rica: http://wwwnc.cdc.gov/travel/destinations/costa-rica.aspx

- Panamá: http://wwwnc.cdc.gov/travel/destinations/panama.aspx

TRADUCCIONES

A. TRADUCE LAS SIGUIENTES FRASES AL INGLÉS

1. Las vibraciones sonoras que recibe el pabellón viajan a través del canal auditivo externo hasta llegar al tímpano y hacerlo vibrar.

2. Aunque un niño no llore, si tiene problemas de equilibrio y no oye bien, podría estar sufriendo una infección de oído

3. La canalización del tímpano consiste en hacer un pequeño corte en el tímpano e insertar un tubito que alivia la presión del oído para que el niño pueda volver a oír.

B. TRADUCE LAS SIGUIENTES FRASES AL ESPAÑOL

1. If your baby rubs his ears frequently, he could be suffering from an ear infection.

2. It is very important to diagnose hearing problems as soon as possible.

3. Sound waves that travel through the external auditory canal reach the tympanic membrane and cause it to vibrate.

Anota las palabras y frases nuevas que has aprendido, pero que no están incluidas en el vocabulario de este capítulo.

_____

_____

_____

_____

PARA SABER MÁS

Mira el programa interactivo producido por MedlinePlus para aprender más sobre la otitis media: http://www.nlm.nih.gov/medlineplus/spanish/tutorials/otitismediaspanish/htm/index.htm

LA RISA ES LA MEJOR MEDICINA

Un viejito muy sordo, pero también muy rico, va al médico. Éste le aconseja usar un aparato muy moderno que se implanta en la oreja y es casi imperceptible. Unos días después, el viejito vuelve al médico para el seguimiento.

— ¿Y cómo oye ahora? — Pregunta el médico

—Oigo perfectamente—dice el viejito muy feliz. Incluso lo que dicen mis hijos cuando hablan en el cuarto de al lado.

—Su familia debe estar muy contenta.

—No sé. No les he dicho que tengo este aparato. Pero ya he cambiado cuatro veces mi testamento.

REFLEXIÓN

Escribe unas notas sobre lo que has aprendido a nivel de contenidos médicos, de costumbres de los hispanos y sobre la situación sanitaria de los países estudiados en este capítulo.

CAPÍTULO 8

EL SISTEMA INTEGUMENTARIO

*Cuando las barbas de tu vecino veas quemar,
pon la tuyas a remojar.*

Sarna con gusto no pica.

Refranes

Objetivos

En este capítulo encontrarás contenido y vocabulario para mejorar la comunicación sobre los siguientes temas:

- La causa de algunas enfermedades, según algunos grupos sociales
- El cáncer de piel y cómo prevenirlo, según distintos países
- La salud en Colombia y Venezuela

También practicarás cómo hablar de las recomendaciones de tu médico.

1. ¿Qué piensas de los refranes introductorios al capítulo? ¿Qué te señalan sobre la cultura hispana? ¿Hay algún refrán o dicho parecido en tu lengua materna?

2. Cuándo te enfermas, ¿cuál crees que es la causa? ¿Crees que personas de otras culturas piensan como tú?

3. ¿Conoces las múltiples funciones que tiene la piel?

4. ¿Cuáles crees que son los mejores consejos para evitar el cáncer de piel?

5. ¿Sabes distinguir un melanoma de un lunar?

6. ¿Crees que personas de distintas razas tienen la misma tasa de incidencia de cáncer de piel?

7. ¿Qué sabes sobre la situación de la salud en Colombia y Venezuela?

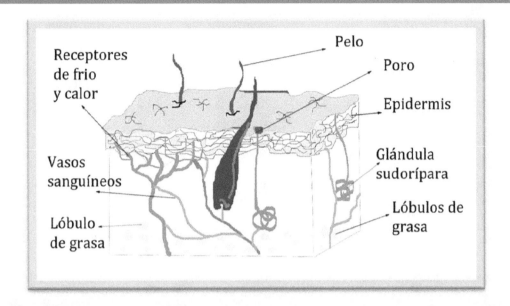

Estudia este vocabulario para hablar del sistema integumentario .

Anatomía

Folículo, m.	Follicle	Uña, f.	Nail
Glándula sebácea, f.	Sebaceous gland	Vello, m.	Hair (body)
Glándula sudorípara, f.	Sudoriferous gland/sweat gland	Papila de la dermis, f.	Dermal papilla
Grasa, f.	Fat	Tejido conectivo, m.	Connective tissue
Pelo, m.	Hair (body and head)	Lóbulo de grasa, m.	Fat lobule, m.
Piel, f.	Skin	Vaso sanguíneo, m.	Blood vessel
Poro, m.	Pore	Receptor de frio, m.	Cold receptor
Tejido, m.	Tissue	Receptor de calor, m.	Heat receptor

La disciplina médica que trata del sistema integumentario es la dermatología. El médico que se especializa en este campo es el dermatólogo.

Otras palabras relacionadas con este sistema			
Arruga, f.	Wrinkle	Hematoma, m.	Hematoma
Cabello, m.	Hair (head)	Injerto, m.	Graft
Cáncer de piel, m.	Skin cancer	Llaga, f.	Sore/wound
Caspa, f.	Dandruff	Lunar (atractivo), m.	Beauty mark
Chichón, m.	Bump (on the head)	Lunar (no atractivo), m.	Mole
Cicatriz, f.	Scar	Morado, m.	Bruise
Comezón, m.	Itch	Moretón, m.	Bruise
Contusión, f.	Contusion	Picazón, f.	Itch
Cutáneo, adj.	Cutaneous, of the skin	Sudor, m./ transpiración, f.	Sweat/perspiration
Espinilla, f.	Black head, pimple	Verruga, f.	Wart

¿QUÉ ES Y CÓMO FUNCIONA?

El sistema integumentario (del latín, integumentum: protección) está encargado de proteger el cuerpo del medio que lo rodea. Está compuesto por las uñas, el pelo y la piel.

- Las uñas protegen las puntas de los dedos.
- El cabello protege la cabeza del frio y del calor. Las cejas y las pestañas protegen los ojos, por ejemplo, evitan que el sudor entre en los ojos. El pelo de las fosas nasales evita que algunas substancias entren en el cuerpo.
- La piel, el órgano más grande del cuerpo humano, tiene varias funciones:
  - Ayuda a mantener sustancias extrañas fuera del cuerpo
  - Contiene las terminaciones nerviosas que te ayudan a sentir y estar en contacto con el mundo que te rodea
  - Ayuda a mantener la temperatura corporal por medio de las glándulas sudoríparas, productoras del sudor
  - Ayuda a eliminar desechos a través del sudor
  - A través de la melanina, protege de los rayos ultravioletas del sol
  - Gracias a las glándulas sebáceas, la piel se mantiene lubricada y protegida

COMPETENCIA CULTURAL: LA CAUSA DE LAS ENFERMEDADES

Algunos hispanos o latinos creen que la causa de algunas enfermedades puede ser un tipo de desequilibrio. Según la comunidad o el grupo étnico al que tu paciente pertenezca, este desequilibrio puede ser entre elementos fríos o calientes, entre el cuerpo y el espíritu, o en las energías del cuerpo (también llamadas "fuerza vital").

Saber cómo tus pacientes creen que se han enfermado puede ser importante porque tal vez busquen la ayuda de un guía espiritual, curandero, yerbero, o similar, para sanarse. En alguna ocasión, podría haber contraindicaciones entre la cura tradicional y la biomédica.

En cuanto a afecciones causas por el desequilibrio frío-caliente, tu paciente puede creer que si el cuerpo está caliente no debe entrar en contacto con elementos fríos (bebida, comida, aire) y viceversa. El cuerpo está caliente cuando se vuelve de trabajar (en el campo, en la construcción) o de hacer ejercicio, cuando una mujer tiene la regla y cuando acaba de dar a luz. En estas situaciones, no se deben tomar refrescos fríos, lavarse con agua fría o exponerse al aire frío sin cubrirse antes. Tampoco se debe andar descalzo sobre un piso frío. Las afecciones causadas por el desequilibrio entre elementos fríos y calientes son los resfriados (fíjate que la palabra frío está en el nombre, tanto en español como en inglés), diarreas, dolores de cabeza y dolores musculares.

La alteración del equilibrio entre el cuerpo y el espíritu de una persona también causa enfermedades. En algunas comunidades se describe este problema como el desequilibrio en las energías del cuerpo. La multitud de culturas hispanas y originarias, y las diferencias entre las mismas, hace imposible el simplificar este fenómeno de una manera totalmente adecuada, así que toma la información que sigue como una introducción muy básica. El desequilibrio cuerpo-espíritu puede ocurrir debido a los vientos (o malos aires), a la energía de otra persona, a un susto o a enfadarse. Hay muchas otras causas que varían según la cultura. Los síntomas de una enfermedad causada por este desequilibrio incluyen el dolor de cabeza, la parálisis facial, el llanto en los bebés, la falta de apetito, la debilidad general y la falta de leche materna. Cuando la enfermedad es causada por este tipo de desequilibrio, no se puede recurrir a un simple curandero o yerbero, sino a uno que se pueda conectar con el mundo espiritual.

En la cultura occidental se da primacía a todo aquello que se puede observar, como las ciencias. Debido a esto tal vez sea difícil para ti tomar en serio las enfermedades producidas por desequilibrios. Si es así, tu paciente percibirá tu actitud. Una buena idea es practicar la "suspensión de la incredulidad". Esto significa que por un tiempo dejas de lado tu actitud crítica. Generalmente una persona suspende la incredulidad cuando ve una película o juega a videojuegos. Si tu sentido crítico estuviera funcionando, no disfrutarías al ver una película porque estarías consciente de que todo lo que se ve en la pantalla es falso. Lo mismo ocurriría con los videojuegos. Volviendo a tu paciente, si él o ella te está explicando que cree que su dolor de cabeza es debido a un mal aire, no intentes analizarlo de forma crítica, sino escúchales sin juzgarles. En ese momento, nadie te está pidiendo que hagas un análisis crítico de lo que estás escuchando ni que asumas las ideas de tu paciente como propias.

Si suspendes la incredulidad, tu paciente se va a sentir respetado y la confianza que sienta hacia ti aumentará.

LECTURA MÉDICA: EL CÁNCER DE PIEL

El cáncer de piel es el tipo de cáncer más común en Estados Unidos. Los dos tipos de cáncer de piel más comunes, el carcinoma basocelular y el carcinoma espinocelular, tienen altas probabilidades de curación. Sin embargo, el melanoma, el tercer tipo de cáncer de piel más común, es más peligroso, en especial en las personas más jóvenes. Aproximadamente, entre el 65% y el 90% de los melanomas son provocados por la exposición a la luz ultravioleta (UV) o a la luz solar.

Las estadísticas que figuran a continuación representan nuevos casos de melanomas cutáneos o muertes a causa de este y otros cánceres de piel no epiteliales. Estas estadísticas no incluyen datos

sobre carcinomas basocelulares ni carcinomas espinocelulares, ya que los registros de estadísticas del cáncer en Estados Unidos no hacen un seguimiento de estos tipos de cáncer.

En el 2005, se diagnosticó cáncer de piel a 53,792 personas en Estados Unidos, 30.544 hombres y 23.248 mujeres. 50.589 personas blancas, 1.122 hispanas, 261 afroamericanas, 159 asiáticas/nativas de las islas del pacífico y 95 indoamericanas/nativas de Alaska recibieron un diagnóstico de cáncer de piel en los Estados Unidos. Ese mismo año, murieron de cáncer de piel 8.345 personas en los estados unidos, 5.283 hombres y 3.062 mujeres. Murieron de cáncer de piel 8.146 personas blancas, 168 hispanas, 124 afroamericanas, 55 asiáticas/nativas de las islas del pacífico y 20 indoamericanas/nativas de Alaska.

El años 2005 es el más reciente sobre el que hay estadísticas disponibles. Los datos sobre incidencia abarcan aproximadamente el 96% de la población estadounidense, mientras que el número de muertes se basa en el 100% de la población. La comparación entre la incidencia y el número muertes debe hacerse con cautela.

Factores de riesgo

Algunas personas con ciertos factores de riesgo tienen más probabilidad de contraer cáncer de piel. Los factores de riesgo varían de acuerdo al tipo de cáncer de piel, pero entre los factores generales se incluyen:

- Piel clara
- Antecedentes familiares de cáncer de piel
- Antecedentes personales de cáncer de piel
- Exposición al sol debido al trabajo o actividades recreativas
- Antecedentes de quemaduras de sol durante la niñez
- Piel que fácilmente se quema, enrojece o le salen pecas o que bajo el sol se siente dolorida.
- Ojos azules o verdes
- Cabello rubio o pelirrojo
- Cierto tipo de lunares o numerosos lunares

Reducción del riesgo

La mejor forma de prevenir el cáncer de piel es protegerse del sol. Si las personas se protegen del sol constantemente pueden reducir el riesgo de contraer cáncer de piel. Los CDC recomiendan cinco formas fáciles de protección solar:

- **Resguardarse en la sombra,** especialmente durante las horas del medio día (10:00 a.m. a 4:00 p.m.), cuando los rayos ultravioleta son más fuertes y causan más daño.
- **Cubrirse** con prendas de vestir que protejan la piel expuesta.
- **Usar un sombrero** de ala ancha para cubrirse la cara, la cabeza, las orejas y el cuello.
- **Ponerse gafas de sol** que cubran los lados del rostro y que bloqueen casi el 100% de los rayos UVA y UVB.
- **Aplicarse filtro solar** con un factor de protección solar (FPS) 15 o más alto y con protección contra los rayos UVA y UVB.

Detección temprana

El Grupo de Trabajo sobre Servicios Preventivos de los Estados Unidos (*U.S. Preventive Services Task Force* o USPSTF) ha concluido que no hay suficiente evidencia para manifestarse ni a favor ni en contra del uso de las pruebas de detección de rutina (reconocimiento médico del cuerpo entero) para

detectar el cáncer de piel en etapas tempranas. Sin embargo, el USPSTF recomienda que:

1) los médicos tengan en cuenta que los hombres y las mujeres de piel clara, de 65 años o más y las personas con lunares atípicos o con más de 50 lunares corren un riesgo más alto de contraer melanoma y

2) los médicos deben permanecer alertas ante la presencia de anomalías en la piel cuando realizan los reconocimientos médicos por otras razones.

Los datos epidemiológicos parecen indicar que se pueden prevenir varios tipos de cáncer de piel si los niños y adolescentes se protegen de la radiación ultravioleta.

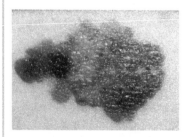

Síntomas

Con frecuencia el primer signo de un melanoma es un cambio de tamaño, forma, color o textura de un lunar. La mayoría de los melanomas tienen un área negra o negra azulosa.

El melanoma también puede aparecer como un lunar nuevo. Puede ser negro, anormal o "de aspecto desagradable".

Pensar en "ABCD" puede ayudarle a recordar lo que debe vigilar:

- Asimetría: el contorno de una mitad no es igual al otro.
- Bordes: los bordes son desiguales, borrosos o irregulares.
- Color: el color es disparejo y puede incluir tonalidades negras, cafés y canela.
- Diámetro: hay cambios en el tamaño, generalmente se vuelven más grandes.

El melanoma puede curarse si se diagnostica y se trata con anticipación. Generalmente, su médico lo extirpará. Si un melanoma no se extirpa en sus estados iniciales, las células cancerosas pueden crecer hacia adentro, debajo de la superficie de la piel, e invadir tejidos sanos. Si se disemina a otras partes del cuerpo, puede ser difícil controlarlo.

Fuente de los textos: "Cáncer de piel. Información básica". *Centros para el Control y la Prevención de Enfermedades. Departamento de Salud y Servicios Humanos;* y "Melanoma". *MedlinePlus. Información de Salud para Usted.* Fuente de la imagen: NIH.

A. SEGÚN EL TEXTO

1. Escribe los tres tipos de cáncer de piel más comunes.

2. ¿Cuál es el más peligroso?

3. ¿Cuáles son los factores de riesgo?

4. ¿Cómo se puede prevenir el cáncer de piel?

5. ¿Qué deberían hacer los médicos para detectar el cáncer de piel?

6. ¿Cuáles son los síntomas de un melanoma?

B. EN EL DERMATÓLOGO

Imagina que tú eres el médico y tu compañero/paciente tiene un lunar que le preocupa. ¿Podría ser un melanoma? Actuad el diálogo apropiado, incluyendo síntomas, pruebas que se deben hacer, tratamiento y consideraciones culturales.

Tu paciente ha visitado a un especialista y ahora le preguntas qué le aconsejó el especialista. O tal vez, eres tú el que quiere hablar sobre lo que otra persona te aconsejó que hicieras o sobre cómo reaccionaste a una situación pasada. Para comunicarte sobre estas situaciones vas a necesitar usar el **imperfecto de subjuntivo**.

A. REPASO DE GRAMÁTICA: EL PRETÉRITO IMPERFECTO DE SUBJUNTIVO

Como recordarás el imperfecto de subjuntivo tiene dos formas: la acabada con **–ra** y la acabada con **–se**. En distintas comunidades del mundo hispano, una prevalece sobre la otra, pero las puedes usar indistintamente. Entre las comunidades inmigrantes hispanoparlantes en EEUU, la forma que prevalece es la que acaba con *ra*.

Para obtener esta forma, utilizamos la tercera persona del plural de pretérito perfecto de indicativo, quitamos la terminación "ron" y añadimos las terminaciones con "**ra**" o "**se**". Debido a esto, si el verbo tiene una conjugación irregular en el pretérito perfecto de indicativo, esta irregularidad se reflejará en el imperfecto de subjuntivo.

Estudia los siguientes ejemplos:

VERBO	PRETÉRITO PERFECTO DE INDICATIVO	PRETÉRITO IMPERFECTO DE SUBJUNTIVO	
Primera conjugación **Infinitivo: calmar** ➤Ellos calma-ron		Yo calmara Tú calmaras Él/ ella calmara Nosotros calmáramos Vosotros calmarais/Uds. calmasen Ellos calmaran	Yo calmase Tú calmases Él/ ella calmase Nosotros calmásemos Vosotros calmaseis/Uds. calmasen Ellos calmasen
Segunda conjugación **Infinitivo: proteger** ⟶➤Ellos protegie-ron		Yo protegiera Tú protegieras Él/ella protegiera Nosotros protegiéramos Vosotros protegierais/Uds. protegieran Ellos protegieran	Yo protegiese Tú protegieses Él/ella protegiese Nosotros protegiésemos Vosotros protegieseis/Uds. protegiesen Ellos protegiesen

Tercera conjugación Infinitivo: sufrir → Ellos sufrie-ron	Yo sufriera Tú sufrieras Él/ ella sufriera Nosotros sufriéramos Vosotros sufrierais/Uds. sufrieran Ellos sufrieran	Yo sufriese Tú sufrieses Él/ ella sufriese Nosotros sufriésemos Vosotros sufrieseis/Uds sufriesen Ellos sufriesen

Una de las ocasiones cuando se utiliza esta forma verbal es al repetir los mandatos que otra persona te dio. Por ejemplo, si el dermatólogo te dice "usa protección solar", y tú repites a alguien este mandato, dirás: "me dijo que usara protección solar". En este sentido, no usas el verbo decir simplemente para repetir las palabras de otra persona, sino para indicar un tipo de orden. Sería igual si dijeras, "el dermatólogo me pidió que…" o "el dermatólogo me ordenó que…"

B. PRÁCTICA COMUNICATIVA

A. **Dando recomendaciones**. Imagina que eres un dermatólogo y le das a tu paciente cinco sugerencias para protegerse del sol.

   Ej. Es importante que use una gorra cuando esté afuera.

1. _____
2. _____
3. _____
4. _____
5. _____

B. **Hablando con un amigo.** Ahora le repites a un amigo lo que te dijo el médico, utilizando las frases del ejercicio # 1. Empieza cada frase con "me dijo que…"

   Ej. Me dijo que usara una gorra cuando estuviera afuera.

1. _____
2. _____
3. _____
4. _____
5. _____

La tasa de personas que contraerá melanoma cutáneo o morirá por esta enfermedad varía según la raza y el grupo étnico.

Tasas de cáncer de piel por raza y grupo étnico

La "tasa de incidencia" se refiere a cuántas personas, de un número específico, contraerán la enfermedad cada año. La gráfica siguiente muestra cuántas personas por cada 100,000 contrajeron melanoma cutáneo cada año entre 1975 y 2005. La cifra más actualizada que se tiene corresponde al 2005. La tasa de incidencia de melanoma cutáneo está agrupada por raza y grupo étnico.

Por ejemplo, se puede observar que las personas blancas tuvieron la tasa más alta de incidencia de melanoma cutáneo. Las personas de origen hispano tuvieron la segunda incidencia más alta de melanoma cutáneo, seguidas de las personas de origen asiático o de las islas del Pacífico.

Melanoma cutáneo
Tasas de incidencia reportadas por SEER* por raza y grupo étnico, EE. UU., 1975–2005

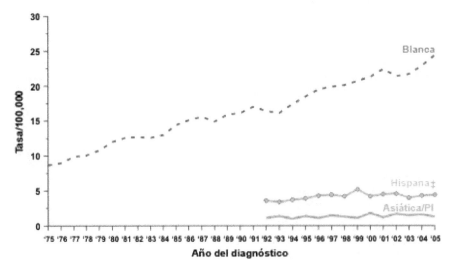

Fuente de los datos sobre incidencia: *Surveillance, Epidemiology, and End Results* o SEER Program, National Cancer Institute (NCI) 1975–1991 = SEER 9; 1992–2005 = SEER 13.
*Tasas calculadas por cada 100,000 personas y ajustadas por edad a la población estándar de EE. UU. para el año 2000 (19 grupos de edades - Censo P25–1130). Las tasas para personas negras e indoamericanas/nativas de Alaska no se muestran porque se notificaron en ese intervalo menos de 16 casos en por lo menos un año.
‡Las hispanas no son mutuamente excluyentes de las de raza blanca, negra, asiática/nativa de las Islas del Pacífico e indoamericana/nativa de Alaska (en inglés AI/AN). La información sobre incidencia para las hispanas se basa en los datos del NHIA y excluye los casos del Registro sobre Nativos de Alaska.

Muertes por melanoma cutáneo por raza y grupo étnico
De 1975 al 2005, la tasa de mortalidad debida al melanoma cutáneo ha variado según la raza y el grupo étnico. La gráfica siguiente muestra que en el 2005 las personas blancas tenían más probabilidad de morir debido al melanoma cutáneo que las de cualquier otro grupo, seguidas de las personas hispanas, negras y asiáticas o de las islas del Pacífico.

Melanoma cutáneo
Tasas de mortalidad reportadas por SEER† por raza y grupo étnico, EE. UU., 1975–2005‡

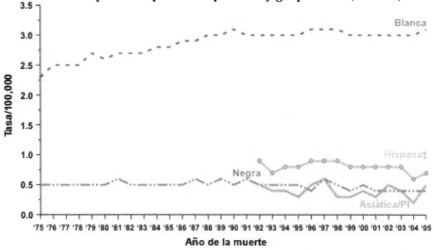

Fuente de mortalidad: U.S. Mortality Files, Centro Nacional de Estadísticas de Salud (NCHS), CDC.
*Tasas calculadas por cada 100,000 personas y ajustadas por edad a la población estándar de Estados Unidos en el año 2000 (19 grupos de edades - Censo P25–1130). Las tasas para personas negras e indoamericanas/nativas de Alaska no se muestran porque se notificaron en ese intervalo menos de 16 casos en por lo menos un año.

‡Los hispanos no son mutuamente excluyentes de las personas de raza blanca, negra, asiática/nativa de las Islas del Pacífico e indoamericana/nativa de Alaska (en inglés AI/AN). Las cifras sobre mortalidad de los hispanos no incluyen casos de Connecticut, Dakota del Norte, Maine, Maryland, Minnesota, Nueva York, Nuevo Hampshire, Oklahoma y Vermont.

Fuente: CDC.

SEGÚN EL TEXTO

1. ¿Qué significa "tasa de incidencia"?

2. ¿Qué grupo racial tiene más alta la tasa de incidencia?

3. Rellena la siguiente tabla con la información de la lectura e interpreta los resultados.

	Blancos	Hispanos	Negros	Asiáticos
Tasa de incidencia en el 2005 por 100.000				
Muertes en el 2005 por 100.000				

LA SALUD EN EL MUNDO HISPANO 1: RECOMENDACIONES PARA EL PERIODO ESTIVAL

Durante el verano, es cuando más actividades desarrollamos al aire libre pero también es la época en la que los rayos del sol son más dañinos, ya que inciden en la Tierra de forma más perpendicular. Nuestra piel es en esta época muy vulnerable a la exposición solar, por lo que una adecuada protección es fundamental para evitar daños sobre la salud, sobre todo porque los efectos negativos de la exposición prolongada al sol son acumulativos.

Algunas de estas consecuencias son quemaduras, insolaciones, afecciones oculares, alteraciones del sistema inmunitario o el envejecimiento cutáneo prematuro. El aumento del cáncer de piel (carcinoma y melanoma maligno) en los últimos años es un claro indicativo de los peligros que comportan estas radiaciones cuando no se toman las debidas medidas de precaución.

No obstante, la mayoría de los efectos adversos de la exposición al sol son evitables siguiendo unos sencillos consejos que recomiendan el Ministerio de Sanidad y Consumo y las organizaciones especializadas:

1. Evite exponerse al sol en las horas centrales del día (de 12 a 17 horas), así como exposiciones prolongadas o siestas.

2. Disminuya las partes del cuerpo expuestas directamente al sol. Las prendas ligeras, las camisas de punto tupido y los pantalones largos bloquearán la mayor parte de la radiación solar. Las prendas más cómodas en los climas calurosos son las camisas de algodón de colores claros. La ropa debe ser cómoda y no demasiado ceñida.

3. Se recomienda cubrir la cabeza con sombreros o gorras.

4. El sol puede dañar también los ojos, por lo que es recomendable utilizar gafas de sol homologadas que filtren, al menos, el 90% de la radiación ultravioleta.

5. Utilice productos de protección solar con un factor elevado y adecuados a su edad, tipo de piel y zona del cuerpo. Estos protectores deberán aplicarse, en cantidades generosas, 30 minutos antes de exponerse al sol y renovarse cada dos horas y después de cada baño. Recuerde que ni siquiera los productos de protección solar muy eficaces y que protegen frente a ambas radiaciones, UVB y UVA, pueden garantizar una protección total frente a los

riesgos que la radiación ultravioleta (UV) entraña para la salud. Por esta razón, se ha cambiado la normativa de etiquetado de los productos de protección solar y no debe declararse ni darse a entender que ofrecen protección total frente a los riesgos derivados de una exposición excesiva a la radiación UV. La única forma de evitar completamente los daños del sol es evitar la exposición y, cuando esto no se haga, tomar las medidas de protección adecuadas descritas para intentar disminuir el riesgo.

6. Sea cuidadoso en exposiciones sobre y en el agua, ya que la radiación puede penetrar hasta un metro en el agua clara.

7. Proteja especialmente a los niños, ya que son muy sensibles a sobre exposiciones al sol en esta época del año. Se debe evitar también que menores de 3 años estén expuestos al sol. Se deben utilizar cremas de factor solar elevado (se aconsejan factores de protección solar mayores de 40).

8. Si toma medicación, compruebe que ésta no aumenta la sensibilidad cutánea a la radiación ultravioleta.

9. No olvide que el riesgo de quemaduras solares se incrementa con la altura (cada 300 metros, aumenta un 4% el poder de las radiaciones ultravioletas) por lo que en la montaña se deben seguir los mismos consejos para protegerse del sol.

Fuente: "Recomendaciones para el periodo estival". *Salud ambiental y laboral*. Ministerio de Sanidad y Política Social. Gobierno de España.

A. SEGÚN EL TEXTO

1. ¿Qué significa "los efectos negativos de la exposición prolongada al sol son acumulativos"? ¿Qué implicaciones tiene esto para la salud de una persona?

2. En este capítulo se encuentran tres tipos de recomendaciones para protegerse del sol, una de EEUU (lectura médica al principio del capítulo), otra de España (lectura "Recomendaciones para el periodo estival") y finalmente una de México (el póster en la página siguiente). Utiliza la tabla siguiente para resumir los diferentes consejos.

País	8 Recomendaciones para protegerse del sol							
	1.	2.	3.	4.	5.	6.	7.	8.
EEUU								
España								
México								

B. MÁS ALLÁ DEL TEXTO

1. ¿A qué crees que se deben las diferencias entre los tres tipos de recomendaciones según el país?

2. Educa a la comunidad. Escoge una de las enfermedades del primer paso de Investigación, escritura y conversación. Escoge un segmento de la comunidad (según edad, nivel social, educación, grupo étnico) y diseña un póster dirigido a este segmento con información para prevenir o reconocer los síntomas de la enfermedad que has escogido.

LA SALUD EN EL MUNDO HISPANO 2: RECOMENDACIONES PARA LOS NIÑOS

Fuente: Gobierno de Tabasco, MX,

Primer paso

1. De la lista siguiente, selecciona un problema. También puedes seleccionar un problema relacionado con el aparato integumentario que no esté aquí.

Acné, m.	Acne
Alopecia/pérdida del cabello, f.	Alopecia
Celulitis, f.	Cellulitis
Enfermedad de Kawasaki, f.	Kawasaki Disease
Hirsutismo, m.	Hirsutism
Hongos en los pies, m./Pie de atleta, f.	Athlete's Foot
Impétigo, m.	Impetigo
Infeccion por hongos de las uñas, f.	Fungal Nail Infection (Onychomycosis)
Piojos, m.	Head lice
Psoriasis, f.	Psoriasis
Quinta enfermedad, f.	Fifth Disease
Rosácea, f.	Rosacea
Rubéola, f./Sarampión alemán, m.	Rubella/German measles
Sarampión, m.	Measles
Sarna, f.	Scabies
Sarpullido, m./Erupción en la piel, f.	Rash/skin rash
Síndrome de Behcet, m.	Behcet's Syndrome
Urticaria, f.	Hives
Vitiligo, m.	Vitiligo

2. Para investigarlo, utiliza la información contenida en http://www.nlm.nih.gov/medlineplus/spanish u otra página similar.

3. Escribe un resumen que incluya los síntomas, los tratamientos y la prevención, si la hay. Utiliza tus propias palabras y no olvides mencionar de dónde has obtenido la información.

Segundo paso

Explícale a un compañero lo que has aprendido sobre el problema del primer paso. Él/ella te hará preguntas sobre posibles dudas. Luego cambiad los papeles.

Tercer paso

1. Ahora que ya estás familiarizado con el problema, haz una pequeña representación con tu compañero. Él/ella puede ser un paciente que tiene los síntomas relacionados con el problema del primer paso. Tú, como médico/a, le preguntarás sobre su condición, le harás el diagnóstico, hablarás del tratamiento a seguir y de la prognosis. El paciente tendrá preguntas que tú deberás responder. No olvides prestar atención a los aspectos culturales.

2. Haz una representación con otros dos compañeros. Uno será un médico que no habla español, otro un paciente que no habla inglés y el tercero será el intérprete. Siguiendo los consejos sobre la interpretación, dramatizad una situación que incluya una de las enfermedades de las que habéis hablado en el paso 2.

ENFOQUE CULTURAL: COLOMBIA Y VENEZUELA

Colombia

Venezuela

A. INVESTIGACIÓN

Primero, visita las páginas de Internet para aprender sobre cuestiones médicas y culturales en Colombia. Luego rellena la tabla siguiente. Finalmente, analiza la información y discútela en clase con tus compañeros.

Colombia

- Ministerio de la Protección Social:
  http://www.minproteccionsocial.gov.co/VBeContent/home.asp
- Organización Panamericana de la Salud : http://new.paho.org/col/
- Latin American Network Information Center: http://lanic.utexas.edu/la/colombia/

Venezuela

- Ministerio del Poder Popular para la Salud: http://www.minsa.gob.pa/
- Organización Panamericana de la Salud: http://new.paho.org/ven/
- Latin American Network Information Center: http://lanic.utexas.edu/la/venezuela/

	Colombia	Venezuela
PIB per cápita		
Gastos del gobierno en sanidad per cápita		
Expectativa de vida para ambos sexos		
Expectativa de vida para hombres		
Expectativa de vida para mujeres		
Tasa de mortalidad infantil		
¿Qué cuestiones de salud parecen tener primacía hoy en día?		

B. TÚ ERES EL MÉDICO

Un paciente hispano va a viajar a Colombia y necesitas informarle sobre cómo cuidarse la salud mientras esté allí. Lee la información que el gobierno de EEUU da a los viajeros. Escribe un resumen en español que le darías a tu paciente.

- Información para viajeros a Colombia:
  http://wwwnc.cdc.gov/travel/destinations/colombia.aspx

- Información para viajeros a Venezuela:
  http://wwwnc.cdc.gov/travel/destinations/venezuela.aspx

A. TRADUCE LAS SIGUIENTES FRASES AL INGLÉS

1. Los dos tipos de cáncer de piel más comunes, el carcinoma basocelular y el carcinoma espinocelular, tienen altas probabilidades de curación. Sin embargo, el melanoma, el tercer tipo de cáncer de piel más común, es más peligroso, en especial en las personas más jóvenes.

2. Las personas blancas tienen la tasa más alta de incidencia de melanoma cutáneo. Las personas de origen hispano tienen la segunda incidencia más alta.

3. Los efectos adversos de la exposición al sol son evitables siguiendo unos sencillos consejos, como evitar el exponerse al sol en las horas centrales del día, cubrirse la cabeza con sombreros o gorras y usar gafas de sol.

B. TRADUCE LAS SIGUIENTES FRASES AL ESPAÑOL

1. Acne, a common skin disorder, develops from the effect of hormones and other substances on the skin's oil glands (sebaceous glands) and hair follicles.

2. When pores get plugged, the skin usually develops lesions called pimples.

3. Warts are caused by a virus that attacks the surface of the skin. Usually they have the same color as the skin, but they can also be darker.

PARA SABER MÁS

En esta página podrás leer sobre la piel y repasar algunos términos que ya has aprendido sobre el sistema integumentario y la estructura de la piel:

- http://www.saludmed.com/AnaFisio/Tegument/TegumEst.html

TU VOCABULARIO

Anota las palabras y frases nuevas que has aprendido no incluidas en el vocabulario de este capítulo.

_____

_____

_____

_____

Dos amigos están hablando.

–Pues, fíjate –dice uno– que una vez me quemé la cara, pero el médico me hizo un injerto con piel de mi propio cuerpo y no se me nota nada.

–¿Y de qué parte te tomaron la piel para el injerto?

–No lo sé. Lo único que puedo decirte es que cada vez que estoy cansado, la cara se quiere sentar

REFLEXIÓN

Escribe unas notas sobre lo que has aprendido a nivel de contenidos médicos, de costumbres de los hispanos y sobre la situación sanitaria de los países estudiados en este capítulo.

CAPÍTULO 9

EL SISTEMA CARDIOVASCULAR

Corazón contento es gran talento.

Refrán

Objetivos

En este capítulo encontrarás contenido y vocabulario para mejorar la comunicación sobre los siguientes temas:

- El telele y otras afecciones culturales
- El ataque cardíaco y cómo afecta a los hispanos
- Las enfermedades cardiovasculares en el mundo hispano
- La salud en el Ecuador

También practicarás cómo hablar de situaciones hipotéticas.

1. ¿Qué piensas del refrán introductorio al capítulo? ¿Qué te señala sobre la cultura hispana? ¿Hay algún refrán o dicho parecido en tu lengua materna?

2. ¿Has oído decir a algún hispano que iba a tener, o le iba a dar, un telele o un soponcio? ¿A qué crees que se refería?

3. ¿Sabes reconocer los síntomas de un ataque cardíaco? ¿Sabrías qué hacer si vieras a alguien sufrirlo?

4. ¿Sabes cómo se pueden prevenir los ataques al corazón?

5. ¿Crees que más hombres o más mujeres sufren ataques cardíacos?

6. ¿Qué países crees que tienen las tasa de incidencia más altas de enfermedades cardiovasculares?

7. ¿Qué sabes sobre la situación de la salud en el Ecuador?

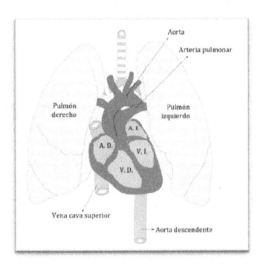

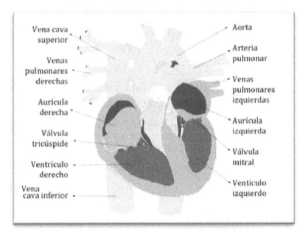

VOCABULARIO

Anatomía		Otras palabras relacionadas con este sistema	
Aorta, f.	Aorta	Aturdimiento, m.	Daze
Arteria coronaria, f.	Coronary artery	Bombear, v.	To pump
Arteria pulmonar, f.	Pulmonary artery	Cardíaco, adj.	Of the heart
Arteria, f.	Artery	Colesterol, m.	Cholesterol
Aurícula, f.	Atrium	Desfibrilador implantable, m.	Implantable defibrillators
Capilar, m.	Capillary	Infarto cardíaco/ataque al corazón/ ataque cardíaco, m.	Heart attack
Glóbulo blanco /rojo, m.	White/red corpuscle, blood cell	Insuficiencia cardiaca, f.	Heart failure
Plaqueta, f.	Platelet	Marcapasos, m.	Pacemaker
Plasma, m.	Plasma	Palpitación, f.	Palpitation
Válvula mitral, f.	Mitral valve	Palpitar, v.	To beat (the heart)
Válvula tricúspide, f.	Tricuspid valve	Paro/fallo cardíaco, m.	Cardiac Arrest
Válvula, f.	Valve	Presión arterial /sanguínea, f.	Blood pressure
Vaso sanguíneo	Blood vessel	Reanudar, v.	To resume
Vena, f.	Vein	Sanguíneo, adj.	Of the blood
Ventrículo, m.	Ventricle	Torácico, adj.	Thoracic

La rama que se ocupa de este sistema es la cardiología y el especialista que se ocupa de las afecciones de este sistema es el cardiólogo.

¿QUÉ ES Y CÓMO FUNCIONA?

El sistema cardiovascular (también llamado circulatorio) está compuesto por el corazón, la sangre, las arterias, las venas y los capilares. La función del sistema cardiovascular es hacer circular la sangre a través del cuerpo humano y así distribuir el oxígeno y otras sustancias nutritivas que nuestro organismo necesita para sobrevivir.

- La sangre lleva los elementos nutritivos a todas las células. También transporta los desechos a los órganos que se encargarán de eliminarlos del cuerpo.

- Hay dos sistemas circulatorios. Uno envía la sangre al cuerpo y el otro la envía al corazón.

- El corazón es el órgano encargado de bombear la sangre por todo el cuerpo.

- El corazón está dividido en cuatro cámaras: dos ventrículos y dos aurículas.

- El ventrículo izquierdo es el principal impulsor de la sangre. Cuando se contrae (sístole) envía la sangre a la arteria aorta.

- El movimiento de relajación del corazón se llama diástole

- Las válvulas hacen que la sangre vaya en una sola dirección y así no vuelva a entrar en la cámara de la que ha salido.

- Las arterias se ramifican hasta convertirse en capilares

- En los capilares se hace intercambio con los tejidos de elementos nutritivos y de desecho

- Cuando la sangre ya ha pasado los nutrientes, y recogido los elementos de desecho, vuelve al corazón a través de las venas cavas a la aurícula derecha.

- De la aurícula derecha pasa al ventrículo derecho que impulsa la sangre por la arteria pulmonar hasta los pulmones.

- En los pulmones, la sangre se oxigena y vuelve por las venas pulmonares a la aurícula izquierda

La presión arterial es una medida de la fuerza con que la sangre circula por los vasos sanguíneos. Tiene dos componentes relacionados con el bombeo del corazón.

1. Presión sistólica o alta.

2. Presión diastólica o baja.

Entre las afecciones que puede sufrir una persona, hay algunas que son difíciles de explicar a gente de otras culturas. La dificultad estriba no tanto en la traducción, sino en la manera en qué se usan los términos. Ejemplo de esto son las siguientes palabras:

- Un telele
- Un patatús
- Un soponcio
- Un síncope

Estas cuatro afecciones tienen como característica que el paciente siente que va a sufrir un desmayo, lo que puede o no ocurrir. Si el paciente pierde la conciencia, el desmayo dura poco tiempo y el paciente se recupera de forma espontánea. Generalmente los desmayos ocurren cuando la presión sanguínea baja repentinamente; por otro lado, el telele, patatús, soponcio y síncope ocurren cuando alguien recibe un disgusto, cuando oye noticias que no son de su agrado. Es más común que los sufran las mujeres que los hombres, y se da más en personas mayores de cincuenta años.

El término que se use estará asociado con el nivel económico del paciente, ya sea el verdadero o el que se quiera aparentar. Se usa la frase "darle un...". Así a una mujer pobre le dará un telele, y a una de nivel económico alto le dará un síncope. Por ejemplo, la madre que recibe la noticia de que su hijo se va a casar con una muchacha que no es de su agrado, se llevará la mano izquierda al corazón, levantará la mano derecha al cielo (o se la llevará a la frente) y exclamará "¡me está dando un síncope!", siempre con la esperanza de que el hijo cambie de opinión. También es común decir "me va a dar un telele" o "me va a dar un patatús" cuando anticipamos malas noticias. Un estudiante le dirá a sus amigos, "cuando reciba las notas del semestre, me va dar un patatús". Una persona de distinto nivel económico también escogerá un término u otro según su propio nivel social. El paciente pobre dirá que a su jefe le dio un patatús, aunque el jefe pertenezca a un nivel económico alto.

En el habla popular de varias comunidades, por ejemplo, en España, hoy en día, estas cuatro palabras tienen connotaciones humorísticas, así que úsalas solamente cuando quieras hacer sonreír a tus amigos. Es bueno saber que si te da un telele y te caes al suelo, te saldrá un chichón o chichote en la cabeza (en España), un chibolo (en Centroamérica, Ecuador y Perú) y un chipote (en México).

LECTURA MÉDICA: EL ATAQUE CARDÍACO

El ataque cardíaco ocurre cuando se interrumpe el flujo de sangre al corazón. Las células del músculo cardíaco que no reciben suficiente oxígeno a través de la sangre comienzan a morir. Mientras más tiempo pasa sin un tratamiento que reanude el flujo de sangre, mayores serán los daños al corazón. La hipertensión arterial, los niveles altos de colesterol en la sangre, el hábito de fumar y el haber tenido antes un ataque cardíaco, un accidente cerebrovascular (derrame cerebral) o diabetes aumentan las probabilidades de que una persona contraiga una enfermedad cardíaca y experimente un ataque cardíaco. Casi la mitad de las personas que sufren de un ataque cardíaco morirán a causa del mismo.

Esfuerzos en salud pública de los CDC

Los CDC proporcionan fondos a los departamentos de salud de 32 estados y el Distrito de Columbia a fin de diseñar, poner en práctica y evaluar programas de promoción de la salud cardiovascular, la prevención y el control de enfermedades y eliminar las disparidades en el ámbito de la salud. Los programas enfatizan el uso de la educación, la aplicación de políticas y estrategias ambientales y la realización de cambios en el sistema a fin de manejar los casos de enfermedades cardíacas y accidentes cerebrovasculares en los diferentes ambientes y asegurar la calidad del cuidado médico.

Síntomas del ataque cardíaco

El programa National Heart Attack Alert Program resalta los siguientes signos importantes del ataque cardíaco:

- Molestia torácica. La mayoría de las personas que sufren un ataque cardíaco sienten una molestia en el pecho que dura más de unos cuantos minutos o que se va y regresa. La molestia puede sentirse en forma de una presión incómoda, sensación de opresión, de saciedad o dolor.

- Molestia en otras áreas de la parte superior del cuerpo. Puede incluir dolor o malestar en uno de los brazos, la espalda, el cuello, la mandíbula o el estómago.

- Dificultad para respirar, a veces acompañada de malestar en el pecho, pero también puede ocurrir antes del malestar torácico.

- Otros síntomas. Posiblemente una sensación repentina de sudor frío, náusea o aturdimiento.

Es importante reconocer los signos de un ataque cardíaco y actuar de inmediato llamando al 911. Las probabilidades de que una persona sobreviva a un ataque cardíaco aumentan si recibe tratamiento de emergencia lo más pronto posible.

Cómo prevenir las enfermedades del corazón

Las enfermedades del corazón son la principal causa de muerte en los Estados Unidos. Más del 25 por ciento de todas las muertes ocurren por problemas de corazón. También es una causa importante de discapacidad. El riesgo de tener una enfermedad cardiaca aumenta con la edad. Su riesgo es mayor si es un hombre mayor de 45 años o una mujer mayor de 55. También si tiene parientes cercanos que tuvieron una enfermedad cardiaca a una edad temprana.

Afortunadamente, existen muchas cosas que puede hacer para disminuir sus probabilidades de tener una enfermedad del corazón. Entre ellas:

- Conocer su presión arterial y mantenerla controlada

- Hacer ejercicio regularmente

- No fumar

- Hacerse pruebas para detectar la diabetes y, si la tiene, mantenerla bajo control

- Conocer sus niveles de colesterol y triglicéridos y mantenerlos controlados

- Comer muchas frutas y verduras

- Mantener un peso saludable

Fuente: Medline Plus.

A. SEGÚN EL TEXTO

1. ¿Cuál es la causa de un ataque cardíaco?

2. ¿Cuáles son los síntomas de un infarto?

3. ¿Cuáles son los factores de riesgo para las enfermedades del corazón?

4. ¿Qué puede hacer in individuo que quiere protegerse de las enfermedades cardiovasculares?

B. EMPAREJADOS

Combina las dos columnas para que reflejen el contenido de las lecturas de este capítulo. Escribe en la columna de la derecha la combinación adecuada de letra y número.

1. El sistema cardiovascular			
1.	Al sistema cardiovascular también se le llama	A.	a los órganos que los eliminarán del cuerpo
2.	Este sistema está compuesto por	B.	diástole
3.	La función del sistema es	C.	el corazón, la sangre, las arterias, las venas y los capilares
4.	La sangre transporta desechos	D.	oxigenar la sangre
5.	El corazón es	E.	la sangre vaya en una sola dirección
6.	El movimiento de contracción del corazón se llama	F.	el encargado de bombear la sangre por todo el cuerpo
7.	El movimiento de relajación del corazón se llama	G.	hacer circular la sangre y de esta manera distribuir oxígeno y otras sustancias nutritivas
8.	Las válvulas del corazón hacen que	H.	sistema circulatorio
9.	La función de los pulmones es	I.	sístole

2. El ataque cardíaco

1.	El ataque cardíaco ocurre cuando	A.	molestia torácica dificultad al respirar náusea o aturdimiento	
2.	Las células que no reciben sangre (oxígeno)	B.	se interrumpe el flujo de sangre al corazón	
3.	Las probabilidades de tener un ataque cardíaco	C.	hacer ejercicio, controlar la presión arterial y el colesterol	
4.	Algunos síntomas de un ataque son	D.	empiezan a morir	
5.	Para prevenir un ataque al corazón, una persona debe, entre otras cosas,	E.	aumentan si la persona fuma y si tiene la presión arterial alta	

LA SALUD DE LOS HISPANOS EN EEUU: EL ATAQUE AL CORAZÓN

Las enfermedades cardiovasculares son la primera causa de muerte para los hispanos en EEUU. Según El Centro Nacional de Estadísticas de Sanidad, en el año 2003, un 31% de los hombres y un 34.4% de las mujeres méxico-americanos sufrieron enfermedades cardiovasculares. Estos hombres tienen una tendencia más alta que los hombres blancos y los negros no hispanos a tener el colesterol alto. Las mujeres de este grupo tienden a hacer menos ejercicio físico.

Aunque entre los hispanos en general hay menos casos de presión arterial alta que entre los hombres blancos, los méxico-americanos sufren de la misma proporción que los blancos. Los méxico-americanos también son más propensos que los blancos no hispanos a sufrir de exceso de peso y diabetes.

Debido a todo lo mencionado anteriormente, el Instituto Nacional de la Salud produce posters como el que sigue.

AL CORAZÓN *no le importa*

CÓMO TE VISTES

Las enfermedades del corazón son la principal causa de muerte entre las mujeres

Estas mujeres saben la verdad: no importa lo bien que te veas por fuera, las enfermedades del corazón atacan por dentro. Y ser mujer no te protege.

Mídete estos factores de riesgo para ver cómo te quedan: ¿Tienes presión sanguínea alta? ¿Colesterol alto en la sangre? ¿Diabetes? ¿No haces ejercicio? ¿Fumas? ¿Estás sobrepeso? Si tienes alguno de ellos, podrías poner en riesgo tu corazón, quedar incapacitada, tener un ataque al corazón o ambos.

El vestido rojo es una alerta roja para tomar en serio las enfermedades del corazón. Habla con tu médico para obtener las respuestas que podrían salvar tu vida. La verdad es que es mejor conocer los riesgos y tomar las medidas necesarias ahora. **www.hearttruth.gov**

U.S. Department of Health and Human Services
National Institutes of Health

National **Heart**
Lung and Blood Institute
People Science Health

THE
heart
TRUTH™

®, ™ *The Heart Truth,* su logotipo y The Red Dress son marcas registradas de HHS.

194   El sistema cardiovascular

A. SEGÚN EL TEXTO

1. Analiza el póster. ¿A quién está dirigido? ¿Qué tipo de información contiene?

2. Basándote en lo que has aprendido en capítulos anteriores ¿qué tipo de tendencias exhiben las hispanas en los EEUU que las puede llevar a sufrir enfermedades cardiovasculares?

B. MÁS ALLÁ DEL TEXTO

1. La buena nutrición es primordial para mantener el corazón sano. *Platillos Latinos. Sabrosos y Saludables* es una publicación del Instituto Nacional del Corazón, los Pulmones y la Sangre y del Instituto Nacional de Sanidad de EEUU. Puedes encontrar esta obra en: http://www.nhlbi.nih.gov/health/public/heart/other/sp_recip.pdf.

   Escoge una de las recetas, cópiala y explica por qué se trata de una comida saludable.

2. ¿Crees que el gobierno debe realizar publicaciones de este tipo? Explica tu respuesta.

3. ¿Qué información pondrías tú en un letrero dirigido a la comunidad hispana de tu área? Busca en Internet o en tu libro letreros o folletos sobre salud para inspirarte. Luego diseña uno con un compañero de clase.

ASPECTO COMUNICATIVO: LAS SITUACIONES HIPOTÉTICAS

Cuando hables con tus pacientes, en numerosas ocasiones vas a querer comunicar situaciones hipotéticas, como qué ocurrirá cuando sigan tus recomendaciones, o que hubiera ocurrido si las hubieran seguido. Para expresar estas situaciones, es esencial que conozcas las diferentes maneras de expresar lo que se llama "la frase condicional".

A. REPASO DE GRAMÁTICA: LA FRASE CONDICIONAL

La estructura es: si + condición, → situación resultante.
                    Ej.: si hago esto, pasará esto otro.

El tiempo verbal de la frase condicional lo dicta la situación en la frase que empieza con *si*.

Al usar frases condicionales, utiliza las siguientes secuencias de verbos.

1. Para hablar de acciones habituales en el presente (el uso es similar a "cuando"):
       Si + presente de indicativo → presente de indicativo.
       Si tengo tiempo, corro tres millas por la tarde.
       If I have time, I run three miles in the evening.

2. Para describir acciones que ocurrirán a partir de ahora, o en ocasiones muy probables:
       Si + presente de indicativo → futuro de indicativo.
       Si tengo tiempo, correré tres millas por la tarde.
       If I have time, I will run three miles in the evening.

3. Cuando describas acciones habituales en el pasado (el uso es similar a "cuando"):
       Si + imperfecto de indicativo → imperfecto de indicativo.
       El semestre pasado si tenía tiempo, corría tres millas por la tarde.
       Last semester, if I had time, I'd run three miles in the evening.

4. A veces al hablar de una acción pasada con una condición, el hablante presenta la situación resultante como REAL porque lo es en su mente.
       Si + pretérito de indicativo→ pretérito de indicativo.
       Si + imperfecto de indicativo → pretérito de indicativo.
       Si Juan tuvo tiempo ayer, fue a correr por la tarde.
       If John had time yesterday, he went for a run in the evening.

       Si Juan tenía algo de tiempo, seguro que hizo algo de ejercicio.
       If John had some time, for sure he exercised a bit.

5. En situaciones futuras que son imposibles, o percibidas como imposibles, se usa el imperfecto de subjuntivo para describir la condición.
       Si + imperfecto de subjuntivo → condicional simple.
       (No tengo tiempo) Si tuviera tiempo, iría al gimnasio, o
                      Si tuviese tiempo, iría al gimnasio.
                      If I had time, I would go to the gym.

6. Al hablar de situaciones pasadas que no han ocurrido, el hablante reescribe el pasado. En ese caso, los dos verbos deben ser compuestos.
       Si + pluscuamperfecto de subjuntivo → condicional compuesto/perfecto o
       Si + pluscuamperfecto de subjuntivo → pluscuamperfecto de subjuntivo.
     Las dos formas están aceptadas.
       (No tuve tiempo) Si hubiera tenido tiempo, habría ido al gimnasio/hubiera ido al gimnasio.
  (I did not have time) Had I had the time, I would have gone to the gym.

B. PRÁCTICAS COMUNICATIVAS

1. **La preocupación de Alfredo.** Alfredo ha ido al médico preocupado porque su padre murió muy joven de un infarto. El médico le ofrece las siguientes alternativas. Completa las frases de una manera lógica y con el verbo en la forma correcta.

   Ej.: Si averigua su nivel de colesterol, podrá decidir qué alimentos debe tomar y cuáles evitar

   1. Si hace ejercicio, _____

   2. Si mantiene un peso saludable, _____

   3. Si se hace una prueba para averiguar su nivel de colesterol, _____

   4. Si averigua su presión arterial, _____

   5. Si no fuma, _____

2. **El Sr. Martínez y su ataque al corazón.** El Sr. Martínez ha sufrido un ataque al corazón. Al visitar a su médico, el Sr. Martínez se queja de su mala suerte, pero el médico le explica que mucho de su situación actual es consecuencia de acciones que tomó años atrás. El médico le explica cómo su vida hubiera sido diferente si Martínez hubiera tomado otras decisiones. Acaba las frases de una manera lógica.

   Ej.: Si hubiera sabido que tenía la presión arterial alta, habría podido tomar los medicamentos adecuados

   1. Habría tenido un peso aceptable si _____

   2. Sus pulmones estarían en buena forma si _____

   3. Si hubiera ido al gimnasio regularmente, _____

   4. Si hubiera comido más frutas y verduras, _____

   5. Si hubiera ido al médico para hacerse un chequeo, _____

La tabla siguiente refleja los números de muertes por cada 100.000 habitantes en países hispanos causadas por cardiopatía isquémica en el año 2002.

	Hombres	Mujeres		Hombres	Mujeres
Argentina	112	69	**Guatemala**	26	20
Bolivia	52	39	**Honduras**	71	63
Chile	68	48	**México**	57	45
Colombia	78	66	**Nicaragua**	52	49
Costa Rica	81	62	**Panamá**	61	45
Cuba	160	129	**Paraguay**	55	36
Ecuador	53	38	**Perú**	46	33
EEUU	186	168	**República Dominicana**	101	67
España	126	94	**Uruguay**	140	96
El Salvador	79	87	**Venezuela**	80	62

En la tabla siguiente, la información está presentada en columnas.

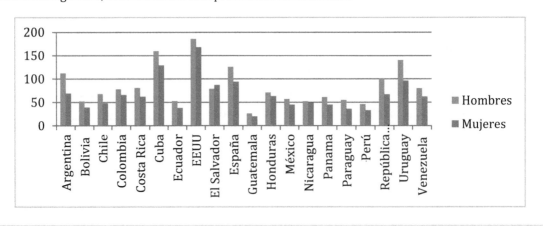

SEGÚN EL TEXTO

1. ¿Qué genero es el que sufre más muertes debidas a enfermedades cardiovasculares?

2. ¿Qué países son los que tienen más muertes debido a enfermedades cardiovasculares? ¿Y menos?

3. Compara los porcentajes de estos casos con los de las enfermedades cerebrovasculares del capítulo 6 El sistema nervioso.

Primer paso

1. De la lista siguiente, selecciona un problema. También puedes seleccionar un problema relacionado con el sistema cardiovascular que no esté aquí.

Arritmia cardíaca, f.	Cardiac Arrhythmia
Ataque al corazón, m.	Heart attack
Cardiomiopatía, f.	Cardiomyopathy
Endocarditis, f.	Endocarditis
Enfermedad de las válvulas del corazón, f.	Heart Valve Disease
Angina de pecho, f.	Angina
Anemia, f.	Anemia
Hemofilia, f.	Hemophilia
Enfermedad de Kawasaki, f.	Kawasaki Disease
Leucemia, f.	Leukemia
Problemas de coagulación, m.	Clotting Problems
Malaria, f.	Malaria
Trastornos de plaquetas, m.	Platelet Disorders
Anemia falciforme, f.	Sickle Cell Anemia
Talasemia, f.	Thalassemia
Vasculitis, f.	Vasculitis
Aneurisma, f.	Aneurysm
Ataque isquémico transitorio, m.	Transient Ischemic Attack
Varices, f.	Varicose Veins
Trombosis venosa profunda, f.	Deep Vein Thrombosis

2. Ve a la página http://www.nlm.nih.gov/medlineplus/spanish, http://www.tuotromedico.com/ u otra similar que ofrezca información en español sobre las enfermedades.

3. Escoge una enfermedad y lee sobre ella.

Segundo paso

Basándote en la información que has leído, escribe un diálogo entre un médico y su paciente. El paciente va a tener los síntomas de la enfermedad que has escogido. El médico puede recomendar varias pruebas. Luego va a explicar la enfermedad. Sé creativo.

Utiliza tus propias palabras y no olvides incluir la dirección de Internet de dónde has obtenido la información.

Tercer paso

1. Comparte el diálogo con un compañero de clase. Usando el escrito como base, representad el diálogo. Añadid cualquier pregunta o tema de conversación apropiado entre paciente y médico que os parezca conveniente. No olvidéis tratar los aspectos cultuales.

2. Haz una representación con otros dos compañeros. Uno será un médico que no habla español, otro un paciente que no habla inglés y el tercero será el intérprete. Siguiendo los consejos sobre la interpretación, dramatizad una situación que incluya una de las enfermedades de las que habéis hablado en el paso 2.

ENFOQUE CULTURAL: ECUADOR

A. INVESTIGACIÓN

Primero, visita las páginas de Internet para aprender sobre cuestiones médicas y culturales en Ecuador. Luego rellena la tabla siguiente. Finalmente, analiza la información y discútela en clase con tus compañeros.

Ecuador

- Ministerio de Salud Pública del Ecuador: http://www.msp.gov.ec/
- Organización Panamericana de la Salud : http://new.paho.org/ecu/
- Latin American Network Information Center: http://lanic.utexas.edu/la/ecuador/

PIB per cápita
Gastos del gobierno en sanidad per cápita
Expectativa de vida para ambos sexos
Expectativa de vida para hombres
Tasa de mortalidad infantil
Expectativa de vida para mujeres
¿Qué cuestiones médicas parecen tener primacía hoy en día?

B. TÚ ERES EL MÉDICO

Un paciente hispano va a viajar a Ecuador y necesitas informarle sobre cómo cuidarse la salud mientras esté allí. Lee la información que el gobierno de EEUU da a los viajeros. Escribe un resumen en español que le darías a tu paciente.

Información para viajeros sobre Ecuador: http://wwwnc.cdc.gov/travel/destinations/ecuador.aspx

TRADUCCIONES

A. TRADUCE LAS SIGUIENTES FRASES AL INGLÉS

1. La sangre lleva los elementos nutritivos a todas las células. También transporta los desechos a los órganos que se encargarán de eliminarlos del cuerpo.

2. Algunas señales de que Ud. está sufriendo un ataque cardiaco son dolor en el pecho que dura varios minutos (o cesa y vuelve a empezar), dificultad para respirar y una sensación repentina de sudor frío, náusea o aturdimiento.

3. Para prevenir las enfermedades del corazón es sumamente importante que Ud. conozca su presión arterial y la mantenga controlada. También debe hacer ejercicio con regularidad y no fumar.

B. TRADUCE LAS SIGUIENTES FRASES AL ESPAÑOL

1. To prevent cardiac disease, you should exercise regularly, eat healthy foods, not smoke, and know your blood pressure. If it is high, you should keep it under control.

2. A pacemaker is a small electrical medical device used to control abnormal heart rhythms. Pacemakers control rhythms that are too slow, too fast or irregular. These rhythms are called arrhythmias.

3. Blood contains red and white corpuscles, platelets and plasma.

Haz este crucigrama para practicar el vocabulario relacionado con el sistema cardiovascular.

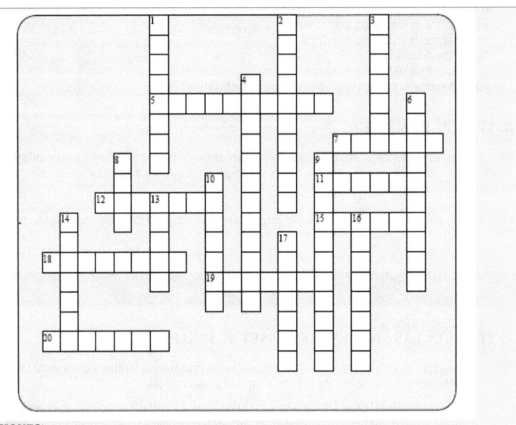

DEFINICIONES

Horizontal

5 - Sustancia cuya excesiva acumulación causa enfermedades cardiovasculares
7 - Líquido rojo que circula por las venas y las arterias
11 - Trastorno de la sangre caracterizado por la disminución de glóbulos rojos
12 - Sinónimo de ataque al corazón
15 - Líquido de la sangre donde están suspendidos los elementos sólidos
18 - Elemento de la sangre que interviene en la coagulación
19 - Vaso que lleva la sangre desde el corazón a las demás partes del cuerpo
20 - Vaso sanguíneo muy delgado donde se hace el intercambio entre elementos nutritivos y de desecho

Vertical

1 - Relativo al tórax
2 - Cada una de las dos cavidades del corazón que reciben la sangre de las aurículas y la envían a las arterias

3 - Órgano que impulsa la sangre a través del cuerpo
4 - Confusión
6 - Pequeño aparato eléctrico que permite que el corazón lata correctamente
8 - Vaso que lleva la sangre al corazón
9 - Latido del corazón más frecuente que el normal
10 - La acción del corazón que resulta en el movimiento de la sangre a través del cuerpo
13 - Arteria principal del cuerpo que sale del ventrículo izquierdo del corazón
14 - Parte del corazón que impide que la sangre retroceda

16 - Cada una de las dos cavidades superiores del corazón
17 - Dilatación permanente y anormal de las venas por la acumulación de sangre en ellas

Respuestas posibles

Anemia, aorta, arteria, aturdimiento, aurícula, bombear, capilar, colesterol, corazón, infarto, marcapasos, palpitación, plaqueta, plasma, sangre, torácico, varices, vena, ventrículo, válvula

TU VOCABULARIO

Anota las palabras y frases nuevas que has aprendido pero que no están incluidas en el vocabulario de este capítulo.

_____

_____

_____

_____

PARA SABER MÁS

Esta página del Texas Heart Institute contiene actividades interactivas para practicar el vocabulario y contenido de este capítulo: http://www.texasheart.org/HIC/Anatomy_Esp/anat1_sp.cfm

En este sitio encontrarás mucha información sobre el sistema cardiovascular, igual que actividades interactivas que te ayudarán a estudiar: http://www.uc.cl/sw_educ/anatnorm/acirculat/index.htm

Visita este sitio sobre el funcionamiento del sistema cardiovascular. Contiene actividades interactivas para verificar tu comprensión: http://recursos.cnice.mec.es/biosfera/alumno/3ESO/aparato_circulatorio/activ_video1.htm

Llaman a la puerta y el esposo abre.

—Soy el Dr. Ramírez. Vengo para una consulta a domicilio.

El esposo contesta:

—Sí doctor. Le he llamado yo. Es para mi esposa que tiene una fiebre muy alta.

El esposo va al dormitorio para hablar con ella.

—María, ha venido a verte el doctor.

Ella responde: — Dile que venga mañana que estoy enferma.

REFLEXIÓN

En este recuadro, escribe unas notas sobre lo que has aprendido a nivel de contenidos médicos, de costumbres de los hispanos y sobre la situación sanitaria de los países estudiados en este capítulo.

CAPÍTULO 10

EL SISTEMA ENDOCRINO

*"Come poco y cena más poco,
que la salud de todo el cuerpo
se fragua en la oficina del estómago".*

Don Quijote a Sancho

Objetivos

En este capítulo encontrarás contenido y vocabulario para mejorar la comunicación sobre los siguientes temas:

- Las limpias
- Las hormonas y su efecto en el cuerpo humano
- La diabetes y cómo afecta a las poblaciones hispanas
- La salud en Perú y Bolivia

También practicarás cómo hablar de sensaciones físicas involuntarias.

1. ¿Qué piensas del consejo que Don Quijote le da a Sancho? ¿Crees que tiene tanta relevancia hoy como la tuvo en el siglo XVII? ¿Más? ¿Menos?

2. ¿Has oído hablar de las limpias en comunidades hispanas?

3. ¿Has oído hablar del carácter epidémico de la diabetes en nuestra sociedad? ¿Tienes una opinión sobre este tema?

4. ¿Conoces las causas de la hepatitis tipo 2 y cómo evitarla?

5. ¿Crees que la gente del mundo hispano sufre de hepatitis tipo 2 también?

6. ¿Qué sabes sobre la situación de la salud en el Perú y Bolivia?

En el siguiente dibujo, estudia dónde se encuentran las glándulas endocrinas.

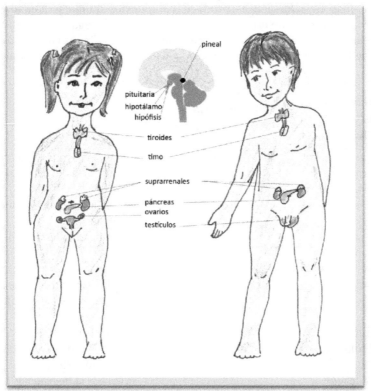

Como puedes apreciar en el dibujo y en la tabla que sigue, muchas de las palabras asociadas con el sistema endocrino son cognados. No obstante, estudia el vocabulario para aprender otras palabras asociadas con este sistema y algunas de las condiciones relacionadas con el mismo.

Absorción, f.	Absorption	Inhibir, v.	To inhibit
Amamantar, v.	To nurse	Insuficiencia renal, f.	Kidney disease
Crecimiento, m .	Growth	Mama, f.	Breast
Dar de mamar, v.	To breastfeed	Mamar, v.	To suckle
Diabetes gestacional, f.	Gestational diabetes	Parto, m.	Birth
Embarazo, m.	Pregnancy	Segregar, v.	To secrete
Escasez, f.	Lack	Tejido adiposo, m.	Adipose (fat) tissue

El médico que se ocupa de las afecciones de este sistema es el endocrinólogo y la rama de estudio es la endocrinología. En lenguaje coloquial, al endocrinólogo se le llama endocrino.

El sistema endocrino es el encargado de regular las funciones vitales del cuerpo. Está compuesto por las glándulas endocrinas cuya función es producir compuestos químicos llamados hormonas que sirven para regular las funciones de otros órganos. Las hormonas llegan a los órganos o células que van a afectar (órganos diana o células diana) a través de la sangre. En los cuadros que siguen puedes leer una selección de las hormonas que produce cada glándula, el órgano diana sobre el que actúan y la acción resultante.

Glándula	Hormona que produce	Órgano diana	Acción
Pineal	Melatonina	Cerebro	Regula el sueño.
Timo	Timolina, la timopoyetina y el timosín a1.	Sistema linfático	Regula la respuesta defenso-inmunitaria del organismo.
Hipotálamo	Varias	Actúa sobre la hipófisis	Regula el funcionamiento de la hipófisis.
Hipófisis/pituitaria	Hormona somatotropa o del crecimiento	Todos los órganos	Estimula el crecimiento.
	Oxitocina	Útero y mamas	Regula las contracciones del útero en el parto y producción de leche en las mamas.
	Antidiurética	Riñones	Reduce la orina.
	Prolactina	Mamas	Regula el crecimiento de las mamas, secreción de leche.
Páncreas	Glucagón	Hígado	Favorece la degradación del glucógeno y libera glucosa a la sangre.
	Insulina	Músculos	Favorece la absorción de la glucosa en los músculos y reduce su concentración en la sangre.
Testículos	Testosterona	Todos	Regula el desarrollo de caracteres sexuales secundarios, formación de espermatozoides.
Ovarios	Estrógeno	Todos, útero	Regula el desarrollo de caracteres sexuales secundarios y colabora en el control del ciclo menstrual femenino.
	Progesterona	Útero y mamas	Favorece el desarrollo del endometrio en el útero. Inhibe la producción de leche.
Cápsulas suprarrenales	Aldosterona	Sangre y riñones	Regula los niveles de sodio y potasio en sangre y orina.
	Cortisol	Tejido adiposo	Regula el metabolismo de las grasas para obtener energía. Relacionado con la respuesta del cuerpo al estrés y la ansiedad.

Glándula (continuación)	Hormona que produce	Órgano diana	Acción
Paratiroides	Paratohormona	Riñones y huesos	Regula los niveles de calcio en sangre y orina.
Tiroides	Tiroxina	Todos los órganos	Estimula el metabolismo celular. Favorece el crecimiento y desarrollo del sistema nervioso.
	Triyodotironina	Todos los órganos	Estimula el metabolismo celular. Favorece el crecimiento y desarrollo del sistema nervioso.
	Calcitonina	Tejido óseo	Regula los niveles de calcio en sangre y orina.
Fuente: Proyecto Biosfera. Ministerio de Educación de España.			

El cuerpo humano desarrolla enfermedades tanto cuando estas glándulas producen demasiada cantidad de hormonas (hiperfunción) como cuando no producen la suficiente (hipofunción).

COMPETENCIA CULTURAL: LAS LIMPIAS

Una limpia es una limpieza llevada a cabo por especialistas para liberar a una persona de energías negativas. Cuando el individuo busca una limpia puede ser porque lleva tiempo enfermo, contrae distintas dolencias frecuentemente, tiene mala suerte en los negocios, o va a empezar una nueva actividad y quiere hacerlo sin que factores externos influyan de manera adversa.

Del mismo modo que ocurre con otros conceptos relacionados con la salud tradicional, las limpias también varían según la cultura de la comunidad. En México es común usar huevos o plantas, en Centroamérica se usan más las plantas y el aguardiente, y en la región andina se utilizan cuys (conejillos de Indias).

Las limpias consisten en pasar por el cuerpo del paciente hierbas, huevos, o cuyes. A veces, se trata de sólo una planta, en otras ocasiones son varias. Las plantas más comunes son la ruda, el romero y la albahaca. En Norteamérica, se pasan las hierbas por todo el cuerpo, en Centroamérica el especialista se concentra en las principales

articulaciones del cuerpo, para luego soplar aguardiente sobre la cara del cliente.

El huevo se utiliza para frotar el cuerpo del paciente. Se cree que debido a que un huevo es una célula enorme (cuando se lo compara con las células del cuerpo humano) puede atraer la energía negativa de las microscópicas células humanas. Después de la limpia, el especialista rompe el huevo y puede leer en la yema y la clara cuál era el problema que afectaba al paciente según se presente la clara, la yema o algunos otros elementos no tan comunes, como gotas de sangre o tierra.

En la región andina, en lugar de un huevo, el sobador o frotador pasa un cuy vivo por el cuerpo del paciente. Aquí no se le llama una limpia, sino una soba. El animalito absorbe el problema que tiene el paciente. El animalito muere y el sobador lo disecciona para analizar los órganos internos. Esta lectura le permite diagnosticar cuál era el problema que afectaba al paciente.

En la mayoría de las culturas no cualquier persona puede llevar a cabo limpias o sobas ya que la energía negativa que enferma al paciente puede ser absorbida por el especialista y es importante que éste sepa como librarse de la misma. En algunas comunidades, sólo aquéllos escogidos por la divinidad o los espíritus pueden realizar esta función.

Un aspecto que comparten las limpias de las diferentes culturas es la oración. Antes de empezar, la persona encargada de la limpia (curandero, sobador, etc.) lleva a cabo un rezo, pidiendo ayuda para tener éxito y permiso para realizar rituales tradicionales. La oración es generalmente una muestra del sincretismo tan común en Latinoamérica ya que va dirigida tanto a Dios, Jesucristo y santos católicos, como a dioses mayas o a la Pachamama, la madre Tierra. En algunas culturas, se dirige también a antepasados.

El médico con competencia cultural le preguntará a su paciente si está siguiendo algún tipo de tratamiento alternativo, complementario, o tradicional. Si el paciente le comunica que ha recibido una limpia, el médico no debe preocuparse por una posible interacción entre medicamentos, ya que, generalmente, durante una limpia el paciente no ingiere ningún preparado. No obstante, para mayor seguridad, y debido a la gran diferencia entre tratamientos tradicionales, el médico también debería preguntar si el curandero le proporcionó o recomendó algún tipo de remedio para tomar que pudiera interferir con los biomedicamentos.

LECTURA MÉDICA: LA DIABETES

Cerca de 24 millones de estadounidenses tienen diabetes. Entre estas personas, aproximadamente 18 millones han recibido un diagnóstico y unos 6 millones aún no lo saben. Si las tendencias actuales continúan, 1 de cada 3 personas nacidas en los Estados Unidos en el año 2000 sufrirán de diabetes alguna vez en su vida. El riesgo es mayor entre los afroamericanos y los hispanos (2 de 5) y para las niñas y mujeres hispanas (1 de 2). En el 2007, cerca de 1,6 millones de adultos recibieron por primera vez un diagnóstico de diabetes, y por lo menos 57 millones de adultos presentaron riesgo de sufrir de diabetes.

La diabetes es la séptima causa principal de mortalidad. Además es una causa principal de complicaciones como la ceguera, la insuficiencia renal y las amputaciones de las extremidades inferiores. Se calcula que el costo total de la diabetes en los Estados Unidos en el año 2007 fue de $174 mil millones.

Los tres principales tipos de diabetes son diabetes tipo 1, diabetes tipo 2 y diabetes gestacional.

Diabetes gestacional
Algunas mujeres presentan diabetes gestacional durante las últimas etapas del embarazo. Aunque esta forma de diabetes desaparece generalmente después del parto, una mujer que la haya padecido tiene más probabilidades de presentar diabetes tipo 2 más adelante. La diabetes gestacional es causada por las hormonas del embarazo o por la escasez de insulina.

Diabetes tipo 1
La diabetes tipo 1, antes conocida como diabetes juvenil o diabetes insulinodependiente, por lo general se diagnostica inicialmente en niños, adolescentes o adultos jóvenes. En este tipo de

diabetes, las células beta del páncreas ya no producen insulina porque el sistema inmunitario del cuerpo las ha atacado y destruido. El tratamiento de la diabetes tipo 1 consiste en aplicar inyecciones de insulina o usar una bomba de insulina, escoger muy bien el tipo de alimentos que se comen, hacer ejercicio con regularidad, tomar aspirina todos los días (en algunos casos) y controlar la presión arterial y el colesterol.

Diabetes tipo 2

La diabetes tipo 2, antes conocida como diabetes de comienzo en la edad adulta o diabetes no insulinodependiente, es la forma más frecuente de diabetes. Puede aparecer a cualquier edad, incluso durante la niñez. Generalmente comienza con resistencia a la insulina, que es una afección en la que las células de grasa, de los músculos y del hígado no usan la insulina adecuadamente. Al principio, el páncreas le hace frente al aumento de la demanda produciendo más insulina. Sin embargo, con el paso del tiempo pierde la capacidad de segregar suficiente insulina en respuesta a las comidas. El sobrepeso y la inactividad aumentan las probabilidades de padecer diabetes tipo 2. El tratamiento consiste en tomar medicamentos para la diabetes, escoger muy bien el tipo de alimentos que se comen, hacer ejercicio con regularidad, tomar aspirina todos los días (en algunos casos) y controlar la presión arterial y el colesterol.

Si Ud. tiene diabetes tipo 2, haga estas cosas todos los días para controlar la diabetes:

- Siga un plan de comidas

- Realice actividad física con regularidad

- Tome el medicamento para la diabetes todos los días

- Mídase el nivel de glucosa en la sangre según las recomendaciones

- Hágase otras pruebas para la diabetes

Los expertos dicen que la mayoría de las personas con diabetes deben tratar de mantener su nivel de glucosa en la sangre lo más cercano posible al nivel de alguien que no tiene diabetes. Cuanto más se acerque su nivel de glucosa en la sangre al nivel normal, menos probabilidades habrá de que usted padezca problemas de salud graves. Consulte al médico para saber cuáles son los niveles adecuados para usted.

Complicaciones de la diabetes

Los problemas de la diabetes surgen cuando hay demasiada glucosa en la sangre por mucho tiempo. Los niveles altos de glucosa en la sangre, también llamado azúcar en la sangre, pueden dañar muchos órganos del cuerpo como el corazón, los vasos sanguíneos, los ojos y los riñones. Las enfermedades del corazón y de los vasos sanguíneos pueden causar ataques al corazón o derrames cerebrales.

Fuente: National Diabetes Information Clearinghouse y del CDC.

A. SEGÚN EL TEXTO

1. ¿Cuál es el tipo más común de diabetes?

2. ¿En qué consiste?

3. ¿Cuáles son los factores de riesgo?

4. ¿Cuál es el tratamiento

B. EMPAREJADOS

Combina las dos columnas para que reflejen el contenido apropiado. Escribe en la columna en blanco de la derecha la combinación adecuada de letra y número.

B.1. El sistema endocrino		
1. El sistema endocrino es el encargado de	A. estimula el crecimiento	
2. Las glándulas endocrinas producen	B. a través de la sangre	
3. Las hormonas llegan a los órganos o células diana	C. para favorecer la absorción de la glucosa y reducir su concentración en la sangre	
4. El páncreas produce insulina destinada a los músculos	D. regula el desarrollo de caracteres sexuales y controla el ciclo menstrual femenino	
5. Los ovarios producen el estrógeno que	E. las glándulas no producen suficientes hormonas	
6. Los testículos producen la testosterona que	F. compuestos químicos llamados hormonas	
7. La pituitaria produce la hormona del crecimiento que	G. regular las funciones vitales del cuerpo	
8. Hipofunción ocurre cuando	H. regula el desarrollo de caracteres sexuales y la formación de espermatozoides	

B.2. La diabetes

1. La diabetes es una de las principales causas de	A. durante las últimas etapas del embarazo
2. El nivel alto de glucosa en la sangre puede	B. mortandad en EEUU, de ceguera y de amputaciones de las extremidades inferiores
3. La diabetes gestacional ocurre	C. se diagnostica generalmente en niños o jóvenes y es causada porque el páncreas deja de producir insulina
4. La diabetes tipo 1 (antes llamada juvenil) ocurre	D. seguir un plan de comidas, hacer ejercicio, tomar el medicamento para la diabetes todos los días y medirse el nivel de glucosa en la sangre regularmente
5. La diabetes tipo 2 es	E. aumentan las probabilidades de padecer diabetes tipo 2
6. El sobrepeso y la inactividad	F. dañar el corazón, los ojos y los riñones, entre otros órganos.
7. Entre otras cosas, una persona contiene diabetes tipo 2 debe seguir un plan de comidas	G. la forma más frecuente de esta enfermedad

Lee el siguiente folleto dirigido a los jóvenes hispanos.

Consejos para jóvenes

Disminuye tu riesgo de desarrollar la diabetes tipo 2

Programa Nacional de Educación sobre la Diabetes

Cada día hay más jóvenes con diabetes tipo 2. Toma los pasos necesarios para disminuir tu riesgo. Comienza haciendo más ejercicio y comiendo más saludable.

La diabetes es una enfermedad grave.

Los alimentos que comemos se convierten en glucosa (azúcar), que el cuerpo convierte en energía. Cuando se tiene diabetes, la glucosa se concentra en la sangre y no puede ir a las células de tu cuerpo. Si el nivel de la glucosa en la sangre se mantiene demasiado alto por demasiado tiempo, puede causar daños a los ojos, los riñones y los nervios.

Tú tienes riesgo de desarrollar la diabetes si:

- alguien en tu familia tiene diabetes
- pesas demasiado
- no haces suficiente ejercicio
- eres hispano o latino, indígena americano, nativo de Alaska, afroamericano, asiático americano o de las islas del Pacífico.

Toma *acción* para mantenerte saludable.

Acción: Intenta llegar a un peso saludable y mantener ese peso.

La mayoría de los adolescentes que desarrollan diabetes tipo 2 pesan demasiado. Para disminuir tu riesgo de desarrollar la diabetes, pierde peso haciendo ejercicio y comiendo saludablemente.

Acción: Haz ejercicio todos los días.

- **Camina o monta tu bicicleta para ir de un lugar a otro.** Usa las escaleras. Baila o haz deportes.

Juega fútbol, básquetbol o anda en patineta con tus amigos.

- **Haz por lo menos 60 minutos de ejercicio al día.** Comienza lentamente. Veinte minutos, tres veces al día está bien. Cualquier cantidad de ejercicio que hagas es importante.
- **Limita el tiempo que pasas frente a la televisión y a la computadora a menos de 2 horas por día.**
- **Pídele a los demás miembros de tu familia que se pongan en forma contigo.**

Acción: Elige alimentos saludables todos los días.

- Desayuna, almuerza y cena, y además come una o dos meriendas ("*snacks*") saludables.
- Come ensalada con muchos vegetales. Puedes añadir una cucharada de aderezo o mayonesa bajos en grasa.
- Toma agua en lugar de soda regular, bebidas con sabor a frutas o bebidas deportivas.
- Come alimentos con un alto contenido de fibra como panes y cereales integrales. Otros alimentos con un alto contenido de fibra son arroz integral, lentejas, alverjas, frutas y vegetales.
- Come pescado, carne, pollo y otras aves de corral, queso bajo en grasa y productos de soya. Las porciones deben ser como del tamaño de la palma de tu mano. Los alimentos más saludables son los que han sido preparados al horno, asados o a la parrilla. Quita siempre el pellejo y toda la grasa que veas.
- De postre o para la merienda come una fruta en lugar de una barra de chocolate o papitas fritas.

Come porciones más pequeñas en las comidas y meriendas.

- Llena la mitad del plato con ensalada o vegetales. Puedes volver a servirte ensalada o vegetales.
- En los restaurantes de comida rápida, ordena el tamaño pequeño o comparte una comida más grande con un amigo o amiga.
- Si vas a comer pizza, come sólo dos pedazos de pizza de masa delgada y que sea de queso o vegetariana.
- Para las meriendas, intenta usar un plato o tazón pequeño para controlar lo que comes.

Aquí te damos unas ideas para meriendas saludables:

- una taza de vegetales con salsa ("pico de gallo")
- una porción de fruta

- una tortilla pequeña de harina o de maíz con dos rebanadas de pavo o queso bajo en grasa
- tres tazas, o una bolsa de una sola porción, de palomitas de maíz ("*popcorn*") bajas en grasa para hacer en el microondas.

Pregúntale a tu médico si corres riesgo de desarrollar la diabetes.

Tu médico puede:
- ayudarte a reducir tu riesgo
- ponerte en contacto con personas y programas que te pueden ayudar.

Para información adicional visita...
El Programa Nacional de Educación sobre la Diabetes para aprender más sobre la diabetes y obtener copias gratuitas de otras hojas informativas para jóvenes.
www.diabetesinformacion.org · 1-888-693-6337 (1-888-693-NDEP)
El Programa Nacional de Educación sobre la Diabetes (NDEP) del Departamento de Salud y Servicios Humanos de los Estados Unidos (DHHS) es un programa conjunto de los Institutos Nacionales de la Salud (NIH) y de los Centros para el Control y la Prevención de Enfermedades (CDC). Cuenta con el apoyo de más de 200 organizaciones asociadas.
El NDEP agradece a Francine R. Kaufman, M.D., Jefa del Departamento Médico de Medtronic Diabetes y Profesora Emérita de Pediatría de la Escuela de Medicina Keck de la Universidad de California del Sur y del Hospital Infantil de Los Ángeles, California, y a Janet Silverstein, M.D., Profesora del Departamento de Pediatría, Universidad de Florida, Gainesville, Florida, quienes revisaron este material para verificar su precisión técnica.
Impresa en febrero del 2010 Publicación NIH No. 10-52955 NDEP-116

La diabetes es un grave problema para la población hispana en EEUU. La incidencia de latinos/hispano-americanos con diabetes es el doble que la de los blancos no hispanos. Según los CDC, después de ajustar los números por edad, los méxico-americanos (el subgrupo más grande de hispanos) tienen 1,7 más probabilidades de sufrir diabetes que los blancos no hispanos. Según los CDC, si esta probabilidad fuera igual en todos los grupos hispanos habría unos 2,5 millones de hispanos mayores de 20 años con diabetes. De momento, aún no se tienen suficientes cifras de los otros subgrupos de hispanos, excepto de los puertorriqueños. Éstos tienen 1,8 más probabilidades que los blancos no hispanos de ser diagnosticados con diabetes.

El 73 por ciento de las mujeres méxico-americanas sufre de sobrepeso, mientras que en el total de la población femenina la cifra es menor, el 61,6. Según los CDC, más de la mitad de mujeres méxico-americanas dice no tener ninguna actividad lúdica. Como ya has leído, el sobrepeso y la falta de ejercicio son factores de riesgo para la diabetes.

Fuente: CDC.

A. SEGÚN EL TEXTO

Escribe 10 consejos dirigidos a los jóvenes que quieren evitar ser diabéticos.

B. MÁS ALLÁ DEL TEXTO

1. ¿De qué manera son los consejos diferentes a los que se darían a un adulto? ¿Por qué?

2. ¿Qué otros consejos añadirías tú? Escribe tres y después compártelos con un compañero.

En situaciones médicas, es común la necesidad de describir sensaciones físicas como el dolor en una parte del cuerpo, el picor en la nariz, etc. Estas sensaciones físicas son involuntarias y para expresarlas es necesario utilizar una construccional gramatical específica. La siguiente explicación te ayudará con este aspecto comunicativo.

A. REPASO DE GRAMÁTICA: LOS VERBOS PREPOSICIONALES

Cuando quieras describir una sensación física involuntaria, deberás utilizar verbos preposicionales, aquellos que se conjugan como gustar. La estructura es la siguiente:

Pronombre de complemento indirecto (la persona que tiene la sensación) + verbo en tercera persona + sujeto (la parte del cuerpo humano que produce la sensación)

Para enfatizar quién es la persona, se puede utilizar la preposición a + el nombre de la persona o el pronombre preposicional correspondiente.

Fíjate que al usar el pronombre indirecto se hace innecesario y redundante el uso del adjetivo posesivo delante de la parte del cuerpo.

Incorrecto: me duele mi pie ➡ Correcto: me duele el pie

El verbo doler (o-ue)

A mí me duele el pie/la cabeza A ti te duele el pie/la cabeza A él/ella/ Ud. le duele el pie/la cabeza A nosotros nos duele el pie/la cabeza A vosotros os duele el pie/la cabeza A ellos/ellas/Uds. les duele el pie/la cabeza	A mí me duelen los pies/las piernas A ti te duelen los pies/las piernas A él/ella/ Ud. le duelen los pies/las piernas A nosotros nos duelen los pies/las piernas A vosotros os duelen los pies/las piernas A ellos/ellas/Uds. les duelen los pies/las piernas

Otros verbos que funcionan como doler y gustar son los siguientes:

Arder	me arde la cabeza	To burn
Fallar	me fallan las piernas	To fail
Latir	me late el corazón con mucha fuerza	To beat
Llorar	me lloran los ojos	To cry
Moquear	me moquea la nariz	To have a runny nose
Quemar	me quema la cara	To burn
Picar	me pica toda la piel	To itch
Sangrar	me sangra la nariz	To bleed
Temblar	me tiemblan las manos	To twitch, to shake
Zumbar	me zumban los oídos	To buzz, to ring

B. PRÁCTICAS COMUNICATIVAS

A. Explicando dolores propios
Imagina que estás en la consulta médica y tienes que explicar qué partes del cuerpo te duelen.

1. Me (doler) la cabeza: _____

2. Me (doler) la garganta: _____

3. Me (doler) los riñones: _____

4. Me (doler) los pulmones: _____

5. Me (doler) el brazo derecho: _____

B. Explicando dolores ajenos
Imagina que estás en la consulta médica y tienes que explicar qué partes del cuerpo les duelen a las siguientes personas.

1. A mi abuela (doler) la cabeza: _____

2. A mis hijos (doler) la garganta: _____

3. A mi esposa (doler) los riñones: _____

4. A mi hijo (doler) los pulmones: _____

5. A ti (doler) la espalda: _____

C. Explicando otras molestias físicas

Explícale al doctor qué otras molestias tienes con las siguientes partes del cuerpo. Usa verbos distintos a doler.

Sigue el ejemplo: Los ojos → me **queman** los ojos

1. La garganta _____
2. El estómago _____
3. Los pies _____
4. Los oídos _____
5. La nariz _____

D. Explicando las molestias que sentías ayer

Explícale al doctor cómo te sentías ayer. Usa verbos distintos a doler.

Sigue el ejemplo: Los ojos → ayer me **quemaban** los ojos

1. La garganta _____
2. El estómago _____
3. Los pies _____
4. Los oídos _____
5. La nariz _____

E. Reaccionando a las molestias de un amigo

Tu amigo te ha explicado cómo se sentía ayer y tú reaccionas con amabilidad. Utiliza distintas frases para explicar tus sentimientos.

Sigue el ejemplo: Los ojos →¡Qué mala suerte que ayer te **quemaran** los ojos! ¡Cuánto siento que ayer te **quemaran** los ojos!

1. La garganta _____
2. El estómago _____
3. Los pies _____
4. Los oídos _____
5. La nariz _____

LA SALUD EN EL MUNDO HISPANO: LA DIABETES

La Organización Mundial de la Salud señala que 346 millones de personas en el mundo tienen diabetes, y de éstas más del 80 por ciento viven en países con medios o bajos ingresos. El aumento en los casos de diabetes está relacionado con cambios en los hábitos alimentarios y con la obesidad, según la OMS. Cada vez las personas consumen más alimentos con altos contenidos de grasas y azúcares. Esto es especialmente crítico para la salud de los niños y adolescentes ya que a pesar de tener poca edad, la mala alimentación puede causar no sólo diabetes sino enfermedades cardiovasculares, embolias e hipertensión.

México es uno de los países con el número más alto de personas obesas. Según la Secretaría de Salud mexicana, la diabetes es la principal causa de mortalidad en ese país. Al reto de controlar este problema se suma el mito de que la insulina produce ceguera, algo que la esta entidad trabaja para erradicar. La Secretaría afirma que el 90 por ciento de los casos de diabetes son causados por la obesidad. Niños de hasta 10 años ya han desarrollado la enfermedad debido a la mala alimentación. Efectos para combatir este problema incluyen la detección temprana de la enfermedad, la educación en las escuelas y los grupos de apoyo para padres y familias.

En Latinoamérica aumentan los casos que combinan obesidad con malnutrición ya que se ha observado que el costo de los alimentos altos en calorías, azúcares y sal es más bajo que el de los alimentos saludables y nutritivos.

La OMS predice que el número de muertes causadas por la diabetes se va a doblar entre los años 2005 y 2030. Un artículo publicado por la OMS declaraba que "el número de personas que sufren diabetes en América Latina podría llegar a 32.9 millones para el año 2030".

Para mejorar la salud, la OMS recomienda reducir el consumo de alimentos no saludables, aumentar el consumo de frutas, verduras y otros alimentos no procesados, e incrementar el ejercicio físico. También sugiere que la industria alimentaria puede afectar positivamente esta situación mejorando la calidad de los alimentos procesados.

Fuentes: Diabetes: OPS urge luchar contra la obesidad y la malnutrición en las Américas". OMS, 2008., Obesidad y sobrepeso, OMS, 2011, y Secretaría de Salud, México.

A. SEGÚN EL TEXTO

1. ¿A qué se debe el aumento de la diabetes en el mundo?

2. ¿Qué complicaciones puede traer?

3. ¿A qué se debe el aumento de la obesidad?

4. ¿Cómo se puede prevenir la diabetes en niños y adolescentes?

5. ¿Qué propone la OMS para arreglar esta situación?

B. MÁS ALLÁ DEL TEXTO

Cuando un niño tiene diabetes, la enfermedad afecta a toda la familia. Con el Internet, busca un grupo de apoyo para familias con niños diabéticos. Luego responde:

1. ¿Existen estos grupos en tu comunidad? Si no, ¿dónde está el más cercano?

2. ¿Qué tipo de apoyo ofrecen?

3. ¿Hay algún grupo en español?

INVESTIGACIÓN, ESCRITURA Y CONVERSACIÓN

Primer paso

1. De la lista siguiente, selecciona un problema. También puedes seleccionar un problema relacionado con el sistema endocrino que no esté aquí.

Bocio, m.	Goiter
Cáncer de ovarios, m.	Ovarian Cancer
Cáncer de páncreas, m.	Pancreatic cancer
Cáncer de testículo, m.	Testicular cancer
Diabetes insípida, f.	Diabetes Insipidus
Displasia septo-óptica, f.	Septo-Optic Dysplasia
Enanismo, m.	Dwarfism
Enfermedad de Addison, f.	Addison's Disease
Enfermedad de Graves, f.	Graves' Disease
Enfermedad de Hashimoto, f.	Hashimoto's Disease
Enfermedades del sistema endocrino, f.	Endocrine Diseases
Falla ovárica prematura, f.	Premature Ovarian Failure
Feocromocitoma, f.	Pheochromocytoma
Fibrosis quística, f.	Cystic fibrosis,
Galactorrea, f.	Galactorrhea
Hiperplasia adrenal congénita, f.	Congenital adrenal hyperplasia
Hipertiroidismo, m.	Hyperthyroidism
Hipopituitarismo, m.	Hypopituitarism
Hipotiroidismo, m.	Hypothyroidism
Mixedema, f.	Myxedema
Nódulos tiroideos , m.	Thyroid Nodules
Quiste ovárico, m.	Ovarian Cyst

2. Ve a la página http://www.nlm.nih.gov/medlineplus/spanish, http://www.tuotromedico.com/ u otra similar que ofrezca información en español sobre las enfermedades y busca detalles sobre la enfermedad que has escogido.

Segundo paso

Basándote en la información que has leído, escribe un diálogo entre un médico y su paciente. El paciente va a tener los síntomas de la enfermedad que has escogido. El médico puede recomendar varias pruebas. Luego va a explicar la enfermedad. Sé creativo.

Utiliza tus propias palabras y no olvides incluir la dirección de Internet de dónde has obtenido la información.

Tercer paso

1. Comparte el diálogo con un compañero de clase. Usando el escrito como base, representad el diálogo. Añadid cualquier pregunta o tema de conversación apropiado entre paciente y médico que os parezca conveniente.
2. Haz una representación con otros dos compañeros. Uno será un médico que no habla español, otro un paciente que no habla inglés y el tercero será el intérprete. Siguiendo los consejos sobre la interpretación consecutiva, dramatizad una situación que incluya una de las enfermedades de las que habéis hablado en el paso 2. Tened en cuenta los aspectos culturales que habéis aprendido.

ENFOQUE CULTURAL: PERÚ Y BOLIVIA

Perú   **Bolivia**

A. INVESTIGACIÓN

Primero, visita las páginas de Internet para aprender sobre cuestiones médicas y culturales en estos países. Luego rellena la tabla siguiente. Finalmente, analiza la información y discútela en clase con tus compañeros.

Perú

- Ministerio de Salud Pública: http://www.minsa.gob.pe/portada/
- Organización Panamericana de la Salud: http://new.paho.org/per/
- Latin American Network Information Center: http://lanic.utexas.edu/la/peru/

Bolivia

- Secretaría de Salud: http://www.salud.gob.hn/
- Organización Panamericana de la Salud: http://www.ops.org.bo/
- Latin American Network Information Center: http://lanic.utexas.edu/la/sa/bolivia/

	Perú	Bolivia
PIB per cápita		
Gastos del gobierno en sanidad per cápita		
Expectativa de vida para ambos sexos		
Expectativa de vida para hombres		
Expectativa de vida para mujeres		
Tasa de mortalidad infantil		
¿Qué cuestiones médicas parecen tener primacía hoy en día?		
¿De qué manera tratan estos países los principios de la medicina tradicional y a sus practicantes?		

B. TÚ ERES EL MÉDICO

Un paciente hispano va a viajar a Perú y Bolivia y necesitas informarle sobre cómo cuidarse la salud mientras esté allí. Lee la información que el gobierno de EEUU da a los viajeros. Escribe un resumen en español que le darías a tu paciente.
Información para viajeros

- **Perú**: http://wwwnc.cdc.gov/travel/destinations/peru.aspx

- **Bolivia**: http://wwwnc.cdc.gov/travel/destinations/bolivia.aspx

A. TRADUCE LAS SIGUIENTES FRASES AL INGLÉS

1. La insulina es una hormona producida en el páncreas que actúa sobre los músculos favoreciendo la absorción de glucosa en los músculos y reduciendo su concentración en la sangre.

2. El 73 por ciento de las mujeres méxico-americanas sufre de sobrepeso, mientras que en el total de la población femenina la cifra es menor, el 61,6.

3. Según el Dr. Barceló, "La epidemia de obesidad, causante del aumento de la diabetes, está impulsada en gran parte por un cambio generalizado hacia hábitos alimentarios nada saludables y por la reducción de la actividad física. Esto es especialmente grave entre la población infantil y adolescente".

B. TRADUCE LAS SIGUIENTES FRASES AL ESPAÑOL

1. Oxytocin is a hormone produced by the hypophysis. It increases the strength of the contractions during labor and it also influences the production of breast milk.

2. Insulin and glucagon are two hormones produced in the pancreas and involved in maintaining the correct level of glucose in the blood.

3. Cortisol is produced in the adrenal glands. It is involved in the body's response to stress and anxiety. It also affects the level of glucose in the blood.

4. Gestational diabetes is diabetes diagnosed during pregnancy. If it is not controlled it can have serious consequences for the mom and the baby.

TU VOCABULARIO

Anota las palabras y frases nuevas que has aprendido, pero que no están incluidas en el vocabulario de este capítulo.

_____

_____

_____

_____

En este sitio encontrarás mucha información y actividades interactivas sobre el sistema endocrino: http://recursos.cnice.mec.es/biosfera/alumno/3ESO/Sistendo/index_act.htm

El ensayo escrito por Reynaldo Martorell "La diabetes y los mexicanos: ¿Por qué están vinculados?" contiene información muy interesante: http://www.cdc.gov/pcd/issues/2005/jan/04_0100_es.htm

En este vídeo verás información sobre cómo cocinar de una forma balanceada: http://www.youtube.com/watch?v=QBlk72uBxTU

MÚSICA MÉDICA: HOY NO ME PUEDO LEVANTAR

Artista: Mecano
Escucha la canción y rellena el espacio en blanco con la palabra o frase adecuada.

Hoy no me puedo levantar
el fin de semana me dejó fatal

_____

bebiendo, fumando y sin parar de reír

Hoy no me puedo levantar
nada me puede hacer andar
no sé qué es lo que _____.
Me duelen _____,
me duelen _____
me duelen _____,
me duelen _____.

Hoy no me puedo concentrar
tengo la cabeza para reventar
es_____del champagne
burbujas que suben y después se van

Hoy no me levanto estoy que no ando
hoy _____ guardando la
cama

hay que ir al trabajo, no me da la gana
Me duelen
_____,
me duelen
_____
me duelen
_____,
 me duelen
_____.
Hoy no me puedo levantar
nada _____

Hoy no me puedo levantar
el fin de semana me dejó fatal
toda la noche sin dormir
bebiendo, fumando y sin parar de reír

Hoy no me puedo levantar
Hoy no me puedo levantar
Hoy no me puedo levantar

A. SEGÚN LA CANCIÓN

1. ¿Qué tipo de situación refleja la canción?

2. Si tú fueras el médico, ¿a qué atribuirías los síntomas?

3. ¿Ocurren situaciones como ésta en tu comunidad? Explica por qué sí o no.

B. MÁS ALLÁ DEL TEXTO

Cada vez que en la canción se usa el verbo doler, cámbialo a uno de los que has estudiado en este capítulo. Cambia también la parte del cuerpo que está sufriendo los efectos de una noche demasiado activa.

—Doctor, no he notado mejoría con el tratamiento que me dio.
—Pero, ¿se ha tomado el jarabe que le receté?
—¿Cómo me lo voy a tomar, si en el frasco dice consérvese bien cerrado?

Llega un hombre a la consulta del doctor y le pregunta:
—Y bien doctor, ¿cómo me encuentra?
El doctor lo examina y le dice:
—Tiene diabetes crónica, el hígado destrozado, cancer de pulmón, una artritis hasta el tuétano, y de paso enfermedades cardiovasculares.
El hombre al escuchar todo eso sale muy triste del consultorio. Al llegar a la calle pasa un coche fúnebre. El hombre le hace señas y le grita:
—¡Taxi!

REFLEXIÓN

Escribe unas notas sobre lo que has aprendido a nivel de contenidos médicos, de costumbres de los hispanos y sobre la situación sanitaria de los países estudiados en este capítulo.

CAPÍTULO 11

EL SISTEMA REPRODUCTOR FEMENINO

Poca cama, poco plato,
y mucha suela de zapato.

Refrán

Objetivos

En este capítulo encontrarás contenido y vocabulario para mejorar la comunicación sobre los siguientes temas:

- La visita al ginecólogo
- El marianismo
- Los cuidados durante el embarazo
- Situaciones que afectan la salud durante el embarazo

También practicarás cómo describir algunos síntomas de diferentes dolencias.

1. Qué piensas del refrán introductorio al capítulo? ¿Qué te señala sobre la cultura hispana? ¿Hay algún refrán o dicho parecido en tu lengua materna?

2. ¿Qué sabes del papel que la sociedad espera que cumpla la mujer hispana?

3. ¿Sabes qué cuidados debe recibir una mujer durante el embarazo?

4. ¿Sabes qué factores afectan la salud de la mujer?

5. ¿Podrías distinguir si una amiga o familiar estuviera sufriendo abusos domésticos?

6. ¿Qué sabes sobre la situación de la salud en Paraguay y Uruguay?

El sistema reproductor femenino está formado por los ovarios, las trompas de falopio, el útero, la vagina y el cérvix.

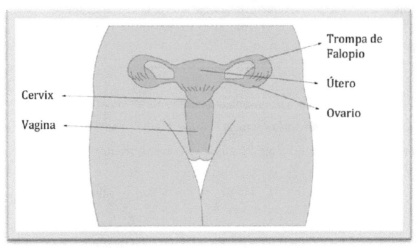

Estudia el siguiente vocabulario para poder comunicarte sobre este sistema y sobre algunas de las situaciones relacionadas con él.

Anatomía		Control de la natalidad	Birth control
Cérvix, m.	Cervix	Atarse los tubos, v.	To have one's tubes tied
Cuello del útero, m.	Cervix	Condón, m.	Condom
Gameto, m.	Gamete	Diafragma, m.	Diaphragm
Labio mayor, m.	Labia majora	DIU, dispositivo intrauterino, m.	IUD, intrauterine device
Labio menor, m.	Labia minora	Espermicida, m.	Spermicide
Óvulo, m.	Ovum, egg	Esterilización por laparoscopia, f.	Sterilization by Laparoscopy
Ovular, v.	To ovulate	Medición de la temperatura basal, f.	Basal temperature measurement
Pubis, m.	Pubis	Método anticonceptivo, m.	Contraceptive method
Trompas de Falopio, f.	Fallopian tubes	Método ogino, m.	Rhythm method
Uretra, f.	Urethra	Parche anticonceptivo, m.	Birth control patch
Vejiga, f.	Bladder	Píldora, f.	Pill
Zigoto, m.	Zygote	Profiláctico, m.	Prophylactic
Cérvix, m	Cervix	Vasectomía, f.	Vasectomy

Otras palabras asociadas con este sistema

Agredir, v.	To assault	Menstruación, f./período, m./regla, f.	Menstruation/ period
Agresor, m.	Attacker, assailant	Micción, f.	Urination
Brindar, v.	To offer	Orinar, v.	To urinate
Calambre, m.	Cramp	Papanicolau (prueba de), m.	PAP Smear
Calores, m.	Hot flashes	Partera, f.	Midwife
Comadrona, f.	Midwife	Parto difícil, m.	Difficult birth
Dar a luz, v.	To give birth	Parto provocado, m.	Induced labor
Desmayo , m.	Fainting	Parto, m.	Labor
Embarazada, adj.	Pregnant	Parturienta, f.	Woman in labor
Embarazo, m.	Pregnancy	Pérdida de sangre, m.	Bleeding
Episiotomía, f.	Episiotomy	Romper aguas, v.	To break water

El campo que estudia el sistema reproductor femenino es la ginecología y el especialista en este campo es el ginecólogo.

La obstetricia es la rama que se ocupa del embarazo, parto y puerperio. El especialista en este campo es el obstetra. Otros nombres para personas que asisten en los partos normales son comadronas, matronas o parteras.

¿QUÉ ES Y CÓMO FUNCIONA?

Al llegar a la pubertad, el cuerpo de las niñas empieza a cambiar debido a hormonas segregadas por el hipotálamo y la hipófisis. El cuerpo de la mujer desarrolla senos y vello en áreas que antes no lo tenía. También se redondean las caderas y empieza la menstruación.

Los ovarios producen gametos, o células reproductoras. Los gametos producidos por el aparato femenino se llaman óvulos. Éstos viajan por las trompas de Falopio hasta el útero. Los ovarios también segregan hormonas que preparan el útero para la llegada del óvulo. Una vez el óvulo llega al útero espera allí a ser fecundado. La célula resultante de la fecundación se llama zigoto. Si la fecundación no se produce, el cuerpo expulsa por la vagina el óvulo y los tejidos que preparaban el útero para la fecundación. Esto es la llamada menstruación o regla. Este ciclo se repite hasta que los ovarios de la mujer dejen de producir las hormonas. Este periodo en la vida de la mujer se conoce como menopausia y ocurre alrededor de los 50 años.

La mujer puede quedarse embarazada desde la primera ovulación. Si el sistema reproductor no puede producir gametos, el individuo no se podrá reproducir.

Cuando una mujer visita al ginecólogo, debe rellenar un formulario médico específico relacionado con el sistema reproductor femenino. Más abajo puedes ver un ejemplo. Rellénalo con un/a compañero/a de clase.

CONSULTORIO GINECOLÓGICO DE LA DRA. SÁNCHEZ

Edad de la primera menstruación:		
Fecha de la última menstruación:		
Tiene la regla cada _____ días		
¿Tiene reglas pesadas, irregulares, dolorosas?	☐ Sí	☐ No
Número de embarazos _____ Número de nacimientos vivos _____		
¿Está embarazada o amamantando?	☐ Sí	☐ No
¿Ha tenido algún raspado, histerectomía o cesárea?	☐ Sí	☐ No
En este último año, ¿ha sufrido alguna infección de las vías urinarias, los riñones o la vejiga?	☐ Sí	☐ No
¿Tiene sangre en la orina?	☐ Sí	☐ No
¿Tiene dificultad para controlar la orina?	☐ Sí	☐ No
¿Tiene calores o sudores nocturnos?	☐ Sí	☐ No
¿Sufre de tensión menstrual, dolor, irritabilidad, u otros síntomas cuando va a tener o tiene la regla?	☐ Sí	☐ No
¿Ha experimentado recientemente pechos doloridos, bultos o secreción del pezón?	☐ Sí	☐ No
¿Cuándo tuvo la última prueba de Papanicolaou y el último examen rectal?		

Al papel de la mujer en la sociedad hispana se le ha llamado marianismo. La comunidad espera que la mujer se comporte como se imagina lo hizo el ideal femenino de mujer: la Virgen María. Las características de la mujer perfecta son abnegación, humildad, piedad, virtud y sumisión. Se espera que la mujer hispana se sacrifique por el bienestar de los suyos y que siempre ponga los deseos de su esposo e hijos por delante de los propios. Se supone que va a ser virgen hasta el matrimonio y fiel al esposo después. La familia va a ser lo más importante para la mujer, y si no lo es, es porque tiene algún problema moral o espiritual.

En cuanto a decisiones relacionadas con la salud, la madre es la que decide qué tratamiento van a recibir su esposo, hijo y cualquier otro familiar que esté a su cuidado, como abuelos, tíos ancianos, etc. Cuando alguien enferma, la madre primero puede intentar sanar al enfermo con tratamientos caseros. Si éstos no funcionan, ella decidirá cuándo ir al médico y a qué tipo de

doctor acudir, ya sea uno tradicional o biomédico.

Si una joven hispana visita al médico con su madre, es importante entender el papel que el marianismo tendrá durante la visita. La muchacha va a ser reacia a responder cualquier pregunta que indique que ha tenido relaciones sexuales prematrimoniales. El médico con competencia cultural, si necesita discutir este tema, encontrará una manera de poder hablar con la muchacha sin la presencia de la madre. Culturalmente, el visitar al ginecólogo puede ser una situación difícil, en parte por vergüenza, no sólo por la visita ginecológica, sino por la anticipada conversación con el ginecólogo. Es importante que los profesionales de la salud estén conscientes de esta situación.

El marianismo también puede explicar porqué una joven no insiste en usar condones, ya sea para protegerse de infecciones, o para no tener más hijos. Complacer al compañero está plenamente arraigado en la mente de la mujer, aunque vaya en contra de sus propios deseos.

Existe otro aspecto muy preocupante relacionado con no usar preservativos. La cultura hispana no rechaza al hombre que tiene relaciones sexuales fuera del matrimonio, sino que presiona a la esposa para que le perdone. Lo primordial es que la familia se mantenga intacta. Esto pone a las mujeres en peligro de contraer infecciones sexuales. Es muy importante que los profesionales de la salud encuentren maneras de educar a las mujeres sobre los riesgos que supone el no oponerse a los deseos de sus parejas.

El marianismo también prescribe que la meta primaria de la mujer es el tener hijos. Si el ginecólogo cree que el concebir puede poner en riesgo la salud de la mujer, debe explicar esta situación a la pareja enfatizando la salud de la madre, no el hecho de no traer más hijos al mundo.

LECTURA MÉDICA: CUIDADOS DURANTE EL EMBARAZO

Antes del desarrollo de la medicina moderna, muchas madres y sus bebés no sobrevivían el embarazo y el proceso de nacimiento. Actualmente, el buen cuidado prenatal puede mejorar significativamente la calidad del embarazo y el pronóstico tanto para el bebé como para la madre.

El buen cuidado prenatal incluye:
- Buena nutrición y hábitos saludables antes y durante el embarazo
- Exámenes prenatales frecuentes
- Ecografías de rutina para detectar problemas con el bebé

Pruebas rutinarias de detección para:
- Anomalías con la presión arterial
- Problemas del tipo sanguíneo (Rh y ABO)
- Diabetes
- Trastornos genéticos, si existen antecedentes familiares o si la edad de la madre ofrece un alto riesgo
- Inmunidad a la rubéola

- Enfermedades de transmisión sexual

- Proteína en la orina

Las mujeres necesitan seleccionar un médico que les brinde cuidado prenatal, asistencia en el parto y servicios posparto. Las opciones de médicos en la mayoría de las comunidades son, entre otras:
- Médicos especializados en obstetricia y ginecología

- Enfermeras obstetras certificadas

- Médicos de familia

- Enfermeras profesionales o auxiliares médicos que trabajan con un médico general

Los médicos de familia, o médicos generales, son expertos en el cuidado de las mujeres a lo largo de sus embarazos y partos normales. Si hay un problema durante el embarazo, el médico la remitirá a un especialista.

La metas del cuidado prenatal son:
- Vigilar tanto a la mujer embarazada como al feto a lo largo de todo el embarazo.

- Buscar cambios que puedan llevar a embarazos de alto riesgo.

- Explicar los requerimientos nutricionales durante todo el embarazo y el período de posparto.

- Explicar las recomendaciones o restricciones con relación a la actividad.

- Abordar dolencias comunes que se puedan originar durante el embarazo (como náuseas del embarazo, dolores de espalda, dolor de piernas, micción frecuente, estreñimiento y ardor en el estómago) y cómo manejarlos, preferiblemente sin medicamentos.

Las mujeres que estén pensando en quedarse embarazadas o que estén embarazadas deben consumir una dieta balanceada y tomar un suplemento de vitaminas y minerales que incluya al menos 0,4 miligramos (400 microgramos) de ácido fólico. El ácido fólico se necesita para disminuir el riesgo de desarrollo de ciertas anomalías congénitas, como la espina bífida. Algunas veces se prescriben dosis más altas si una mujer tiene un riesgo mayor de lo normal a que su bebé padezca estas afecciones.

A las mujeres embarazadas se les aconseja consultar el uso de cualquier medicamento con el médico y evitar todos los medicamentos, a menos que sean necesarios y recomendados por un médico experto en cuidado prenatal.

Asimismo, las mujeres embarazadas deben evitar cualquier consumo de alcohol y drogas, al igual que limitar el consumo de cafeína y no fumar. También deben evitar el uso de preparaciones herbales y medicamentos comunes de venta libre que puedan interferir con el desarrollo normal del feto.

Las visitas prenatales se programan particularmente:
- Cada 4 semanas durante las primeras 32 semanas de gestación

- Cada 2 semanas desde la semana 32 a la semana 36 de gestación

- Semanalmente desde la semana 36 hasta el parto

El aumento de peso, la presión arterial, la altura uterina y los tonos cardíacos fetales (en la medida de lo necesario) generalmente se miden y registran en cada visita y se realizan pruebas rutinarias de detección en orina.

Cuándo llamar al médico:

- Llame al médico si sospecha que está embarazada, está actualmente embarazada y no está recibiendo cuidado prenatal o si es incapaz de manejar dolencias comunes sin el uso de medicamentos.

- Llame al médico si sospecha que está embarazada y está tomando medicamentos para diabetes, enfermedad de la tiroides, convulsiones o presión arterial alta.

- Coméntele al médico si actualmente está embarazada y ha estado expuesta a una enfermedad de transmisión sexual, a productos químicos, a radiación o a contaminantes inusuales.

- Consulte con el médico si está actualmente embarazada y presenta fiebre, escalofríos o dolor al orinar.

- Es urgente que llame al médico si actualmente está embarazada y nota alguna cantidad de pérdida de sangre vaginal, ruptura de membranas (ruptura de fuente) o experimenta un trauma físico o emocional severo.

Fuente: MedlinePlus. Información de Salud para Usted.

SEGÚN EL TEXTO

1. ¿De qué manera se debe cuidar especialmente una mujer embarazada?

2. ¿Qué tipo de exámenes debe tener una mujer embarazada?

3. ¿Cuáles son las metas de los cuidados prenatales?

4. ¿Cuándo debe llamar al médico una mujer embarazada?

LA SALUD DE LAS HISPANAS EN EEUU

Las mujeres hispanas que viven en EEUU tienen peor salud que las blancas no hispanas. Esto es debido a varias causas. Según la Oficina de Salud de la Mujer (OSM), una de cada tres hispanas que vive en EEUU no tiene seguro médico. Este número es tres veces más alto que el número de mujeres blancas que no lo tiene. Al no estar aseguradas, estas mujeres no reciben pruebas de prevención ni visitas rutinarias.

Según la OSM, otras causas son:

- Racismo

- Pobreza

- Diferencias culturales

- Inhabilidad para llegar al médico

- Falta de conocimiento sobre la importancia de las pruebas de detección para la prevención de enfermedades

A pesar del impacto de las causas anteriores, distintos estudios clasifican la violencia doméstica como el mayor peligro a la salud de la mujer. Esta situación es especialmente peligrosa durante el embarazo. Según el estudio "Abuse of Pregnant Women and Adverse Birth Outcome", la violencia física durante el embarazo se refleja en los siguientes síntomas:

- Aumento de peso insuficiente
- Infecciones vaginales, cervicales o renales
- Sangrado vaginal
- Trauma abdominal
- Hemorragia
- Exacerbación de enfermedades crónicas
- Complicaciones durante el parto
- Retraso en el cuidado prenatal
- Aborto espontáneo
- Bajo peso al nacer
- Ruptura de membranas
- Placenta previa
- Infección urinaria
- Magulladuras del feto, fracturas y hematomas
- Muerte

La hoja informativa "Programa Mujer, Salud y Desarrollo" de la OPS, señala que el abuso que sufre la mujer embarazada tiene varias causas entre las que se encuentra el estrés que siente el hombre cuando su pareja va a tener un hijo. Este estrés aumenta si el embarazo no fue planificado, si el padre es un adolescente, y si lo es la madre.

Fuente: OPS y "Abuse of Pregnant Women and Adverse Birth Outcome". *Journal of the American Health Association*, 267: 1992.

A. SEGÚN EL TEXTO

1. ¿Por qué se cree que las mujeres embarazadas son agredidas?

2. ¿Qué otras variables aumentan la posibilidad de ser agredida?

3. Aparte de las consecuencias físicas, ¿qué efectos crees que tiene la agresión en la madre?

B. MÁS ALLÁ DEL TEXTO

1. Usa tus conocimientos previos y/o el Internet para entender en más detalle las diferentes razones por las que la mujer hispana en EEUU tiene mala salud. Si puedes, da ejemplos que conoces de tu comunidad.

2. ¿Cómo se podrían solucionar estos problemas? Da ejemplos específicos.

Para describir síntomas de una enfermad, es común comparar el dolor o la sensación física a una situación irreal. Cuando quieras expresarte de esta manera, puedes utilizar:

- **como si + pretérito imperfecto de subjuntivo, o**
- **como si + pluscuamperfecto de subjuntivo**

También puedes comparar la sensación utilizando "parece que". En este caso, el uso de los tiempos verbales es igual a cuando se usa *como si.*

Para describir una situación presente, utiliza el imperfecto de subjuntivo: *Me duele el estómago como si me estuvieran dando puñetazos.*

Para describir una situación en el pasado, utiliza el pluscuamperfecto de subjuntivo. Por ejemplo, *Ayer, me dolía el estómago como si me hubieran dado puñetazos.*

Las siguientes comparaciones son comunes:

- Me duele tanto la cabeza; es como si me estuvieran pegando martillazos.
- Me duele tanto la cabeza; parece que me estuvieran pegando martillazos.
- Me duele todo el cuerpo; es como si me hubieran pegado una paliza.
- Me duele todo el cuerpo; parece que me hubiera pasado un camión por encima.

PRÁCTICA COMUNICATIVA

Imagina que te encuentras mal y visitas al ginecólogo. Quieres darle una idea del nivel de tu molestia, así que usas frases similares a las del repaso gramatical. Utiliza la imaginación.

1. Me duele tanto la espalda, es como si _____
2. ¡Voy tanto al baño! Es como si _____
3. ¡Tengo tantos calores! Es como si _____
4. ¡Tengo unas reglas tan dolorosas! Es como si _____
5. Todo me irrita cuando tengo la regla. Es como si _____

La salud de la mujer, como otras situaciones relacionadas con la salud que ya has visto, varía enormemente de país a país, incluso dentro de una misma región. Estudia las siguientes tablas para conocer este tema en más detalle. Los años indican la última fecha para la que se tienen datos.

País	Mujeres que han recibido una mamografía (%)	Año	Mujeres que han tenido un Papanicolao u (%)	Año	Índice de fertilidad (mujer)	Año	Uso de anticonceptivos (%)	Año
Argentina					2,3	06	65,3	01
Bolivia					3,6	06	58,4	04
Chile					1,9	06	60,7	01
Colombia					2,3	06	78,2	05
Costa Rica					2,1	06		
Cuba					1,5	06	73,3	00
Ecuador	17	03	45	03	2,6	06	72,7	04
EEUU					2,1	06	72,8	02
El Salvador					2,7	06	67,3	03
España	52	03	60	03	1,4	06		
Guatemala	14	03	40	03	4,3	06	43,3	02
Guinea Ecuatorial					5,4	06		
Honduras					3,4	06	65,2	06
México	21	03	64	03	2,3	06	70,9	06
Nicaragua					2,8	06	68,6	01
Panamá					2,6	06		
Paraguay	13	03	53	03	3,2	06	72,8	04
Perú					2,5	06	71,3	06
Rep. Dominicana	18	03	66	03	2,9	06	69,8	02
Uruguay	54	03	62	03	2,1	06	77	04
Venezuela					2,6	06		

Tabla 1. Estadísticas de la OMS.

A. SEGÚN LA TABLA 1

1. Reflexiona sobre el significado de estos números. ¿Qué indican sobre el nivel de medicina preventiva de un país, y esto sobre la salud del mismo? ¿Qué mujeres son las que reciben más pruebas? Explica. Debes tener en consideración que estas tablas sólo ofrecen las cifras de los países que las han ofrecido, y no todos lo han hecho.

2. ¿Qué relación hay entre el número de hijos que tiene una mujer y el porcentaje de personas que utilizan anticonceptivos? ¿Qué países tienen las cifras más altas y más bajas?

País	Visitas prenatales (al menos 4) (%)	Año	Partos asistidos por personal médico capacitado (%)	Año	Nacimientos por cesárea (%)	Año
Argentina			99	05		
Bolivia	58	03	61	03	15	03
Chile			100	05		
Colombia	83	05	96	05	27	05
Costa Rica			94	06		
Cuba			100	06		
Ecuador	58	04	80	05		
EEUU			100	04	23	00
El Salvador	71	02	69	03		
España						
Guatemala			41	02		
Guinea Ecuatorial	37	01	63	00		
Honduras	81	05	67	06	13	05
México			94	06		
Nicaragua	72	01	67	01	15	01
Panamá			91	05		
Paraguay	79	04	100	04		
Perú	87	04	73	04	13	00
Rep. Dominicana	94	02	96	06	31	02
Uruguay			100	05		
Venezuela			95	03		

Tabla 2. Estadísticas de la OMS.

B. SEGÚN LAS TABLAS 2 Y 3

1. ¿Qué mujeres realizan al menos 4 visitas al médico durante el embarazo? ¿Hay alguna relación entre esta cifra y el número de cesáreas recibidas? ¿Y entre el porcentaje de personal sanitario de un país y el número de partos asistidos por profesionales?

2. ¿Qué mujeres son las que experimentan más partos sin personal médico? ¿Cuáles creen que pueden ser las consecuencias de esto?

3. ¿Ves alguna relación entre el porcentaje de madres que recibieron visitas prenatales y el porcentaje de recién nacidos con bajo peso?

País	Densidad de enfermeros y parteras (por 10.00 hab.)	Año	Proporción de enfermeros y parteras a doctores	Año	Recién nacidos con peso bajo al nacer (%)	Año
Argentina	8	98	0,3	98	7	99
Bolivia	21	01	1,7	01	9	98
Chile	6	03	0,6	03	5	01
Colombia	6	02	0,4	02	9	00
Costa Rica	9	00	0,7	00	7	00
Cuba	74	02	1,3	02	6	01
Ecuador	17	00	1,1	00	16	99
EEUU	94	00	3,7	00	8	02
El Salvador	8	02	0,6	02	13	98
España	76	06	2,3	03	6	97
Guatemala	41	99	4,5	99	13	99
Guinea Ecuatorial	5	04	1,8	04	13	00
Honduras	13	00	2,3	00	14	01
México	9	00	0,5	00	9	99
Nicaragua	11	03	2,9	03	12	01
Panamá	28	00	1,8	00	10	97
Paraguay	18	02	1,6	02	9	96
Perú	7	99	0,6	99	11	96
República Dominicana	18	00	1	00	11	02
Uruguay	9	02	0,2	02	8	02
Venezuela	11	01	0,6	01	7	00

Tabla 3. Estadísticas de la OMS.

País	Índice de mortandad materna (por 100 nacimientos)	Año	Índice de mortandad de neonatos (por 100 nacimientos)	Año	Índice de mortandad infantil (ambos sexos por 100 nacimientos))	Año	Muertes de niños menores de 5 años debidas a causas neonatales (%)	Año
Argentina	77	05	10	04	14	06	56,5	00
Bolivia	290	05	24	04	50	06	37,9	00
Chile	16	05	5	04	8	06	52,8	00
Colombia	130	05	13	04	17	06	62,1	00
Costa Rica	30	05	8	04	11	06	58,7	00
Cuba	45	05	4	04	5	06	49,9	00
Ecuador	210	05	13	04	21	06	49,8	00
EEUU	11	05	4	04	7	06	56,9	00
El Salvador	170	05	12	04	22	06	39,9	00
España	4	05	2	04	4	06	52,4	00
Guatemala	290	05	19	04	31	06	37,3	00
Guinea Ecuatorial	680	05	47	04	124	06	27,5	00
Honduras	280	05	17	04	23	06	43,1	00
México	60	05	11	04	29	06	52,5	00
Nicaragua	170	05	16	04	29	06	42,4	00
Panamá	130	05	11	04	18	06	42,4	00
Paraguay	150	05	12	04	19	06	53,5	00
Perú	240	05	11	04	21	06	38,5	00
Rep. Dominicana	150	05	18	04	25	06	47,2	00
Uruguay	20	05	7	04	13	06	48,1	00
Venezuela	57	05	11	04	18	06	52,6	00

Tabla 4. Estadísticas de la OMS

C. SEGÚN LA TABLA 4

1. ¿Qué relación hay entre el índice de mortandad materna y el de la de los neonatos?

2. ¿Qué relación hay entre el porcentaje de recién nacidos con bajo peso y el porcentaje de mortandad infantil y de menores de 5 años.

D. MÁS ALLÁ DEL TEXTO

En muchos países se busca la asistencia de comadronas para el cuidado de la mujer embarazada y para su ayuda durante el parto. ¿Qué ventajas y desventajas crees que tiene esto? Discute esta situación con un compañero y luego compartid vuestras ideas con el resto de los estudiantes.

Primer paso

1. De la lista siguiente, selecciona una situación o problema relacionado con el sistema reproductor femenino.

Aborto espontáneo, m.	Miscarriage
Aborto provocado, m.	Abortion
Amenorrea, f.	Amenorrhea
Anorgasmia, f.	Anorgasmia
Bartolinitis, f.	Bartolinitis
Cáncer de cérvix/de cuello uterino, m.	Cervical Cancer
Cáncer de mama/seno/pecho, m.	Breast Cancer
Cáncer de útero, m.	Uterine Cancer
Depresión posparto, f.	Postpartum Depression
Disfunción sexual de la mujer, f.	Female Sexual Dysfunction
Dispareunia, f.	Dyspareunia
Endometriosis, f.	Endometriosis
Enfermedad inflamatoria pélvica, f.	Pelvic Inflammatory Disease
Fibroides uterinos, m.	Uterine Fibroids
Galactorrea, f.	Galactorrhea
Histerectomía, f.	Hysterectomy
Infertilidad, f.	Infertility
Menopausia, f.	Menopause
Preeclampsia, f.	Preeclampsia
Quistes ováricos, m.	Ovarian Cysts
Síndrome premenstrual, m.	Premenstrual Syndrome

2. Ve a la página http://www.nlm.nih.gov/medlineplus/spanish, http://www.tuotromedico.com u otra página similar que ofrezca información en español sobre estas situaciones/ enfermedades. Busca información sobre el tema que has escogido.

Segundo paso

Basándote en la información que has leído, escribe un diálogo entre un médico y su paciente. El paciente va a tener los síntomas de la enfermedad que has escogido. El médico puede recomendar varias pruebas. Luego va a explicar la enfermedad. Sé creativo.

Utiliza tus propias palabras y no olvides incluir la dirección de Internet de dónde has obtenido la información.

Tercer paso

1. Comparte el diálogo con un compañero de clase. Usando el escrito como base, representad el diálogo. Añadid cualquier pregunta o tema de conversación apropiado entre paciente y médico que os parezca conveniente.

2. Haz una representación con otros dos compañeros. Uno será un médico que no habla español, otro un paciente que no habla inglés y el tercero será el intérprete. Siguiendo los consejos sobre la interpretación, dramatizad una situación que incluya una de las enfermedades de las que habéis hablado en el paso 2.

ENFOQUE CULTURAL: PARAGUAY Y URUGUAY

Paraguay   **Uruguay**

A. INVESTIGACIÓN

Primero, visita las páginas de Internet para aprender sobre cuestiones médicas y culturales en estos países. Luego rellena la tabla siguiente. Finalmente, analiza la información y discútela en clase con tus compañeros.

Paraguay

- Ministerio de Salud Pública: http://www.minsa.gob.pe/portada/
- Organización Panamericana de la Salud: http://new.paho.org/par/
- Latin American Network Information Center: http://lanic.utexas.edu/la/sa/paraguay/

Uruguay

- Ministerio de Salud Pública y Bienestar Social: http://www.mspbs.gov.py/
- Organización Panamericana de la Salud: http://new.paho.org/uru/
- Latin American Network Information Center: http://lanic.utexas.edu/la/uruguay/indexesp.html

	Paraguay	Uruguay
PIB per cápita		
Gastos del gobierno en sanidad per cápita		
Expectativa de vida para ambos sexos		
Expectativa de vida para hombres		
Expectativa de vida para mujeres		
Tasa de mortalidad materna		
Tasa de mortalidad infantil		
¿Qué cuestiones de salud parecen tener primacía hoy en día?		

B. TÚ ERES EL MÉDICO

Un paciente hispano va a viajar a Paraguay y Uruguay y necesitas informarle sobre cómo cuidarse la salud mientras esté allí. Lee la información que el gobierno de EEUU da a los viajeros. Escribe un resumen en español que le darías a tu paciente.
Información para viajeros

- Paraguay: http://wwwnc.cdc.gov/travel/destinations/paraguay.aspx

- Uruguay: http://wwwnc.cdc.gov/travel/destinations/uruguay.aspx

TRADUCCIONES

A. TRADUCE LAS SIGUIENTES FRASES AL INGLÉS

1. Una mujer embarazada debe tener un buen cuidado prenatal que incluya la buena nutrición, vitaminas, exámenes prenatales frecuentes y ecografías rutinarias.

2. Según la Organización Panamericana de la Salud, la violencia doméstica es una de las amenazas más serias a la salud de la mujer. La mujer embarazada es una víctima frecuente de este tipo de violencia. Las consecuencias de esto son traumas abdominales, abortos espontáneos, hemorragias, infecciones vaginales, y otras.

3. En algunos países las niñas recién nacidas tienen menos acceso a la lactancia que los niños. Esto puede causar graves problemas en su desarrollo.

B. TRADUCE LAS SIGUIENTES FRASES AL ESPAÑOL

1. Having one's tubes tied or a vasectomy are methods of contraception by sterilization. Condoms, diaphragms and IUD's are barrier methods. Spermicides and birth control pills are chemical methods.

2. When a pregnant woman feels her water has broken, she must go to the hospital in order to minimize the risk of infection.

3. A woman around 50 years of age who has hot flashes and night sweats is probably going through menopause, although women might start this new period of their lives either earlier or later.

TU VOCABULARIO

Anota las palabras y frases nuevas que has aprendido no incluidas en el vocabulario de este capítulo.

_____

_____

_____

_____

PARA SABER MÁS

En este sitio encontrarás información sobre la reproducción humana:
http://www.aldeaeducativa.com/Media/gestacion.swf

Escucha este vídeo para repasar el funcionamiento del aparato reproductor femenino:
http://educacion.practicopedia.com/como-funciona-el-aparato-reproductor-femenino-2099

Para aprender más sobre aspectos específicos relacionados con la salud de la mujer, puedes visitar los siguientes sitios:

- Centro Nacional de Información sobre la Salud de la Mujer, http://www.womenshealth.gov/espanol/
- La oficina para padres de familia y cuidadores de niños, http://www.girlshealth.gov/padres/
- Ministerio de Sanidad y Política Social. Protección de la salud de las mujeres, http://www.msps.es/ciudadanos/proteccionSalud/mujeres/home.htm

Una mujer acaba de dar a luz y el esposo habla con el médico.
–¡Doctor, doctor! ¿Qué tal ha ido el parto?
– Bueno, todo muy bien, pero a su hijo le hemos tenido que poner oxígeno.
– ¿Oxígeno?¡Con la ilusión que a mí me hacía ponerle Federico!

Una joven va al consultorio de un doctor y le dice:
–Doctor, hace 3 meses que me duele la barriga. Creo que es el apéndice.
–¿Ha comido algo que le ha sentado mal?
–No.
El doctor le hace varios análisis y se vuelve a encontrar con ella.
–Entonces –dice la joven– ¿Va a operarme para sacarme el apéndice?
El doctor contesta:
–Pues no. Nos vamos a esperar 6 meses más y saldrá solo.

Un matrimonio va al médico y tras examinar a la mujer, el médico le dice al marido:
–La verdad es que no me gusta nada el aspecto de su esposa.
–Ni a mí, pero su padre es rico.

REFLEXIÓN

Escribe unas notas sobre lo que has aprendido a nivel de contenidos médicos, de costumbres de los hispanos y sobre la situación sanitaria de los países estudiados en este capítulo.

CAPÍTULO 12

EL SISTEMA REPRODUCTOR MASCULINO

Échate a enfermar.
Verás quién te quiere bien
y quién te quiere mal.

Refrán

Objetivos

En este capítulo encontrarás contenido y vocabulario para mejorar la comunicación sobre los siguientes temas:

- El machismo
- El cáncer de próstata y cómo afecta a los hispanos
- La visita al urólogo
- El VIH/SIDA en las poblaciones hispanas
- El uso de antirretrovirales en Latinoamérica
- La salud en Argentina

También repasarás cómo expresar cuándo empezó un síntoma.

1. Qué piensas del refrán introductorio al capítulo? ¿Qué te señala sobre la cultura hispana? ¿Hay algún refrán o dicho parecido en tu lengua materna?

2. ¿Qué opinión tienes del machismo? ¿Crees que prevalece más en unas culturas que en otras? ¿Crees que puede haber relación entre el machismo y el VIH?

3. ¿Qué sabes del cáncer de próstata? ¿Conoces los síntomas?

4. ¿Crees que los porcentajes de personas que contraen HIV en EEUU están aumentando o disminuyendo? ¿Y en las comunidades hispanas en EEUU?

5. ¿Has oído hablar de la incidencia de HIV y SIDA en los países latinos? ¿Crees que las personas infectadas en Latinoamérica tienen acceso a medicamentos?

6. ¿Qué sabes sobre la situación de la salud en la Argentina?

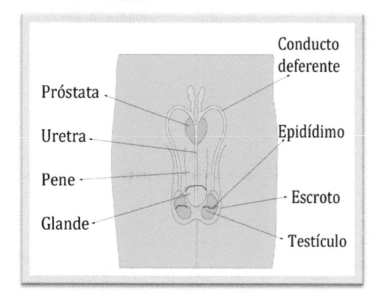

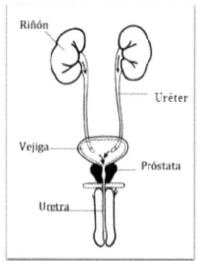

Fuente: Biblioteca de imágenes del Instituto Nacional de Diabetes y Enfermedades Digestivas y del Riñón

VOCABULARIO

La urología se ocupa del estudio y tratamiento del sistema reproductor masculino, aunque también *estudia y trata el aparato urinario de ambos sexos. El urólogo es el especialista en este campo.*

Anatomía		Otras palabras asociadas con este sistema	
Conducto deferente, m.	Vas deferens	Catéter, m.	Catheter
Epidídimo, m.	Epididimys	Ensayo clínico, m.	Clinical trial
Escroto, m.	Scrotum	Esterilidad, f.	Sterility
Esperma, m.	Sperm	Extraer, v.	To extract/remove
Espermatozoide, m.	Spermatozoid	Eyacular, v.	To ejaculate
Glande, m.	Glans	Infertilidad, f.	Infertility
Prepucio, m.	Prepuce/foreskin	Picazón, f.	Itch
Testículo, m.	Testicle	Prurito, m.	Itch
Uréter, m.	Ureter	Sonda, f.	Catheter
Uretra, f.	Urethra	Vasectomía, f.	Vasectomy
Vejiga, f.	Bladder		

Enfermedades venéreas	Venereal Diseases		
Clamidia, f.	Chlamydia	Sífilis, f.	Syphilis
Gonorrea, f.	Gonorrhea	Tricomoniasis, f.	Trichomoniasis
Herpes genital, m.	Genital Herpes	Verrugas genitales, f.	Genital Warts
SIDA, síndrome de inmunodeficiencia adquirida, m.	AIDS	VIH Virus de inmunodeficiencia humana, m.	HIV

VOCABULARIO Y CONTENIDO

Aquí tienes una lista de las enfermedades venéreas más comunes. Con la ayuda del Internet, escribe algunos de los síntomas que las distinguen.

1. Clamidia: _____

2. Gonorrea: _____

3. Herpes genital: _____

4. SIDA: _____

5. Sífilis: _____

6. Tricomoniasis: _____

7. Verrugas genitales: _____

8. VIH: _____

¿QUÉ ES Y CÓMO FUNCIONA?

El aparato reproductor masculino está compuesto por órganos externos e internos. Los externos son el pene y el escroto. Los genitales internos son los testículos, los túbulos seminíferos, los epidídimos, los vasos deferentes, las vesículas seminales, la glándula prostática, los conductos eyaculadores, las glándulas de Cowper y la uretra.

El escroto mantiene la temperatura natural de los testículos. Los testículos producen dos compuestos químicos muy importantes: hormonas y espermatozoides. El sistema de tubos que forma parte del sistema reproductor lleva los espermas al pene. Al pasar por estos tubos, los espermas se unen a otros líquidos. Juntos formarán el semen.

Los niños empiezan a producir espermatozoides cuando entran en la pubertad, alrededor de los trece años.

Del mismo modo que se usa el término "marianismo" para describir como la sociedad hispana espera que actúe la mujer, "machismo" describe un tipo de papel y actuación del hombre hispano. Machismo es el adherirse de forma ciega a todas las conductas consideradas masculinas; para algunos, sin respetar las femeninas. Aunque en algunos grupos la palabra "machismo" tiene sólo connotaciones negativas, en otros también las tiene positivas. Por ejemplo, para el hombre machista, su esposa y familia son de suma importancia y las protegerá y defenderá tanto como pueda. Esta situación para algunos críticos es discriminatoria ya que pone a la mujer en una situación de inferioridad, al asumir que necesita ser protegida. Para otros, es algo positivo. El hombre machista es uno que aspira a controlar la conducta de la mujer. Él es quien domina la situación en el hogar. Es el cabeza de familia que trabaja y espera cubrir las necesidades físicas de su esposa e hijos. Cuando esto no ocurre, por falta de empleo o subempleo, por ejemplo, se siente frustrado. La frustración muchas veces se desahoga en aquéllos con menos poder. Para algunos observadores, el machismo no repudia ni la violencia en general, ni la violencia de género. Es difícil que una mujer maltratada denuncie a su pareja. Los profesionales de la salud deben ser conscientes de esta situación y actuar consecuentemente.

Los hombres machistas confían en que la esposa se ocupe de la casa y de los hijos, lo que tradicionalmente se ha llamado "sus labores". Al ocuparse de la casa, ella limpiará y cocinará para toda la familia. Al ocuparse de los hijos, ella se encargará de su educación y salud. No obstante, si se debe tomar alguna decisión médica importante, el padre es quien decidirá que camino seguir, al menos de cara a los demás.

El hombre hispano en general, y el machista en particular, puede actuar como si el visitar al médico fuera una señal de debilidad. Cuando él presenta síntomas de alguna dolencia, la esposa le anima a que averigüe cuál es la causa, pero él debe rechazar sus consejos como "cosas de mujeres". No es extraño que vaya al doctor cuando la enfermedad ya esté avanzada. Tampoco lo es que una vez vuelva a casa sea reacio a seguir los consejos del médico. Los promotores de salud y los profesionales de la medicina tal vez puedan diseñar programas educativos para remediar esta situación.

Para el hombre machista no es una prioridad el ser monógamo. Tampoco lo es el usar condones. Algunos hombres hispanos creen que sólo se puede contraer el VIH en relaciones homosexuales. Estas situaciones e ideas probablemente estén detrás del gran número de infectados en EEUU, 2,5 veces más alto entre los hispanos que entre los blancos no hispanos.

Al hombre machista generalmente se le considera homofóbico. Cuando los hombres se reúnen en situaciones sociales o laborales, no es extraño el burlarse de otros hombres con conductas afeminadas. Los chistes de homosexuales también son comunes. El hombre hispano homosexual puede sentirse como una persona fracasada, lo que le puede conducir a la depresión. Por otro lado, el hombre homosexual también puede temer el rechazo de su grupo social por lo que no es extraño que oculte su orientación sexual. En ocasiones, los hombres jóvenes se esfuerzan en seguir las normas de la sociedad y contraen matrimonio, aunque continúen teniendo relaciones sin protección con otros hombres. De ahí a trasmitir el VIH a las esposas no hay mucha distancia. Según los CDC, la tasa de infección de la mujer hispana es cuatro veces más alta que la de la mujer blanca no hispana.

Otro efecto del machismo en la sociedad hispana es que incluso aquellos hombres que han sido diagnosticados con el VIH tienden a no buscar tratamiento ya que temen el estigma que recibirán cuando se sepa que son homosexuales. Prefieren morir que sufrir el rechazo de su comunidad.

El cáncer de la próstata ocurre cuando se forman células malignas en los tejidos de la próstata. La próstata es una glándula del aparato reproductor masculino localizada justo debajo de la vejiga y delante del recto. Su tamaño es como el de una nuez y rodea una parte de la uretra. La glándula prostática elabora un líquido que forma parte del semen.

El cáncer de próstata se encuentra principalmente en hombres de edad avanzada. A medida que los hombres envejecen, la próstata se puede agrandar y bloquear la uretra o la vejiga. Esto puede ocasionar una dificultad para orinar o interferir con la función sexual. La afección se llama hiperplasia prostática benigna (HPB) y, si bien no se trata de un cáncer, es posible que se necesite una cirugía para corregirla. Los síntomas de la hiperplasia prostática benigna o de otros problemas que afectan la glándula pueden ser similares a los síntomas del cáncer de próstata.

Entre los signos posibles de cáncer de próstata se incluyen:
- Disminución del calibre o interrupción del chorro urinario.
- Aumento de la frecuencia de la micción (especialmente por la noche).
- Dificultad para orinar.
- Dolor o ardor durante la micción.
- Presencia de sangre en la orina o en el semen.
- Dolor en la espalda, las caderas o la pelvis que no desaparece.
- Eyaculación dolorosa.

Para detectar y diagnosticar el cáncer de la próstata se utilizan pruebas que examinan la próstata y la sangre. Se pueden utilizar las siguientes pruebas y procedimientos:
- Examen digital del recto (EDR). El médico o el enfermero inserta un dedo dentro de un guante lubricado en el recto y palpa la próstata a través de la pared del recto en busca de bultos o áreas anormales.
- Prueba del antígeno prostático específico APE. APE es una sustancia elaborada por la próstata que se puede encontrar en una mayor cantidad en la sangre de los hombres que tienen cáncer de próstata.
- Ecografía transrectal.
- Biopsia.

El pronóstico y las opciones de tratamiento dependen de los siguientes aspectos:
- La etapa del cáncer (si afecta parte de la próstata, compromete toda la próstata o se diseminó hasta otras partes del cuerpo).
- La edad y la salud general del paciente.
- Si el cáncer recién se diagnosticó o volvió.

Hay diferentes tipos de tratamiento disponibles para los pacientes de cáncer de próstata. Algunos tratamientos son estándar y otros se encuentran en evaluación en ensayos clínicos.
Se utilizan cuatro tipos de tratamiento estándar:
- **Espera atenta.** La espera atenta es la observación cuidadosa de la condición del paciente sin administrar ningún tratamiento hasta que los síntomas se presenten o cambien. Habitualmente se emplea con pacientes de edad avanzada con otros problemas médicos y con enfermedad en una etapa temprana.

- **Cirugía**. A los pacientes que gozan de buena salud, por lo general se les ofrece cirugía como tratamiento para el cáncer de próstata. En los hombres sometidos a cirugía, se pueden presentar impotencia y pérdida de orina de la vejiga o de material fecal del recto. En algunos casos, los médicos pueden usar una técnica conocida como cirugía para preservar la inervación. Este tipo de cirugía puede salvar los nervios que controlan la erección. Sin embargo, los hombres con tumores de gran tamaño o que están demasiado cerca de los nervios pueden no ser aptos para esta cirugía.
- **Radioterapia**. En los hombres tratados con radioterapia, hay un aumento del riesgo de cáncer de vejiga o cáncer de recto. También pueden desarrollar impotencia y problemas urinarios.
- **Terapia con hormonas**. La terapia con hormonas es un tratamiento para el cáncer que extrae las hormonas o bloquea su acción y detiene el crecimiento de células cancerosas. En el caso del cáncer de próstata, las hormonas sexuales masculinas pueden hacer que el cáncer crezca. Se pueden utilizar medicamentos, cirugía u otras hormonas para reducir la producción de hormonas masculinas o impedirles que funcionen.
  En los hombres tratados con terapia hormonal, se pueden presentar sofocos o calores, deterioro de la función sexual, pérdida del deseo sexual y debilidad en los huesos. Otros efectos secundarios incluyen diarrea, náuseas y prurito (picazón).

También se están probando nuevos tipos de tratamiento en ensayos clínicos.

Fuente: Instituto Nacional del Cáncer. Institutos Nacionales de la Salud.

SEGÚN EL TEXTO

1. ¿Qué es la próstata?

2. ¿Qué síntomas tienen los hombres con cáncer de próstata?

3. ¿Cómo se puede verificar que alguien tiene cáncer de próstata?

4. ¿De qué depende la prognosis?

5. Menciona 4 tipos de tratamiento contra el cáncer de próstata.

6. ¿Qué efectos secundarios puede tener un tratamiento con terapia hormonal?

EN EL CONSULTORIO DE UROLOGÍA

Cuando un hombre visita al urólogo, tendrá que rellenar un formulario con preguntas distintas de las que pregunta un médico de medicina general. Las preguntas que siguen son típicas. Con un compañero haced los papeles de urólogo y paciente.

EN EL CONSULTORIO DE UROLOGÍA DEL DR. BORRÁS

¿Se levanta durante la noche para orinar?   ☐ Sí   ☐ No

Si sí, ¿cuántas veces?

¿Siente dolor o ardor cuando orina?   ☐ Sí   ☐ No

¿Tiene sangre en la orina?   ☐ Sí   ☐ No

¿Le supura el pene?   ☐ Sí   ☐ No

¿Ha disminuido la fuerza de su orina?   ☐ Sí   ☐ No

En los últimos 12 meses, ¿ha sufrido alguna infección de riñones, próstata o vejiga?   ☐ Sí   ☐ No

¿Tiene dificultad para vaciar la vejiga completamente?   ☐ Sí   ☐ No

¿Tiene dificultad para tener una erección o eyacular?   ☐ Sí   ☐ No

¿Tiene dolor o inflamación de los testículos?   ☐ Sí   ☐ No

Fecha de su último examen de próstata y de recto:

LA SALUD DE LOS HISPANOS EN LOS EEUU: EL CÁNCER DE PRÓSTATA

El cáncer de próstata es el tipo de cáncer más diagnosticado en los hombres hispanos, aunque es el tercero en el número de muertes que causa, detrás del cáncer de pulmón y bronquios. La tasa de incidencia para los mexicoamericanos es más baja que la de los blancos no hispanos. Puertorriqueños y cubano americanos tienen tasas similares a los blancos no hispanos. Al no estar cubiertos por un seguro médico, es más probable que los hombres sean diagnosticados cuando el cáncer ya esté avanzado.

Según los CDC muchos hombres son reacios a visitar al médico aun cuando sufren síntomas de lo que podrían ser enfermedades graves. Cuando por fin deciden consultar a su médico o especialista, la enfermedad ha progresado y es más difícil solucionar el problema. Esto podría explicar el hecho que aunque las mujeres registran más visitas hospitalarias, la duración de la estancia masculina es mayor.

Fuente: Oficina de Salud de las Minorías y del Intercultural Cancer Council.

A. SEGÚN EL TEXTO

Explica con tus propias palabras la situación del hombre hispano en relación al cáncer de próstata.

B. MÁS ALLÁ DEL TEXTO

1. En tu opinión, ¿por qué tardan los hombres en visitar al médico?
2. ¿Qué se podría hacer para que los hombres no esperaran a visitar al médico cuando se encuentran enfermos?

Para explicar cuándo se empezó a sentir un síntoma, o cuándo se tuvo un síntoma que ya no se tiene, se pueden usar expresiones con **"hace... que"**.

Si el médico hace preguntas similares a "¿Cuánto hace que le duele la espalda?" La respuesta será parecida a "Hace un mes", o sea "Hace + expresión de tiempo". Otra pregunta común es "¿Desde cuándo...(le duele la espalda)?

Estudia la siguiente explicación gramatical para reforzar estos conceptos.

A. REPASO GRAMATICAL CON LA EXPRESIÓN "HACE... QUE"

Para decir cuándo empezó un síntoma que aún persiste	Para decir cuándo se tenía un síntoma persistente que ya no se tiene
Hace + unidad de tiempo + que + verbo en presente	Hace + unidad de tiempo + (que) + verbo en imperfecto
Hace dos semanas que me duele la espalda	Hace dos semanas (que) me dolía la espalda
My back has been hurting for two weeks	My back used to hurt/hurt two weeks ago

Fíjate que con este tipo de estructura gramatical se usan unidades de tiempo como un día, dos semanas, tres meses, mucho tiempo, etc. No se pueden utilizar fechas específicas como ayer, anteayer, el mes pasado, etc.

Para preguntarle al paciente sobre cuándo empezaron los síntomas, utiliza: ¿Cuánto hace que...?, ¿Cuánto tiempo hace que...? o ¿Desde cuándo...?

> Ej. –¿Cuánto hace que le duele la espalda? *How long has your back been hurting?*
> –Desde hace una semana.
> –¿Desde cuándo le duele la espalada?
> –Desde hace una semana.

B. PRÁCTICAS COMUNICATIVAS

A. Tú eres el paciente. Dile a tu médico cuándo empezaron los síntomas utilizando frases completas.

> Ej. Sentir un dolor continuo en las caderas – varios meses
>   Hace varios meses que siento un dolor continuo en las caderas

1. Interrumpirse el chorro urinario – un mes

2. Ir mucho al baño por la noche – unos dos meses

3. Tener dificultad para orinar – tres semanas

4. Sentir ardor al orinar – tres semanas

5. Tener sangre en la orina – unos cinco días

6. Sentir dolor al eyacular – unas semanas

B. Hablando con un amigo. Cuéntale a tu amigo sobre los síntomas que tenías, pero que ya no tienes.

> Ej. Sentir un dolor continuo en las caderas varios meses
>   Hace varios meses sentía un dolor continuo en las caderas. Ahora ya estoy bien.

1. Interrumpirse el chorro urinario – un mes

2. Ir mucho al baño por la noche – unos dos meses

3. Tener dificultad para orinar – tres semanas

4. Sentir ardor al orinar – tres semanas

5. Tener sangre en la orina – unos cinco días

6. Sentir dolor al eyacular – unas semanas

LA SALUD DE LOS HISPANOS EN LOS EEUU: VIH Y SIDA

La epidemia del VIH es una seria amenaza para la comunidad hispana o latina. Aunque los hispanos o latinos representaron aproximadamente el 15% de la población estadounidense en el 2006, el 17% de las nuevas infecciones por el VIH en los 50 estados y el Distrito de Columbia durante el mismo año se presentó en este grupo poblacional. La tasa de nuevas infecciones por el VIH en hispanos o latinos durante el 2006, fue 2.5 veces más alta que la de los blancos.

Las cifras
Nuevas infecciones por el VIH

- En el 2006, los hombres hispanos o latinos constituyeron tres cuartos (76%) de las nuevas infecciones en la población hispana o latina. La tasa de nuevas infecciones en los hombres hispanos o latinos fue más del doble que la de hombres blancos (43/100,000 frente a 20/100,000).

- En el 2006, los hombres hispanos o latinos que tienen relaciones sexuales con hombres (HSH) representaron el 72% de las nuevas infecciones en los hombres hispanos o latinos y casi el 19% en todos los HSH. Entre los HSH hispanos o latinos, el 43% de los casos se presentó en los HSH menores de 30 años de edad, y el 57% restante ocurrió en los de 30 años o más.

- Aunque las mujeres hispanas o latinas presentaron un cuarto (24%) de las nuevas infecciones en los hispanos o latinos durante el 2006, su tasa de infección por el VIH fue casi cuatro veces la de las mujeres blancas (14.4/100,000 frente a 3.8/100,000).

Diagnósticos de VIH y sida y muertes por esta causa

- En algún momento de su vida, uno de cada 36 hombres hispanos o latinos recibirá un diagnóstico del VIH, al igual que una de cada 106 mujeres hispanas o latinas.

- En el 2008, los hispanos o latinos representaron más del 19% de los 42,439 nuevos diagnósticos de infecciones por el VIH en los 37 estados y 5 jurisdicciones dependientes de los EE. UU que cuentan con sistemas de notificación nominal y confidencial del VIH.

- En el 2008, se estimó que 7,864 hispanos o latinos recibieron un diagnóstico de sida en los Estados Unidos y las jurisdicciones dependientes, cifra que se ha mantenido relativamente estable desde el 2005.

- Para finales del 2007, una cantidad estimada de 106,074 hispanos o latinos a quienes se les había diagnosticado sida habían fallecido en los Estados Unidos y las jurisdicciones dependientes. En el 2007, el VIH fue la quinta causa principal de muerte en hispanos o latinos de 35–44 años de edad y la sexta causa de muerte en hispanos o latinos de 25–34 años de edad en los EE. UU.

Desafíos para la prevención

Varios factores contribuyen a la epidemia del VIH en las comunidades hispanas o latinas:

- Los factores de riesgo conductuales para la infección por el VIH varían de acuerdo al país de origen. Por ejemplo, los datos sugieren que los hispanos nacidos en Puerto Rico tienen más probabilidades que otros hombres hispanos o latinos de contraer el VIH por el uso de drogas inyectables. Por el contrario, el contacto sexual con otros hombres es la causa principal de infecciones por el VIH entre hombres hispanos o latinos nacidos en Centroamérica, Sudamérica, Cuba, México y los Estados Unidos.

- Las mujeres hispanas o latinas tienen más probabilidades de infectarse por el VIH como resultado de las relaciones sexuales con hombres. Las mujeres hispanas o latinas pueden desconocer los factores de riesgo de su pareja masculina o no saber identificarlos adecuadamente. En 5 estudios diferentes sobre hombres homosexuales y bisexuales en los Estados Unidos, los hispanos o latinos reportaron tener las tasas más altas de contactos sexuales entre hombres sin protección.

- El consumo de drogas inyectables continúa siendo un factor de riesgo entre los hispanos o latinos, especialmente para los que viven en Puerto Rico. Los usuarios ocasionales y crónicos de sustancias estupefacientes tienen más probabilidades de adoptar conductas sexuales de alto riesgo, tales como las relaciones sexuales sin protección, cuando están bajo la influencia de las drogas o el alcohol.

- Tener ciertas enfermedades de transmisión sexual (ETS) puede aumentar en forma significativa las posibilidades de una persona de contraer la infección por el VIH. Las

personas que tienen la infección por el VIH y ciertas ETS tienen mayor posibilidad de infectar con el VIH a otras personas. Las tasas de ETS permanecen altas entre los hispanos o latinos.

- Los factores culturales pueden afectar el riesgo de contraer la infección por el VIH. Es posible que algunos hispanos o latinos eviten hacerse pruebas, buscar asesoramiento psicológico o tratamiento para la infección por miedo a la discriminación. El estigma en torno a la homosexualidad aumenta los retos para la prevención (p. ej. los roles tradicionales según el sexo al igual que las normas sociales como el "machismo" contribuyen a que los hombres latinos homosexuales se consideren "hombres fracasados").

- Una mayor aculturación al estilo de vida estadounidense tiene efectos tanto negativos (adopción de conductas que aumentan el riesgo de adquirir la infección por el VIH) como positivos (comunicación con las parejas sobre las relaciones sexuales sin riesgo) en las conductas relacionadas con la salud de los hispanos o latinos.

- Los factores socioeconómicos como la pobreza, los patrones migratorios, las estructuras sociales, o las barreras del idioma contribuyen a aumentar las tasas de infección de los hispanos o latinos. Entre los problemas asociados al estado socioeconómico se encuentran el desempleo, la transitoriedad, la falta de educación formal, el estado migratorio, el seguro médico inadecuado y el acceso limitado a atención médica de calidad.

Fuente: Divisiones para la Prevención del VIH/SIDA. Centro Nacional para la Prevención de VIH/SIDA, Hepatitis Viral, ETS y TB. CDC.

A. SEGÚN EL TEXTO

1. Resume la situación de los hispanos residentes en EEUU y el VIH y SIDA.

2. ¿Cuáles son las formas más comunes de transmisión?

3. ¿Qué otros factores contribuyen a propagar esta epidemia?

B. MÁS ALLÁ DEL TEXTO

Con un compañero, escoged uno de los factores que contribuye a propagar el VIH/SIDA. ¿Cómo se podría solucionar este problema? ¿De qué manera pueden los CDC ayudar? Después, compartid vuestras sugerencias con el resto de la clase.

El uso de fármacos antirretrovirales (ARV) para combatir la infección causada por el retrovirus VIH es una medida del éxito de un país en combatir la epidemia de esta enfermedad.

Las tablas que siguen miden variables en el uso de ARV. Por motivos de comparación, tienes las cifras para el Este, Sur y Sureste de Asia.

Tabla 1. Aumento en terapia antirretroviral en países con ingresos bajos y medios, para niños y adultos (combinados), diciembre 2007 a diciembre 2008

Región	Número de personas que recibió terapia ARV, diciembre 2008	Número de personas que recibió terapia ARV, diciembre 2007	Aumento en un año
Latinoamérica y el Caribe	445.000	390.000	14%
Asia (Este, Sur y Sureste)	565.000	420.000	35%

Tabla 2. Cobertura de terapia antirretroviral en países con ingresos bajos y medios, para niños y adultos (combinados), diciembre 2008

Región	Número estimado de personas que recibe terapia ARV	Número estimado de personas que necesitan terapia ARV	Cobertura de la terapia ARV
Latinoamérica y el Caribe	445.000	820.000	54%
Asia (Este, Sur y Sureste)	565.000	1,500.000	37%

Tabla 3. Cobertura para la prevención de la transmisión de madre a niño (PTMN) en países con ingresos bajos y medios, diciembre 2008

Región	Número de mujeres embarazadas con VIH que recibe ARV para PTMN	Número de mujeres embarazadas con VIH que necesita ARV para PTMN	Cobertura para PTMN
Latinoamérica y el Caribe	17.100	32.000	54%
Asia (Este, Sur y Sureste)	21.700	85.000	25%

Fuente: *Towards universal access: scaling up priority HIV/AIDS interventions in the health sector.* WHO.

A. SEGÚN EL TEXTO

1. Convierte las tablas anteriores en párrafos. Ej.: En diciembre del 2008, en Latinoamérica y el Caribe el número de personas que recibió terapia ARV fue... mientras que en Asia...

2. ¿Cómo difiere el acceso a tratamientos con ARV en Latinoamérica de Asia?

B. MÁS ALLÁ DEL TEXTO

1. ¿A qué crees que se debe la diferencia en el acceso a ARV en los diferentes países? ¿Cómo se podría solucionar esta diferencia?

2. ¿Crees que los países desarrollados deben contribuir a que las personas de países con menos ingresos tengan acceso a estos tratamientos?

3. ¿Crees que las compañías farmacéuticas tienen alguna obligación moral en esta situación? Discute con un compañero y luego compartid vuestras ideas con el resto de la clase.

INVESTIGACIÓN, ESCRITURA Y CONVERSACIÓN

Primer paso

1. De la lista siguiente, selecciona una situación o problema relacionado con el sistema reproductor masculino

Balanitis, f.	Balanitis
Cáncer de pene, m.	Penile cancer
Cáncer testicular, m.	Testicular cancer
Deseo sexual inhibido, m.	Inhibited sexual desire (ISD
Disfunción eréctil, f.	Erectile dysfunction (ED)
Epididimitis, f.	Epididymitis
Eyaculación precoz, f.	Premature ejaculation
Eyaculación retrasada, f.	Delayed ejaculation
Eyaculación retrógrada, f.	Retrograde ejaculation
Hidrocele, f.	Hydrocele
Hipertrofia benigna de próstata, f.	Benign prostatic hyperplasia (BPH)
Incontinencia urinaria, f.	Urinary incontinence
Orquitis, f.	Orchitis
Parafimosis, f.	Paraphimosis
Priapismo, m.	Priapism
Prostatitis , f.	Prostatitis
Testículo elevado/en ascensor, m.	Elevator/elevated testicle
Torsión testicular, f.	Testicular torsion
Varicocele, f.	Varicocel

2. Ve a la página http://www.clinicadam.com/clinica/urologia.htm,
http://www.nlm.nih.gov/medlineplus/spanish, http://www.tuotromedico.com u otra
página similar que ofrezca información en español sobre estas situaciones/ enfermedades.
Busca información sobre el tema que has escogido.

3. Escribe un resumen que incluya los síntomas, los tratamientos y la prevención, si la hay.
Utiliza tus propias palabras y no olvides incluir la dirección de Internet de dónde has
obtenido la información.

Segundo paso

Basándote en tus notas, escribe un diálogo entre un médico y su paciente. El paciente va a tener
los síntomas de la enfermedad que has escogido. El médico puede recomendar varias pruebas.
Luego va a explicar la enfermedad. Sé creativo. Utiliza la construcción "hace... que" para hablar
sobre cuándo empezó un síntoma.

Tercer paso

1. Comparte el diálogo con un compañero de clase. Usando el escrito como base, representad
una conversación entre el urólogo y su paciente. Añadid cualquier pregunta o tema de
conversación apropiado entre paciente y médico que os parezca conveniente.

2. Haz una representación con otros dos compañeros. Uno será un médico que no habla español,
otro un paciente que no habla inglés y el tercero será el intérprete. Siguiendo los consejos
sobre la interpretación, dramatizad una situación que incluya una de las enfermedades de las
que habéis hablado en el paso 2.

ENFOQUE CULTURAL: ARGENTINA

Argentina

A. INVESTIGACIÓN

Primero, visita las páginas de Internet para aprender sobre cuestiones médicas y culturales en Argentina. Luego rellena la tabla siguiente. Finalmente, analiza la información y discútela en clase con tus compañeros.

Argentina

- Ministerio de Salud de la Nación: http://www.msal.gov.ar/htm/site/default.asp
- Organización Panamericana de la Salud: http://new.paho.org/arg/
- Latin American Network Information Center: http://lanic.utexas.edu/la/argentina/indexesp.html

	Argentina
PIB per cápita	
Gastos del gobierno en sanidad per cápita	
Expectativa de vida para ambos sexos	
Expectativa de vida para hombres	
Expectativa de vida para mujeres	
Tasa de mortalidad materna	
Tasa de mortalidad infantil	
¿Qué cuestiones médicas parecen tener primacía hoy en día?	

B. TÚ ERES EL MÉDICO

Un paciente hispano va a viajar a la Argentina y necesitas informarle sobre cómo cuidarse la salud mientras esté allí. Lee la información que el gobierno de EEUU da a los viajeros. Escribe un resumen en español que le darías a tu paciente.

Información para viajeros sobre Argentina:
http://wwwnc.cdc.gov/travel/destinations/argentina.aspx

A. TRADUCE LAS SIGUIENTES FRASES AL INGLÉS

1. El aparato reproductor masculino está compuesto por órganos externos e internos. Los externos son el pene y el escroto. Los genitales internos son los testículos, los túbulos seminíferos, los epidídimos, los vasos deferentes, las vesículas seminales, la glándula prostática, los conductos eyaculadores, las glándulas de Cowper y la uretra.

2. La disminución del calibre o interrupción del chorro urinario, la dificultad o el dolor al orinar, la eyaculación dolorosa, la presencia de sangre en la orina y el dolor en la espalda, las caderas o la pelvis son señales de un posible cáncer de próstata.

3. En los países con ingresos bajos y medios se da una gran diferencia en el acceso a cobertura de terapia antirretroviral para niños y adultos.

B. TRADUCE LAS SIGUIENTES FRASES AL ESPAÑOL

1. Genital warts, syphilis and trichomoniasis are types of venereal diseases, also called sexually transmitted diseases.

2. The human immunodeficiency virus (HIV) in many instances causes the development of the acquired immune deficiency syndrome (AIDS).

3. HIV is transferred through bodily fluids such as blood, semen and breast milk. People can become infected through unprotected sex, contaminated needles, blood transfusions and from mother to newborn at birth.

Anota las palabras y frases nuevas que has aprendido no incluidas en el vocabulario de este capítulo.

_____

_____

_____

_____

Para saber más sobre los temas discutidos en este capítulo, puedes leer los siguientes estudios:

- "La detección del cáncer de próstata. Una guía para hispanos en los Estados Unidos." Verano 2006. Department of Health and Human Services y los DCD, Web. 22 Nov 2009.

- "Efecto de la dieta y otros factores ambientales sobre el riesgo de morir de cáncer de próstata." *Rev. Panamá Salud Pública*. 16.1 (2004): 62-3. Print.

- En esta página, http://www.msal.gov.ar/sida/, podrás leer cómo el gobierno de Argentina se enfrenta al HIV/SIDS.

LA RISA ES LA MEJOR MEDICINA

–Doctor, doctor... ¿la esterilidad es hereditaria?

Está un viejito ya muy ancianito con el doctor y entonces le pregunta:
–Oiga, doctor, ¿qué dice usted que tengo? ¿Canciones de protesta?
Y el doctor le responde:
–No, señor. ¡Cáncer de próstata!

REFLEXIÓN

Escribe unas notas sobre lo que has aprendido a nivel de contenidos médicos, de costumbres de los hispanos y sobre la situación sanitaria de los países estudiados en este capítulo.

CAPÍTULO 13

EL APARATO EXCRETOR

El que quisiere tener salud en el cuerpo,
procure tenerla en el alma.

Francisco de Quevedo

Objetivos

En este capítulo encontrarás contenido y vocabulario para mejorar la comunicación sobre los siguientes temas:

- Mitos sobre la donación de órganos en algunos grupos hispanos
- Los riñones y la diabetes
- Los trasplantes en el mundo hispano
- La salud en Chile

También repasarás cómo expresar si una acción ya concluyó o si todavía está en transcurso.

1. ¿Qué piensas de la cita introductorio al capítulo? ¿Conoces la literatura de Quevedo? ¿Conoces alguna cita famosa similar en tu lengua materna?

2. ¿Eres donante de órganos? ¿Qué factores han afectado tu decisión? ¿Qué factores crees que afectan las decisiones de otras personas?

3. ¿Sabes cuáles son las causas de la insuficiencia renal?

4. ¿Conoces los síntomas de que se tiene una infección renal?

5. ¿Crees que los hispanos tienen más o menos o igual de probabilidades que los blancos no hispanos de recibir un trasplante de riñón?

6. ¿Sabes qué países hispanohablantes tienen los porcentajes más altos de donantes?

7. ¿Qué sabes sobre la situación de la salud en Chile?

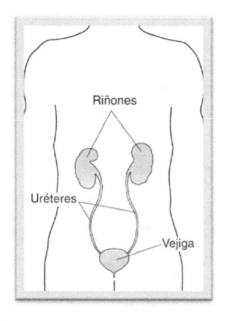

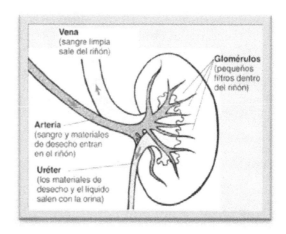

Fuente: Institutos Nacionales de la Salud.

Estudia este vocabulario para poder comunicarte mejor sobre el aparato excretor.

Anatomía		Otras palabras asociadas con este sistema	
Glándula renal, f.	Renal gland	Albúmina, f.	Albumin
Riñón, m.	Kidney	Desecho, m.	Waste
Uréter	Ureter	Diálisis, m.	Dialysis
Uretra, f.	Urethra	Dietista, m.	Dietician
Vejiga, f.	Bladder	Dolencia, f.	Ailment
Vía urinaria, f.	Urinary tract	Donante, m.	Donor
		Insuficiencia renal crónica, f.	Chronic renal failure
		Lista de espera, f.	Waiting list
		Orina, f.	Urine
		Rechazar, v.	To reject
		Rechazo de trasplante, m.	Transplant rejection
		Trasplante de riñón, m.	Kidney transplant
		Trasplantar, v.	To transplant
		Trasplante renal, m.	Renal transplant

El aparato excretor es el encargado de eliminar los desechos y las sustancias tóxicas del organismo.

- La sangre con elementos de desecho llega a los riñones por medio de las arterias renales. Los riñones actúan como filtros de la sangre. Dentro de los riñones, los glomérulos son los encargados de filtrar. Los materiales de desecho pasan luego a formar parte de la orina que por los uréteres llega a la vejiga donde se guarda hasta que se expulsa al exterior.

- La sangre que los riñones ha filtrado vuelve a circular por el cuerpo.

El médico que se encarga del funcionamiento de este sistema es el urólogo y su campo de estudio es la urología.

COMPETENCIA CULTURAL: LA DONACIÓN DE ÓRGANOS

En numerosas comunidades de los EEUU los hispanos encabezan la lista de personas en lista de espera para recibir órganos. El órgano más necesitado es el riñón, seguido del hígado y del corazón. A pesar de esto, los hispanos en general siguen siendo reticentes a las donaciones de órganos, en parte debido a varios mitos bastante difundidos. Uno de estos mitos está relacionado con la religión católica. Algunas personas creen que el donar un órgano interferiría con la resurrección del cuerpo. No obstante, el Catecismo de la Iglesia Católica señala, "la donación de órganos, después de la muerte, es un acto noble y meritorio, que debe ser alentado". La donación en vida también está permitida por la iglesia católica, siempre que se haga de forma voluntaria y que el órgano sea doble, como los riñones, o regenerable, como la sangre.

Por supuesto, no todos los mitos se relacionan con la religión. Algunas personas temen que si el médico sabe que la persona es donante no hará todo lo posible para salvarle. Incluso creen que el órgano será extraído antes de que hayan muerto. Se debe hacer claro a donantes potenciales que el equipo médico quirúrgico y el equipo de trasplante son diferentes. El equipo de trasplante sólo interviene y extrae el órgano cuando ya se ha determinado la muerte cerebral. También hay gente que dice haber oído de personas que se han despertado después de haber sido declaradas con muerte cerebral. Esto es imposible ya que muerte cerebral es la definición clínica de muerte.

Otras personas no quieren ser donantes porque creen que el órgano no irá a quien lo necesita sino a quien puede pagar más por el órgano. La verdad es que un sistema computarizado mantiene los nombres de las personas en lista de espera y clasifica a las personas según región, urgencia médica, tiempo que llevan en la lista, grupo sanguíneo, tipo de tejido y el tamaño del órgano necesitado.

Otro mito bastante extendido es que los hispanos no deberían donar órganos porque las listas de espera discriminan según la raza. Le puedes explicar a tu paciente que las listas de espera clasifican a las personas según la raza, pero no para discriminar sino porque es más probable que las personas sean compatibles si son de la misma raza. Por esto es tan importante que los hispanos (u otros grupos minoritarios) se añadan a las listas de donantes. Cuanto más personas haya de diferentes grupos, más fácil será encontrar donantes compatibles.

Por supuesto, no todos los hispanos de todos los países son reacios a donar órganos. España es el país del mundo con mayor porcentaje de donantes. En Latinoamérica, el número uno es Argentina, seguido de Uruguay y Cuba.

Fuentes: Catecismo de la Iglesia Católica y Donate Life.

LECTURA MÉDICA: LOS RIÑONES Y LA DIABETES

Según los CDC, la diabetes es la causa más común de insuficiencia renal en los Estados Unidos y las enfermedades renales son la novena causa de muerte en los EEUU. El daño a los riñones es causado por niveles altos de glucosa en la sangre y por tener la presión arterial alta. Cuando los riñones están dañados, la proteína sale de los riñones y pasa a la orina. Los riñones dañados no pueden limpiar adecuadamente los materiales de desecho y el exceso de líquido. Por lo tanto, los materiales de desecho y el líquido se acumulan en la sangre en vez de salir en la orina.

El daño a los riñones empieza mucho antes de que se puedan notar los síntomas. Uno de los primeros signos del daño renal es cuando pequeñas cantidades de una proteína llamada albúmina salen de los riñones y pasan a la orina. Sin embargo, la única manera de saber si esto ocurre es hacerse una prueba de orina.

Mientras más grave sea el daño, mayor será la cantidad de proteína que salga de los riñones. Este problema se conoce como proteinuria. Cada vez se acumulan más y más materiales de desecho en la sangre. Este daño empeora hasta que finalmente los riñones dejan de funcionar. La nefropatía diabética es el término médico que se usa para referirse a los problemas renales causados por la diabetes. La nefropatía afecta ambos riñones al mismo tiempo.

¿Qué puedo hacer si tengo problemas renales causados por la diabetes?
Una vez que hay daño en los riñones, no se puede deshacer. Pero usted puede retrasar el daño o evitar que empeore si controla su presión arterial, toma sus inhibidores ACE o sus ARB y se hace pruebas para verificar la función renal regularmente. Sin embargo, si está embarazada, no debe tomar los inhibidores ACE ni los ARB.

¿Cómo se pueden prevenir los problemas renales causados por la diabetes?
Mantenga sus niveles de glucosa en la sangre lo más cerca posible de los niveles normales. Pregunte al médico cuáles niveles se recomiendan para usted. Para ayudar a prevenir el daño a los riñones, su presión arterial debe ser menor de 130/80. La presión arterial se expresa con dos números separados por una diagonal. Por ejemplo, 120/70 se dice "120 sobre 70."

Pregunte a su médico cuál debe ser su presión arterial. Si toma diariamente pastillas para controlar la presión arterial, tómelas según las instrucciones del médico. Mantener controlada la presión arterial también contribuirá a retrasar o prevenir el daño a los ojos, el corazón y los vasos sanguíneos. Mantenga su presión arterial por debajo de 130/80.

Pregúntele a su médico si es necesario que tome pastillas para retrasar el daño a los riñones.
Siga el plan de comidas saludables que elaboraron para usted el médico o dietista. Si usted ya tiene problemas renales, es posible que el dietista le recomiende que consuma menos proteína, como por ejemplo carne.

Hágase una prueba de orina por lo menos una vez al año para ver si contiene pequeñas cantidades de proteína. Esta prueba se llama prueba de microalbúmina.

Las pastillas le pueden ayudar a controlar la presión arterial y retrasar el daño a los riñones.

Hágase un análisis de sangre por lo menos una vez al año para ver si contiene niveles altos de creatinina. El resultado de este análisis se debe utilizar para calcular su tasa de filtración glomerular (GFR por sus siglas en inglés). La GFR es una medida de la función renal.

Hágase todas las demás pruebas de los riñones que le indique el médico.

Evite tomar analgésicos (pastillas para el dolor) con regularidad. Si toma diariamente pastillas como aspirinas o acetaminofén, se pueden dañar los riñones. Sin embargo, puede tomar una sola dosis de aspirina todos los días para proteger el corazón. También puede tomar acetaminofén para algún dolor ocasional. Pero si se trata de un dolor crónico, como el de la artritis, colabore con el médico para buscar otra manera de controlar el dolor sin arriesgar sus riñones.

Si tiene infecciones urinarias o renales, consulte a su médico inmediatamente. Es posible que tenga una infección si tiene los siguientes síntomas:

- dolor o ardor al orinar
- necesidad frecuente de orinar
- orina turbia o rojiza
- fiebre o escalofríos
- dolor en la espalda o en un costado del abdomen debajo de las costillas

Fuente: Cómo prevenir los problemas de la diabetes: Mantenga sanos los riñones. Publicación de los Institutos Nacionales de Salud. No. 10–4281S.

A. SEGÚN EL TEXTO

1. ¿Cómo se puede saber si alguien sufre de problemas renales?

2. ¿Qué es la nefropatía diabética?

3. ¿Cuál es la relación entre la diabetes y la insuficiencia renal?

4. ¿Existe alguna manera de prevenir los problemas renales causados por la diabetes? ¿Cuál?

5. ¿Cuáles son los síntomas de las infecciones renales?

B. MÁS ALLÁ DEL TEXTO

Basándote en la lectura anterior, desarrolla con un compañero una situación que recree una visita al urólogo. No olvides tener en consideración los aspectos culturales.

LA SALUD DE LOS HISPANOS EN LOS EEUU: LA INSUFICIENCIA RENAL Y LOS TRASPLANTES

Según el artículo "Kidney disease in the Hispanic population: facing the growing challenge" publicado por Julio E. Benabe y Elena V. Ríos en el Journal of the National Medical Association en el 2004, los hispanos tenían el doble de probabilidades que los blancos no hispanos de desarrollar problemas renales. Esta incidencia estaba estrechamente ligada al número de hispanos que sufría de diabetes. Como ya se vio en el capítulo 10 sobre el sistema endocrino, la tasa de incidencia de diabetes en los hispanos es el doble que la de los blancos no hispanos.

La insuficiencia renal es una enfermedad silenciosa, es decir, una persona puede sufrir por años de riñones que no funcionan bien y no darse cuenta de ello. El artículo mencionado anteriormente continuaba diciendo que a pesar del elevado número de problemas renales, los hispanos recibían menos pruebas diagnósticas que otros grupos. Benabe y Ríos pedían una acción social o política dirigida a cambiar la situación.

A pesar de que han pasado varios años desde que el mencionado artículo fue publicado, la situación no ha mejorado. Según la American Kidney Fundation, una de cada ocho personas en los EEUU que sufre de fallo renal es hispana. Esta organización también insiste en la conexión entre diabetes y fallo renal, aunque señala que la diabetes actúa de forma más perniciosa en los hispanos que en otros grupos étnicos. Otra situación que agrava el problema es la falta de seguro médico entre los hispanos. Una persona sin seguro va a tener más dificultades en conseguir pruebas diagnósticas.

Las personas con fallo renal necesitan tratamientos de diálisis hasta que puedan recibir un trasplante de riñón. Las máquinas de diálisis limpian la sangre de la misma forma que lo haría un riñón sano. Muchos latinos están en lista de espera para recibir un riñón sano. Esto en parte es debido a la falta de donantes apropiados. Uno de los factores que determina quién va a recibir el órgano depende del tipo de sangre o tejido, por lo que es importante que todos los grupos étnicos sean donantes. Otro aspecto que se debe tener en consideración es que una persona viva puede donar uno de sus riñones sin que esto interfiera con su calidad de vida.

A finales del 2011, los pacientes hispanos en lista de espera constituían los siguientes porcentajes en los EEU. El resto no incluido corresponde a otros grupos minoritarios. La tabla incluye otros órganos para que compares.

	Blancos	Hispanos
Riñón	38.4	18.4
Hígado	69.8	17
Páncreas	76.9	9.9
Riñón/páncreas	61.4	12.4
Corazón	68.6	7.5
Pulmón	82.1	6.2
Corazón/Pulmón	66.7	15.9
Intestino	58.6	19

Varios estudios indican que miembros de las comunidades hispanas desconocen los procesos para convertirse en donantes. También existen mitos sobre la donación de órganos, como has leído en la sección sobre competencia cultural de este capítulo. Es muy importante educar a la comunidad hispana para que sepa la realidad de las donaciones. Cuantas más personas donen órganos, más personas sobrevivirán los fallos renales y otras muchas enfermedades crónicas.

Fuentes: Julio E. Benabe y Elena V. Ríos, "Kidney disease in the Hispanic population: facing the growing challenge". Journal of the National Medical Association, 2004; Base de Datos del Organ Procurement and Transplantation Network, U.S. Department of Health and Human Services.

A. SEGÚN EL TEXTO

1. Resume la situación de los hispanos en relación con la insuficiencia renal.

2. ¿Qué factores influyen en la salud de los riñones?

3. Vuelve a la sección sobre competencia cultural y con un compañero discute por qué algunos hispanos son reacios a donar órganos.

B. MÁS ALLÁ DEL TEXTO

1. ¿Qué piensas sobre los mitos que algunas personas creen sobre las donaciones de órganos? Si tú fueras un médico y tu paciente tuviera esas ideas, ¿cómo le explicarías la realidad? Si quieres más información, puedes ir a http://www.donatelife-de.org/Facts/Myths---Misconceptions

2. ¿Crees que una persona que no se cuida (no tiene una dieta balanceada, no hace ejercicio) debe tener el mismo derecho a un trasplante que otra que sí se cuida? ¿Y si la que no se cuida es la madre joven de cuatro niños pequeños y la que sí se cuida es una persona de 60 años sin familiares? ¿Deber tener preferencia alguien con seguro médico sobre alguien sin seguro? Discute estos aspectos con un compañero de clase y luego compartid vuestras ideas con el resto de la clase.

Cuando quieras expresar si una acción está concluida o si está en proceso, puedes utilizar los adverbios **todavía**, **aún** y **ya**.

A. REPASO GRAMATICAL: TODAVÍA, YA Y AÚN

Estudia la siguiente tabla para clarificar algunos conceptos sobre el uso de estos adverbios.

Todavía y **aún** (*still/yet*) pueden ir delante o detrás del verbo:

- Carlos todavía está esperando un trasplante de riñón.
- Carlos está esperando todavía un trasplante de riñón.
- *Carlos is still waiting for a kidney transplant.*

Si utilizas todavía o aún con comparaciones (mejor, peor, más importante), puedes traducir estos adverbios como *even*:
- El número de donantes hispanos es todavía más pequeño de lo que yo pensaba.
- *The number of Hispanic donors is even smaller than what I thought.*

Ya (*already/not anymore*) tiene significados diferentes según se use con una frase afirmativa o con una negativa.
Con frases afirmativas: already
- Carlos ya ha recibido el trasplante.
- *Carlos has already received his transplant.*

Con frases negativas: not anymore
- Carlos ya no está en lista de espera para un trasplante.
- *Carlos is not on a transplant waiting list anymore.*

Es más común situar el adverbio **ya** delante del verbo, aunque también puede ir detrás.

- La madre de Carlos ya es donante/La madre de Carlos es donante ya.
- *Carlos' mother is already a donor/Carlos' mother is a donor already.*

Ya es parte de varias expresiones coloquiales.

¡Ya veo!	*I see!*	¡Ya basta!	*That's enough!*
¡Ya entiendo!	*I get it!*	¡Ya estás yendo al	*You are going to*
¡Ya está bien!	*Enough already!*	doctor!	*the doctor right*
¡Ya era hora!	*About time!*		*now!*
¡Anda ya!	*No way! Come on! I don't*	¡Ya te estás tomando	*You are taking*
	believe it!	la medicina!	*the medication*
¡Ya ves!	*This is how it is!*		*right now!*
			anymore

B. PRÁCTICAS COMUNICATIVAS

A. En el espacio en blanco escribe todavía, aún o ya según sea conveniente.

1. ¿_____ no sabes cuál es tu presión arterial? Yo _____ me hice un examen para saberlo.

2. Muchas personas _____ no saben cuál es la relación entre la presión arterial alta y el fallo renal.

3. La diabetes _____ causa muchos fallos renales.

4. Antes la gente tenía dietas balanceadas, pero debido al bajo costo de la comida preparada, las familias _____ no comen tan bien.

5. Para la salud renal, es importante hacer ejercicio, pero es _____ más crucial comer bien y hacerse pruebas diagnósticas.

6. ¿ _____ te has hecho donante de órganos? No, _____ no.

B. Situaciones. Para cada situación, responde con una de las expresiones coloquiales que usa el adverbio **ya**.

1. Tu urólogo te explica por qué necesitas un trasplante de riñón.

2. Tu amigo te dice que necesita un trasplante de riñón.

3. Tu amigo te dice que está muy sorprendido de que necesites un trasplante de riñón.

4. Después de esperar por varios meses, te avisan que tienen un riñón listo para ti.

5. Todo el mundo a tu alrededor habla de trasplantes de riñón y tú estás harto de oír lo mismo.

LOS TRASPLANTES RENALES EN LATINOAMÉRICA

En la década de los 90, en Latinoamérica se realizaron 20.800 trasplantes renales que representa el 8,9 del total de trasplantes realizados en el mundo, y en lo que va de la primera década del 2000, la cantidad es de 63.618, es decir un 12,7% del total de trasplantes renales del mundo.

El 47% de los trasplantes en Latinoamérica se realizan con donante cadavérico y el 53% con donante vivo. En los últimos 23 años se observa una evolución del porcentaje de trasplantes cadavéricos: 18% en el año 1980, 34% en el año 1985, 42% en el 90, 47% en el año 2000, y 50% en el año 2003. Es decir existió un crecimiento progresivo del número de trasplantes cadavéricos con una estabilización actual en el orden del 50%. Esto está marcando un desarrollo de políticas de donaciones más eficientes, pero aún insuficientes si tomamos en cuenta la realidad europea, donde algunos países como España, Francia, Italia y Portugal sobrepasan el 90%, y el beneficio que tiene el donante cadavérico sobre el donante vivo. El número de trasplantes renales que se realiza no alcanza a satisfacer la demanda de órganos provenientes de donantes cadavéricos, por lo que se recurre al donante vivo a nivel mundial.

La donación de órganos sin duda es un tema complejo donde son múltiples las causas que la determinan y marcan las diferencias importantes en el mundo. Analizando esta situación en los diferentes continentes, tenemos a Norteamérica con 20,7 por millón de población; América Latina y

Caribe con 4,5; África con 2,6; Oceanía con 10,4; Europa con 17,2 y Asia con 1,1 donantes por millón de población. En todos los casos, las tasas de donación de órganos son inferiores a las tasas de incidencia del tratamiento de insuficiencia renal crónica (IRC).

Analizando la situación en Latinoamérica se observa que dentro de esta región, el Cono Sur logró tasas de donación de 7 donantes por millón de población (pmp), con un crecimiento importante en los últimos años, mientras que otros países tienen tasas de donación menores de 2 donantes pmp. Es importante destacar que Uruguay presentó una tasa de donación similar al promedio europeo de 14,1 en 2002; 16,1 pmp en el año 2003 y de 19,3 en el año 2004 lo que la aproxima a la tasa de donación de USA con 22 pmp y superior al promedio europeo.

Los resultados y las posibilidades de donación indican claramente que es necesario potenciarla donación de órganos en las Américas. El potencial de un país está calculado entre 30 y 40 donantes pmp de acuerdo a datos internacionales y a la experiencia de países como España, que ha logrado ya alcanzar dichas metas.

Aunque los trasplantes salvas miles de vidas por año, la oferta de órganos no cubre las expectativas de las personas en lista de espera: Latinoamérica y el Caribe cuentan hoy con un número elevado de pacientes en diálisis crónica, 20%   de los cuales están en lista de espera y con oportunidad de trasplante renal solamente del 10%.

Como consecuencia de esta alta demanda y frente a la escasez de donantes cadavéricos en muchos países con poca capacidad organizativa en cuanto a donación de órganos, se ven obligados a prodigar el trasplante intervivo como una solución a este dramático problema. Se está viendo con mucha preocupación que en países donde hay poca regulación existe un aumento creciente del número de personas que están dispuestas a donar un riñón aunque no exista una relación de parentesco con el receptor a cambio de alguna compensación. Es muy importante por tanto potenciar la donación de cadáver en nuestra Región y alcanzar las cifras de donación de países desarrollados.

Fuente: Fortalecimiento de los programas nacionales para la donación de órganos y trasplantes. Organización Mundial de la Salud.

A. SEGÚN EL TEXTO

1. ¿De qué manera ha cambiado el número de trasplantes renales en Latinoamérica en los últimos años?

2. Organiza los continentes de mayor a menor porcentaje de donantes. ¿En qué puesto está Latinoamérica?

3. ¿Cuál es la situación de Uruguay en cuanto a los trasplantes renales?

4. ¿Qué porcentaje de personas en Latinoamérica que recibe tratamientos de diálisis recibirá un trasplante?

5. ¿Qué problema ético causa la falta de órganos para trasplantes?

B. MÁS ALLÁ DEL TEXTO

1. ¿A qué crees que se debe la situación de Uruguay en cuanto a los trasplantes renales?

2. ¿Cuál es tu opinión sobre la venta de órganos? Discute este asunto con un compañero y compartid después vuestra opinión con el resto de la clase.

3. Imagina que tú eres un hombre/mujer latinoamericano con varios hijos, sin dinero y sin posibilidad de conseguirlo debido a la situación económica de tu región. Tal vez ganas $2 al día trabajando en los campos de café, pero esto es un trabajo temporal. Se te presenta la oportunidad de vender un riñón, con lo que la situación económica de tu familia mejorará de forma drástica. ¿Lo harías? Discute esta situación con un compañero y compartid después vuestra opinión con el resto de la clase.

INVESTIGACIÓN, ESCRITURA Y CONVERSACIÓN

Primer paso

1. De la lista siguiente, selecciona una situación o problema relacionado con el sistema excretor. También puedes seleccionar un problema relacionado con este sistema que no esté aquí.

Absceso perirrenal, m.	Perirenal abscess
Cáncer de riñón, m.	Kidney cancer
Cáncer de vejiga, m.	Bladder cancer
Cistitis intersticial, f.	Interstitial cystitis
Diabetes insípida, f.	Diabetes insipidus
Estomas, m.	Ostomy
Fístula vesical, f.	Bladder fistula
Glomerulonefritis, f.	Glomerulonephritis
Incontinencia urinaria, f.	Urinary incontinence
Infecciones de las vías urinarias, f.	Urinary tract infections
Insuficiencia renal, f.	Kidney failure
Lesión traumática de la uretra, f.	Urethral trauma
Nefritis lúpica, f.	Lupus nephritis
Piedras en los riñones, f.	Kidney stones
Reflujo urinario, m.	Urinary reflux
Tumor de Wilms, m.	Wilms' tumor
Ureterocele, m.	Ureterocele
Vejiga neurogénica, f.	Neurogenic bladder

2. Ve a una de estas páginas: a la página http://www.clinicadam.com/clinica/urologia.htm, http://www.nlm.nih.gov/medlineplus/spanish, http://www.tuotromedico.com, http://kidney.niddk.nih.gov/kudiseases/ap_sp.htm, u otra página similar que ofrezca información en español sobre estas situaciones/ enfermedades.

3. Escribe un resumen que incluya los síntomas, los tratamientos y la prevención, si la hay. Utiliza tus propias palabras y no olvides incluir la dirección de Internet de dónde has obtenido la información.

Segundo paso

Basándote en tus notas, escribe un diálogo entre un médico y su paciente. El paciente va a tener los síntomas de la enfermedad que has escogido. El médico puede recomendar varias pruebas. Luego va a explicar la enfermedad al paciente y a su familia. Sé creativo. Utiliza tus propias palabras.

Tercer paso

1. Comparte el diálogo anterior con un compañero de clase. Usando el escrito como base, representad una conversación entre el urólogo y su paciente. Añadid cualquier pregunta o tema de conversación apropiado entre paciente y médico que os parezca conveniente.

2. Haz una representación con otros dos compañeros. Uno será un médico que no habla español, otro un paciente que no habla inglés y el tercero será el intérprete. Siguiendo los consejos sobre la interpretación, dramatizad una situación que incluya una de las enfermedades de las que habéis hablado en el paso 2.

ENFOQUE CULTURAL: CHILE

Chile

A. INVESTIGACIÓN

Primero, visita las páginas de Internet para aprender sobre cuestiones médicas y culturales en Chile. Luego rellena la tabla siguiente. Finalmente, analiza la información y discútela en clase con tus compañeros.

- Ministerio de Salud: http://www.minsal.cl/portal/url/page/minsalcl/g_home/home.html
- Organización Panamericana de la Salud: http://new.paho.org/chi/
- Latin American Network Information Center: http://lanic.utexas.edu/la/chile/indexesp.html

	Chile
PIB per cápita	
Gastos del gobierno en sanidad per cápita	
Expectativa de vida para ambos sexos	
Expectativa de vida para hombres	
Expectativa de vida para mujeres	
Tasa de mortalidad materna	
Tasa de mortalidad infantil	
¿Qué cuestiones médicas parecen tener primacía hoy en día?	
¿De qué manera trata Chile los principios de la medicina tradicional y a sus practicantes?	

B. TÚ ERES EL MÉDICO

Un paciente hispano va a viajar a Chile y necesitas informarle sobre cómo cuidarse la salud mientras esté allí. Lee la información que el gobierno de EEUU da a los viajeros. Escribe un resumen en español que le darías a tu paciente.

- Información para viajeros sobre Chile: http://wwwnc.cdc.gov/travel/destinations/chile.aspx

TRADUCCIONES

A. TRADUCE LAS SIGUIENTES FRASES AL INGLÉS

1. El daño a los riñones empieza mucho antes de que se puedan notar los síntomas. Uno de los primeros signos de daño renal es cuando pequeñas cantidades de una proteína llamada albúmina salen de los riñones y pasan a la orina. Sin embargo, la única manera de saber si esto ocurre es hacerse una prueba específica de orina.

2. Algunas personas rehúsan hacerse donantes de órganos debido a algunos mitos que existen en la sociedad. Entre éstos se incluye el temor a que en caso de un accidente o enfermedad, el médico no haga todo lo posible para salvar la vida de una persona que es donante.

3. No se debe ser reacio a hacerse donante de órganos. Cuantas más personas de diferentes orígenes haya en las listas, más fácil será encontrar órganos compatibles.

B. TRADUCE LAS SIGUIENTES FRASES AL ESPAÑOL

1. Kidneys filter the blood they receive from the renal arteries. They remove waste that is later elimitated from the body as urine.

2. Kidney disease can be associated to diabetes and high blood pressure.

3. Kidney donors allow many people affected from renal disease to stop dialysis treatments and resume a normal life.

TU VOCABULARIO

Anota las palabras y frases nuevas que has aprendido no incluidas en el vocabulario de este capítulo.

_____

_____

_____

_____

PARA SABER MÁS

Para ampliar los temas discutidos en este capítulo, puedes visitar el sitio del Programa de Educación Nacional sobre la Enfermedad de los Riñones. Contiene información muy valiosa: http://www.nkdep.nih.gov/espanol/index.htm

En esta página (http://www.paho.org/spanish/gov/ce/spp/spp39-06-s.pdf) puedes leer el texto íntegro titulado *Fortalecimiento de los programas nacionales para la donación de órganos y trasplantes* (2005) de la Organización Panamericana de la Salud.

Esta página de la Biblioteca del Congreso Nacional de Chile (http://www.bcn.cl/guias/donacion-de-organos) responde a varias preguntas sobre la donación de órganos.

LA RISA ES LA MEJOR MEDICINA

Dos amigas hablan.
—Me ha dicho el urólogo que tengo piedras en los riñones— Dice una.
—Eso te pasa por tener un novio albañil— Responde la otra.

Escribe unas notas sobre lo que has aprendido a nivel de contenidos médicos, de costumbres de los hispanos y sobre la situación sanitaria de los países estudiados en este capítulo.

APÉNDICE 1

EL APRENDIZAJE SERVICIO

*Haz el bien
y no mires a quién.*

Refrán

EL APRENDIZAJE SERVICIO

¿QUÉ ES EL APRENDIZAJE SERVICIO?

El aprendizaje servicio es una pedagogía que promueve y facilita que el estudiante esté involucrado en proyectos comunitarios donde practica los conocimientos aprendidos en el aula de la universidad al mismo tiempo que reflexiona sobre la conexión entre ambos y el impacto que la experiencia tiene en su desarrollo como ser humano.

¿POR QUÉ PARTICIPAR EN UN PROYECTO DE APRENDIZAJE SERVICIO?

La mejor manera de aprender un idioma es practicándolo. Si vas a trabajar en el campo médico con clientes de habla hispana, el aprendizaje servicio te permite conocer a esta población, sus necesidades, sus retos, sus fuerzas y sus preocupaciones. ¿Y qué mejor manera de saber si un oficio es el correcto para ti que trabajando en un campo relacionado?

El participar en un proyecto de aprendizaje servicio tiene muchas ventajas:

- Practicarás el vocabulario, gramática y conceptos aprendidos en clase.
- Mejorarás tu curriculum vitae, lo que te va ayudar a conseguir un trabajo o a ser aceptado a una escuela de postgrado.
- Verás cuáles son tus debilidades. Una vez las conozcas, las podrás mejorar.
- Verás cuáles son tus fuerzas, con lo que las puedes aumentar aún más.
- Reflexionarás sobre lo que significa para ti la responsabilidad cívica.
- Madurarás como individuo.
- Contribuirás a mejorar tu comunidad.
- Experimentarás el impacto que una sola persona, tú, puedes tener en el mundo que te rodea.

¿CÓMO PUEDO PARTICIPAR EN UN PROYECTO DE APRENDIZAJE SERVICIO?

Hay muchas posibilidades de aprendizaje servicio para el estudiante que quiere conseguir un empleo en el campo médico o similar. Puedes interpretar en clínicas u hospitales que atienden a pacientes de habla hispana. Las oficinas de dentistas generalmente aceptan a estudiantes. Los centros de acogida para personas sin hogar a veces también ofrecen servicios médicos y de farmacia. Busca en tu comunidad agencias no gubernamentales que sirvan a comunidades hispanas. ¿Conoces escuelas con estudiantes hispanos? ¿Centros a los que los niños asisten después del horario escolar? En estos centros, puedes hacer presentaciones sobre temas de salud, como por ejemplo, sobre la importancia de hacer ejercicio físico o tener una dieta balanceada. A los niños les puede interesar cómo reconocer los síntomas de un ataque al corazón. ¿Conoces un centro comunitario para personas mayores? Puedes ofrecerte para hacer una presentación sobre la osteoporosis u otro tema de interés para personas de la tercera edad. El potencial de proyectos es tan grande como tu imaginación y energías.

¿CUÁL ES LA DIFERENCIA ENTRE APRENDIZAJE SERVICIO Y UN VOLUNTARIADO?

La primera diferencia es que tu proyecto de aprendizaje servicio va a estar relacionado con el material del curso. Sin embargo, otra gran diferencia se centra en las reflexiones que vas a hacer conectadas con tu proyecto. Más adelante, encontrarás una serie de instrucciones o guías para cada reflexión. Las reflexiones te van a ayudar a recapacitar sobre tu proyecto, el material aprendido en clase y tu comportamiento. Cuando escribas, necesitas pensar de manera crítica sobre situaciones en las que has estado involucrado. No es suficiente narrar lo que ocurrió, sino que debes analizar de forma profunda las implicaciones que cada situación tuvo. Si algo te hace feliz, debes pensar en por qué es así. Si algo te ofende, analiza el porqué también. Por otro lado, las reflexiones también te van a ayudar a mejorar la proficiencia lingüística. Conforme vayas repasando funciones gramaticales a través del curso, incorpora lo que vas aprendiendo a tus escritos para que cada vez sean mejores.

GUÍAS PARA LAS REFLEXIONES

En esta sección vas a encontrar dos tipos de reflexiones: cortas y largas. Tú profesor te recomendará qué tipo escribir y te dará detalles adicionales.

REFLEXIONES CORTAS

1. Ahora que empiezas a hacer un servicio, ¿qué trabajo vas a hacer? ¿Cómo te sientes? ¿Nervioso, animado, enojado? ¿Por qué? ¿Cuáles son dos miedos o preocupaciones que tienes sobre tu participación en esta experiencia de servicio? ¿De qué manera te puedes enfrentar a esto?

2. Escribe una lista de tus intereses, pasatiempos, talentos y destrezas. ¿Cómo se pueden convertir en algo valioso en tu servicio? ¿A qué grupos/comunidades perteneces? ¿Pueden estas conexiones ayudarte en el servicio? ¿De qué manera?

3. En tu opinión, ¿cuáles son algunos de los problemas a los que se enfrenta el mundo hoy? ¿Y la comunidad hispana en la ciudad donde estás sirviendo? ¿De qué manera tu servicio puede ayudar a solucionar estos problemas? Explica cuál va a ser tu contribución.

4. Escribe tres cosas que has aprendido durante el servicio relacionadas con tu disciplina académica. Sé específico y da ejemplos.

5. Explica un fracaso o desilusión que hayas experimentado durante este servicio? ¿Qué te ha ayudado a aprender sobre tu comunidad y sobre ti mismo?

6. Menciona 3 cosas específicas que estás aprendiendo sobre la comunidad hispana local. Sé específico y da ejemplos.

7. ¿Qué has aprendido de ti mismo a través de esta experiencia? ¿Te ha ayudado el servicio a darte más cuenta de tus fuerzas y debilidades? Sí es así, explica.

8. ¿Cuál ha sido el momento más feliz? ¿Por qué? ¿Qué te dice esto sobre ti mismo/a?

9. ¿Qué es lo más importante que quedará contigo de esta experiencia?

10. ¿Recomendarías este servicio a un amigo? ¿Por qué sí o no? ¿Y algún otro tipo de aprendizaje servicio en una agencia diferente? Explica.

Requisitos mínimos de las reflexiones largas

Cada reflexión necesita estar relacionada con tu servicio.

Debe cumplir los siguientes puntos:

- Título único y descriptivo que atraerá al lector. Reflexión 1 no es suficiente
- Mínima longitud de 250 palabras
- Ortografía correcta
- Gramática revisada
- Escrita a doble espacio, a máquina y con tildes
- Vocabulario variado
- Un mínimo de tres párrafos:
  - Introducción
  - Reflexión principal
  - Conclusión

Reflexión 1

Objetivos: Informar al profesor y a la clase sobre el tipo de servicio que vas a hacer
Reflexionar sobre el significado de "responsabilidad cívica"

Escribe varios párrafos con el siguiente contenido:

1. ¿Qué significan para ti las palabras "responsabilidad cívica"? Da ejemplos.

2. ¿Qué significa para ti ofrecer un servicio a la comunidad?

3. Da la siguiente información sobre la organización o agencia que has elegido:

    A. Nombre
    B. Área que sirve
    C. Grupo demográfico al que sirve
    D. Tipo de servicio que ofrece
    E. Dirección
    F. Presupuesto
    G. Historia breve de la organización
    H. Sitio de Internet, si lo tiene.

Reflexión 2

Objetivos: Reflexionar sobre el primer contacto con tu colaborador comunitario
Describir situaciones en el pasado
Expresar emociones

La tarea consiste en escribir una composición basada en tus primeras experiencias en relación con tu colaborador comunitario. En la introducción puedes explicar cómo te pusiste en contacto con esta persona. Puedes contestar preguntas como por qué te decidiste por este tipo de servicio específico, etc.

En la reflexión principal, primero, escoge una fecha específica para situar tu experiencia (el lunes pasado, el 3 de octubre, etc.) Describe el lugar, la situación y/o la gente (imperfecto: el director era un hombre bajo, tenía una mirada agradable). La composición debe explicar tus acciones (pretérito: apunté mi nombre en un formulario, asistí a una presentación sobre sería mi trabajo) y tu reacción a estas primeras experiencias (subjuntivo: me alegra que mis conocimientos de español puedan ayudar a estas personas, me entristece que tanta gente necesite ayuda).

¿Cómo crees que este tipo de servicio te va a afectar personalmente?

Reflexión 3

Objetivos: Reflexionar sobre las actividades en el servicio
Describir emociones en el pasado

Escribe un resumen de tus actividades durante tu servicio comunitario las semanas pasadas. La sección descriptiva puede ser corta. Utiliza el imperfecto para la descripción. Describe tus sentimientos, percepciones, preguntas, ideas sobre lo que pasó durante tu trabajo. Explica las acciones (pretérito) y los comentarios de las personas con las que te relacionaste. Reflexiona sobre lo siguiente: ¿Estás bien informado sobre los fines u objetivos de tu centro y estás de acuerdo en que estos objetivos valen la pena? ¿Qué opinas de la manera en que se intentan llevar a cabo? Explica en detalle.

Reflexión 4

Objetivos: Reflexionar sobre obstáculos en el servicio
Comunicar sentimientos sobre situaciones hipotéticas

¿Qué obstáculos o barreras estás encontrando durante esta experiencia? ¿Cómo se podrían solucionar? ¿Qué ideas o planes tienes para superarlos? Da ejemplos específicos sobre el obstáculo o barrera. Si tú hubieras actuado de otra manera, se hubiera presentado esta situación, o es algo ajeno a ti? ¿Cómo te afecta esta situación? ¿Cómo te hace sentir? ¿Por qué crees que la situación tiene el efecto en ti que has descrito?

Reflexión 5

Objetivos: Reflexionar sobre la organización donde estás ofreciendo tu servicio.
              Comunicar situaciones hipotéticas

¿Si tú fueras el supervisor de la agencia o programa en el que te encuentras, harías que los estudiantes del aprendizaje servicio hicieran algo diferente? ¿Cambiarías algo? Explica en detalle. Puedes referirte a varias cosas y puedes utilizar distintos párrafos para analizarlas. ¿Por qué cambiarías esos aspectos? ¿Cómo crees que eso reflejaría mejor el objetivo del programa, o cómo crees que ayudaría mejor a obtener los beneficios deseados?

Si no hay nada que cambiarías, escoge tres aspectos que te gusten o que creas que funcionan bien y analiza las razones por las que tú crees que tienen éxito.

Reflexión 6

Objetivos: Reflexionar sobre el efecto del servicio
              Expresar acciones que son influidas por otras acciones

¿Qué impacto está teniendo tu servicio en aquéllos a los que estás ayudando? ¿Qué efecto está teniendo en ti? ¿Piensas qué tienes la capacidad y la fuerza para mejorar la sociedad a la que perteneces? Concéntrate en un episodio específico de tu servicio y cuéntalo como si contaras una historia, prestando particular atención al uso del pretérito y del imperfecto.

Debes utilizar frases con:
- verbos de deseo e influencia (quería que, pidió que, etc.)

- reacciones emocionales (me sorprendió que, me extrañó que, etc.)

- verbos con cláusulas de finalidad (para que)

Escribe sobre tus impresiones. No digas "me gusta mucho lo que hago" o "me hace sentir bien". Analiza por qué te sientes de una manera específica. Profundiza en tus sentimientos. Escribe sobre el efecto que produces en otra persona. También aquí profundiza. Analiza el por qué.

Reflexión 7

Objetivos: Reflexionar sobre situaciones difíciles
              Expresar acciones, descripciones y emociones pasadas.

En cuanto a tu servicio comunitario, ¿cuál es la parte o el componente que está siendo más frustrante? Sé específico e ilustra con una historia u otro tipo de ejemplo. ¿Por qué crees que esta parte está siendo frustrante? ¿Qué te dice de ti mismo, de tus valores, de tus deseos, de tus sueños, de tus aspiraciones? ¿Cómo crees que esta frustración se podría remediar? Sé específico.

Revisa el uso de los verbos en el pasado. ¿Estás usando el imperfecto para descripciones o para dar información de segundo plano? ¿Estás usando el pretérito para hablar de acciones que hacen que la historia progrese? ¿Usas verbos en el subjuntivo cuando escribes sobre acciones influencias por otras en la cláusula principal?

Reflexión 8

Objetivos: Reflexionar sobre la diferencia entre aprendizaje servicio y la educación tradicional
Practicar la organización de ideas cuando se comparan dos situaciones diferentes

¿De qué manera es el aprender a través de un servicio igual o diferente que el aprender en el salón de clase? Compara el espacio, la interacción con los otros estudiantes, con tu profesor, con tu compañero comunitario y con las personas a las que sirves. ¿En cuál de las dos situaciones decides más tú mismo lo que vas a aprender? ¿En cuál eres tú más responsable de tu propio aprendizaje? Explica aspectos a favor y en contra de las dos situaciones.

Reflexión 9

Objetivos: Reflexionar en el efecto que el servicio puede tener en tu futuro
Expresar acciones pasadas y situaciones hipotéticas

Imagina la siguiente situación: Es el año 2015. Ya has acabado tus estudios y llevas varios años trabajando en un oficio relacionado con la medicina que te llena personalmente. Tienes un amigo que está considerando hacer un servicio comunitario. En esta reacción le escribes una carta explicándole la experiencia que tú tuviste cuando tú lo hiciste. Puedes escribir un resumen, comentar y/o criticar cualquier aspecto que desees sobre tu participación en el proyecto de aprendizaje servicio. Puedes analizar cómo esta experiencia te ayudó en tu carrera profesional o desarrollo personal, o cómo esperabas que te ayudaría, pero no lo hizo. ¿Qué aspectos se podrían haber mejorado para que tu experiencia educativa fuera más efectiva? No olvides que estás escribiendo sobre una situación que ocurrió en el pasado.

Las reflexiones cortas han sido adaptadas de un folleto escrito por las Dras. Brenda Kowalewski y Kari Petersen. Community Involvement Center. Weber State University.

APÉNDICE 2

AFIJOS GRECOLATINOS EN EL VOCABULARIO MÉDICO

Afijos son morfemas (unidades de significado) que se añaden a palabras o a sus raíces para modificar sus significados

Principalmente, en español son de dos tipos:

1. Prefijos: se añaden al principio
2. Sufijos: se añaden al final

En el vocabulario médico, muchas palabras tienen sus orígenes en afijos grecolatinos. Después de estudiarlos, podrás entender muchos términos aunque no los hayas visto antes.

Afijo	Significado en español	Ejemplo
a/an	sin/no	atípico
acro	extremo/punta	acrocefalia
aden	glándula	adenitis
alg	dolor	analgésico
angio	vaso sanguíneo	angioma
anquil	tieso/duro	anquilosado
anti	contra	antihistamínico
art/arto	articulación	artrosis
bi/dipl	doble	bipolar
bio	vida	biopsia
blast/blasto	germen, retoño	blastoma
buc	boca	bucal
carcin/carci-no	maligno/cáncer	carcinoma
cardi/cardio	corazón	cardiología
cefal/cefalo	cabeza	Electroencefalograma
cele/celo/ocele	hernia	celotomía
cian/ciano	azul	cianosis

cit/cito	célula	citología
cula/culam	pequeño	cutícula
cutis	piel	cutícula
dermat/der-mato	piel	dermatología
diestro/dextr	derecho	dextrocardia
dis	dificultad	discapacidad
dis y algia	dolor	disnea
dors/dorso	espalda	dorsal
ectasia	dilatación	gastrectasia
elect/electro	electricidad	electroencefalograma
emia	sangre	alcoholemia
end/endo	dentro	endoscopia
epi	arriba de/fuera de	epidermis
eritro	rojo	eritrocito (glóbulo rojo)
estesia	percepción	anestesia
extra	además de /fuera de	extracelular
fag/fago	comer	fagocito
fas/fasia	habla	afasia

fleb/flebo	venas	flebotomía	**noia**	pensamiento	paranoia
foto	luz	foto	**odont**	diente	odontología
gast/gastro	estómago	gastritis	**oftal/oftalmo**	ojo	oftalmología
ginec/gineco	mujer	ginecología	**oide**	que se parece	androide
gingiv/gingivo	encía	gingivitis	**oma**	tumor	blastoma
gon/gonad	órganos sexuales	gonadoblastoma	**osis**	proceso patológico	osteoporosis
hema/hemato	sangre	hematología	**oste/osteo**	hueso	osteoporosis
hepat/hepato	hígado	hepatitis	**ot/oto**	oído/oreja	otitis
hidro	agua	hidrocéfalo	**otomía**	incisión/corte	cardiotomía
hipo	debajo de	hipotermia	**para**	impropio	paranoia
hygie	salud/sano	higiene bucal	**peps/pepso**	digestión	dispepsia
ia	cualidad	afagia	**pi/o**	pus	piuria
intra	dentro	intravenoso	**plast/plasto**	reparación	angioplastia
itis	inflamación	otitis	**plegia**	parálisis	paraplegia
lapar/laparo	pared abdominal	laparoscopia	**pod**	pie	podólogo
leuc/leuco	blanco	leucocito	**post**	después de/atrás de	postoperatorio
lip/lipo	grasa	liposucción	**pre y ante**	antes de/hacia adelante	predisposición
logia	estudio/razonar	cardiología	**pro**	antes/delante	probiótico
logia	estudio	cardiología	**proct/procto**	recto/ano	proctoscopia
mal	malo	malnutrición	**psic/psico**	mente	psicoanálisis
megal/megalo	grande	gastromega-lia	**skopia**	inspección/examen visual	laparoscopia
men/meno	menstruación	hipomenorrea	**stasis**	equilibrio/detención	homeostasis
narco	adormecimiento	narcolepsia	**taqui**	rápido	taquicardia
ne/neo	nuevo	neonatal	**tomia**	corte/incisión	celotomía
nea	respirar	disnea	**trans**	a través de	transfusión
nefro	riñón	nefrología	**trauma**	herida	traumatología
neur/neuro	nervio	neuroma	**uria**	orina	piuria
noct/nocti	noche	nocturno			

Puedes estudiar los afijos con estos sitios de Internet:

- http://www.elosiodelosantos.com/termimedic.html
- http://dicciomed.eusal.es/

PRÁCTICA

Con la ayuda de los afijos que acabas de estudiar, deduce el significado de las siguientes palabras.

1. amigdalotomía _____

2. anemia _____

3. apendicetomía _____

4. arteriotomía _____

5. bronquiectasia _____

6. cardiomegalia _____

7. cerebelitis _____

8. disuria _____

9. fagosoma _____

10. hipotiroidismo _____

11. hipovitaminosis _____

12. menorragía _____

13. neoplasia _____

14. preeclampsia _____

15. proctitis _____

APÉNDICE 3

MEDICAMENTOS Y PRUEBAS MÉDICAS

Los profesionales del campo médico y los intérpretes deben conocer el vocabulario relacionado con los medicamentos y con las distintas pruebas médicas que un paciente puede necesitar.

Las siguientes páginas te ayudarán a conocer este tipo de palabras. Aunque esto es una buena manera de aumentar tu vocabulario, recuerda que hay muchas más palabras relacionadas con este campo. Es una buena idea leer revistas especializadas para continuar aprendiendo.

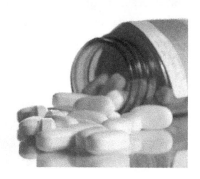

Fuente de la imagen: CDC.

Algunas maneras de presentar los medicamentos

aerosol, m.	spray can
atomizador nasal, m.	nasal spray
cápsula, f.	capsule
crema, f.	cream
gotas , f .	drops
inhalador, m.	inhaler
inyección, f.	shot
jarabe, m.	syrup
lavativaenema, f.	enema
loción, f.	lotion
parche, m.	patch
pastilla, f.	pill
píldora, f.	pill
pomada, f.	ointment, cream
supositorio, m.	suppository
tableta, f.	tablet

Para qué se utilizan

analgésico, adj.	analgesic	contra el dolor
anestesia, f.	anesthesia	priva de la sensibilidad
anestésico, adj.	anesthetic	privan de la sensibilidad
antiácido, adj.	antacid	contra la acidez de estómago
antialérgico, adj.	antiallergenic	contra los síntomas de alergias.
antibiótico, adj.	antibiotic	contra las infecciones bacterianas
antidepresivo, adj.	antidepressant	contra los síntomas de la depresión
antidiarreico, adj.	antidiarrheic	contra la diarrea
antiespasmódico, adj.	antispasmodic	contra espasmos
antifúngico, adj.	antifungal	contra infecciones por hongos
antigripal, adj.	antigripal	contra los síntomas de la gripe
antihistamínico, adj.	antihistamine	contra los síntomas de las alergias
antiinflamatorio, adj.	anti-inflammatory	contra inflamaciones
antipirético, adj.	antipyretic	contra la fiebre
antiséptico, adj.	antiseptic	desinfecta
antiviral, adj.	antiviral	contra virus
broncodilatador, adj.	bronchodilator	aumenta el tamaño de las vías respiratorias
calmante, adj.	sedative	contra el dolor
descongestivo, adj.	decongestant	remedia la congestión nasal
diurético, adj.	diuretic	favorece la expulsión de orina
estimulante, m. y adj.	stimulant	aumenta la actividad
fungicida, adj.	fungicide	contra hongos
laxante, adj.	laxative	favorece la expulsión de desechos de la digestión
sedativo, adj.	sedative	disminuye la actividad
tranquilizante, adj.	tranquilizer	tranquiliza
vacuna, f.	vaccine	evita que una persona contraiga una enfermedad determinada

Cómo tomar los medicamentos	
antes de cada comida	before every meal
cada 8/6 horas	every 8/6 hours
con las comidas	with meals
en ayunas	before eating anything
entre comidas	between meals
uso intravenoso	intravenous use
uso tópico	topical use
vía oral	by mouth
vía rectal	by rectum

PRÁCTICAS

A. Tipos de medicamentos. Rellena el espacio en blanco con la palabra adecuada.

1. Una _____ es de uso tópico.

2. Una _____ se toma por vía oral.

3. Un _____ se aplica por vía rectal.

4. Un _____ es un líquido espeso.

5. Los niños generalmente lloran cuando reciben una _____.

6. Un _____ se aplica por la nariz.

7. Algunas personas usan _____ para dejar de fumar.

B. ¿Qué recomendaría? Escribe que crees que recomendaría el médico a una persona con los siguientes síntomas o necesidades:

1. Le duele mucho la cabeza: _____.

2. Está alterado: _____.

3. Tiene congestión nasal: _____.

4. Está estreñido: _____.

5. Tiene espasmos: _____.

6. Va a viajar a la China: _____.

7. Tiene una fiebre alta: _____.

8. Tiene alergias: _____.

9. Tiene que ser operado: _____.

10. Tiene un músculo inflamado: _____.

Pruebas médicas

Amniocentesis, f.	Amniocentesis
Análisis de orina/urinálisis, m.	Urine test/Urinalysis
Análisis de sangre, m.	Blood test
Biopsia, f.	Biopsy
Broncoscopia, f.	Bronchoscopy
Cardiografía en reposo, f.	Cardiography at rest
Colonoscopia, f.	Colonoscopy
Ecografía, f.	Ultrasound
Electrocardiografía, f.	Electrocardiography
Electrocardiograma, m.	Electrocardiogram (ECG or EKG)
Electroencefalografía (EEG), f.	Electroencephalography (EEG)
Electroencefalograma (EEG), f.	Electroencephalography (EEG)
Endoscopia, f.	Endoscopy
Histeroscopia, f.	Hysteroscopy
Imagen por resonancia magnética, f.	Magnetic resonance imaging (MRI)
Mamografía, f.	Mammography
Palpación, f.	Palpation
Papanicolaou (prueba de), f.	Papanicolaou test/Pap smear/Pap test
Prueba de estrés, f.	Stress testing
Prueba de genética, f.	Genetic Testing
Punción lumbar, f.	Spinal tap (lumbar puncture)
Radiografía, f.	X-ray
Sonograma, f.	Sonogram
Tomografía Axial Computarizada (TAC), f.	CT Scan

PRÁCTICA

Una prueba para cada situación. Rellena el espacio en blanco con la palabra adecuada.

1. Para detectar el cáncer de pecho, es recomendable hacerse una _____.

2. Para detectar el cáncer de colon, es recomendable hacerse una _____.

3. Para saber si el bebé está desarrollándose correctamente, se hace una _____.

4. Si el médico cree que te has roto un hueso, se hace una _____.

5. Para saber si un tumor es benigno o maligno, se hace una _____.

6. Para detectar el cáncer del útero, se hace una prueba de _____.

7. Para ver la actividad eléctrica del corazón se hace un _____.

8. La prueba que utiliza la resonancia magnética es la _____.

9. Cuando se utiliza el tacto para examinar el cuerpo se llama un examen por _____.

10. Para obtener una imagen tridimensional de una parte del cuerpo se utiliza la _____.

APÉNDICE 4

GLOSARIOS

A

Aborto espontáneo, m.	Miscarriage
Aborto provocado, m.	Abortion
Absceso perirrenal, m.	Perirenal abscess
Absorción, f.	Absorption
Acidez crónica, m.	Chronic heartburn
Acidez estomacal, f.	Heartburn
Acné, m.	Acne
Adenoide, f.	Adenoid
Adormecerse, v.	To fall asleep
Adormecimiento, m.	Sleepiness /numbness
Aerosol, m.	Spray can
Agredir, v.	To assault
Agresor, m.	Attacker /assailant
Agua potable, f.	Drinking water
Aguja, f.	Needle
Albúmina, f.	Albumin
Alfabetismo, m.	Literacy
Aliento (mal), m.	Breath
Alopecia/pérdida del cabello, f.	Alopecia/hair loss
Alveolo, m.	Alveoli
Amenorrea, f.	Amenorrhea
Amígdala, f.	Tonsil
Amigdalistis, f.	Tonsillitis
Amniocentesis, f.	Amniocentesis
Analfabetismo, m.	Illiteracy
Analfabeto, m.	Illiterate
Analgésico, adj.	Analgesic
Análisis de orina /urinálisis m.	Urine test/urinalysis
Análisis de sangre, m.	Blood test
Anemia falciforme, f.	Sickle cell anemia
Anemia, f.	Anemia
Anestesia, f.	Anesthesia
Anestésico, adj.	Anesthetic

Aneurisma, f.	Aneurysm
Angina de pecho, f.	Angina
Ano, m.	Anus
Anorgasmia, f.	Anorgasmia
Antiácido, adj.	Antacid
Antialérgico, adj.	Antiallergenic
Antibiótico, adj.	Antibiotic
Anticoagulante, adj.	Blood thinner
Antidepresivo, adj.	Antidepressant
Antidiarreico, adj.	Antidiarrheic
Antiespasmódico, adj.	Antispasmodic
Antifúngico, adj.	Antifungal
Antigripal, adj.	Antigripal
Antihistamínico, adj.	Antihistamine
Antiinflamatorio, adj.	Anti-inflammatory
Antipirético, adj.	Antipyretic
Antiséptico, adj.	Antiseptic
Antiviral, adj.	Antiviral
Aorta, f.	Aorta
Aparatos, m. (España)	Braces
Apéndice, m.	Appendix
Apendicitis, f.	Appendicitis
Apnea del sueño, f.	Sleep apnea
Apoplejía, f./derrame cerebral, m./ hemorragia cerebral, f./ataque cerebral, m.	Stroke
Arritmia cardíaca, f.	Cardiac Arrhythmia
Arruga, f.	Wrinkle
Arteria coronaria, f.	Coronary artery
Arteria pulmonar, f.	Pulmonary artery
Arteria, f.	Artery
Asfixia, f.	Choking
Asma, f.	Asthma
Aspirar, v.	To breathe in
Ataque al corazón, m.	Heart attack

Ataque isquémico transitorio, m.	Transient ischemic Attack
Atarse los tubos, v.	To have one's tubes tied
Atomizador nasal, m.	Nasal spray
Aturdimiento, m.	Daze
Aurícula, f.	Atrium
Auscultar, v.	To auscultate, to listen with a stethoscope

B

Baja por enfermedad, f.	Sick leave
Baja por maternidad, f.	Maternity leave
Balanitis, f.	Balanitis
Bartolinitis, f.	Bartolinitis
Benigno, adj.	Benign
Biopsia, f.	Biopsy
Bloquear, v.	To block
Bloqueo, m.	Blockage
Bocio, m.	Goiter
Bolo, m.	Bolus
Bombear, v.	To pump
Brindar, v.	To offer
Broncodilatador, adj.	Bronchodilator
Broncoscopia, f.	Bronchoscopy
Bronquio, m.	Bronchial tube
Bronquiolos, m.	Bronchioles
Bronquitis, f.	Bronchitis
Bruxismo, m.	Bruxism/teeth grinding
Bucal, adj.	Of the mouth
Bulto, m.	Lump
Bursitis, f.	Bursitis

C

Cabello, m.	Hair (head)
Cabestrillo, m.	Sling
Cadera, f.	Hip
Calambre muscular, m.	Muscle cramp
Calambre, m.	Cramp
Cálculo renal, m.	Kidney stone
Cálculos biliares, m.	Gallstones
Callo, m.	Callus, corn
Calmante, adj.	Sedative
Calores, m.	Hot flashes
Campanilla, f.	Uvula
Canal de la raíz, m.	Root canal

Cáncer de cérvix/de cuello uterino, m.	Cervical Cancer
Cáncer de glándula salival, m.	Salivary gland cancer
Cáncer de hueso, m.	Bone cancer
Cáncer de garganta, m.	Throat cancer
Cáncer de mama/seno/pecho, m.	Breast cancer
Cáncer de ojo, m.	Eye cancer
Cáncer oral, m.	Mouth cancer
Cáncer de ovarios, m.	Ovarian cancer
Cáncer de páncreas, m.	Pancreatic cancer
Cáncer de pene, m.	Penile cancer
Cáncer de piel, m.	Skin cancer
Cáncer de pulmón, m.	Lung cancer
Cáncer de riñón, m.	Kidney cancer
Cáncer de testículo, m.	Testicular cancer
Cáncer de útero, m.	Uterine cancer
Cáncer de vejiga, m.	Bladder cancer
Cáncer testicular, m.	Testicular cancer
Capilar, m.	Capillary
Cápsula, f.	Capsule
Caracol, m.	Cochlea
Cardíaco, adj.	Of the heart
Cardiografía en reposo, f.	Cardiography at rest
Cardiomiopatía, f.	Cardiomyopathy
Caries, f.	Tooth decay/cavity
Caspa, f.	Dandruff
Catarata, f.	Cataract
Ceguera, f.	Blindness
Celulitis, f.	Cellulitis
Cemento, m.	Cementum
Cerebelum, m.	Cerebelum
Cerebro, m.	Brain
Cerumen, m./cera, f.	Wax
Cicatriz, f.	Scar
Ciego, m.	Blind person
Cinetosis, f.	Motion sickness
Cirrosis, f.	Cirrhosis
Cirugía, f.	Surgery
Cistitis intersticial, f.	Interstitial cystitis
Clamidia, f.	Chlamydia
Clavícula, f.	Clavical/collarbone
Clavo, m.	Nail
Coagular, v.	To clot
Coágulo, m.	Blood clot
Cóclea, f.	Cochlea
Código postal, m.	Zip code

Codo, m.	Elbow
Colecistitis ,f.	Cholecystitis
Colesterol, m.	Cholesterol
Colitis ulcerative, f.	Ulcerative colitis
Colmillo, m.	Canine tooth
Colonoscopia, f.	Colonoscopy
Columna, f.	Spine/backbone
Comadrona, f.	Midwife
Comezón, m.	Itch
Condón, m.	Condom
Conducto deferente, m.	Vas deferens
Conducto auditivo externo, m.	External auditory meatus
Conductos semicirculares, m.	Semicircular canals
Contaminación de los alimentos, f.	Food contamination and poisoning
Contusión, f.	Bruise
Cónyuge m. y f.	Spouse
Corona, f.	Crown
Crecimiento, m .	Growth
Crema, f.	Cream
Cuello del útero/cérvix, m.	Cervix
Cuello, m.	Neck
Cuestionario, m.	Questionnaire
Cutáneo, adj.	Cutaneous/of the skin

D

Daltónico, adj.	Color blind
Daltonismo, m.	Color blindness
Dar a luz, v.	To give birth
Dar de mamar, v.	To breastfeed
Dar el alta, v.	To discharge
Debilidad, f.	Weakness
Degeneración macular, f.	Macular degeneration
Dentadura, f.	Teeth (a set)
Dentadura postiza, f.	False teeth/dentures
Dentina, f.	Dentin
Deparar, v.	To bring (the future)
Depresión posparto, f.	Postpartum depression
Descongestivo, adj.	Decongestant
Desecho, m.	Waste
Deseo sexual inhibido, m.	Inhibited sexual desire (ISD)

Desfibrilador implantable, m.	Implantable defibrillators
Desmayo, m.	Fainting
Destello, m.	Twinkle/sparkle
Deterioro visual, m.	Visual deterioration
Diabetes gestacional, f.	Gestational diabetes
Diabetes insípida, f.	Diabetes insipidus
Diafragma, m.	Diaphragm
Diálisis, m.	Dialysis
Diarrea, f.	Diarrhea
Diente de leche, m.	Primary tooth
Diente permanente, m.	Permanent tooth
Diente, m.	Tooth
Dietista, m.	Dietician
Diluyente de la sangre, m.	Blood thinner
Discapacidad visual, f.	Visual impairment
Disfonía traumática, f.	Traumatic voice problems
Disfunción eréctil, f.	Erectile dysfunction (ED)
Disfunción sexual de la mujer, f.	Female sexual dysfunction
Dislocamiento, m.	Dislocation
Dislocar/dislocarse, v.	Dislocate (to)
Dispareunia, f.	Dyspareunia
Displasia septo-óptica, f.	Septo-optic dysplasia
Distrofia muscular, f.	Muscular dystrophy
DIU, dispositivo intrauterino, m.	IUD, intrauterine device
Diurético, adj.	Diuretic
Dolencia, f.	Ailment
Dolor abdominal, m.	Abdominal pain
Donante, m.	Donor

E

Ecografía, f.	Ultrasound
Electrocardiografía, f.	Electrocardiography
Electrocardiograma, m.	Electrocardiogram (ECG or EKG)
Electroencefalografía (EEG), f.	Electroencephal-ography (EEG)
Electroencefalograma (EEG), m.	Electroencephal-ography (EEG)
Embarazada, adj.	Pregnant
Embarazo, m.	Pregnancy
Embolia pulmonar, f.	Pulmonary embolism
Empaste, m.	Filling
Empleo, m.	Employment

Enanismo, m.	Dwarfism
Encía, f.	Gum
Endocarditis, f.	Endocarditis
Endometriosis, f.	Endometriosis
Endoscopia, f.	Endoscopy
Enfermedad celíaca, f.	Celiac disease
Enfermedad de Addison, f.	Addison's disease
Enfermedad de Alfa-1 antitripsina, f.	Alpha-1 antitrypsin deficiency
Enfermedad de Graves	Graves' disease
Enfermedad de Hashimoto, f.	Hashimoto's disease
Enfermedad de Kawasaki, f.	Kawasaki disease
Enfermedad de las válvulas del corazón, f.	Heart Valve disease
Enfermedad de Ménière, f.	Meniere's disease
Enfermedad de obstrucción pulmonar crónica, f.	Chronic obstructive pulmonary disease
Enfermedad de Peyronie, f.	Peyronie's disease
Enfermedad del Legionario, f.	Legionnaires' disease
Enfermedad inflamatoria pélvica, f.	Pelvic inflammatory disease
Enfermedad venérea, f.	Venereal disease
Enfermedades de la retina, f.	Retinal disorders
Enfermedades de las glándulas salivales, f.	Salivary gland disorders
Enfermedades de los ojos, f.	Eye diseases
Enfermedades del cartílago	Cartilage disorders
Enfermedades del sistema endocrino, f.	Endocrine diseases
Enfermedades neurodegenerativas, f.	degenerative nerve diseases
Enfisema, f.	Emphysema
Enjuague bucal, m.	Mouth wash
Ensayo clínico, m.	Clinical trial
Entumecimiento, m.	Rigidity and lack of feeling
Entumecimiento, m.	Numbness
Enyesar, v.	To put a cast
Epididimitis, f.	Epididymitis
Epidídimo, m.	Epididymis
Epiglotis, f.	Epiglottis
Episiotomía, f.	Episiotomy
Errores de refracción, m.	Refractive errors

Erupción en la piel, f./ sarpullido, m.	Rash/skin rash
Escalofríos, m.	Shivers
Escasez, f.	Lack
Escayola, f.	Cast
Escayolar, v.	To put on a cast
Esclerodermia, f.	Scleroderma
Escoliosis, f.	Scoliosis
Escroto, m.	Scrotum
Escupir, v.	To spit
Esmalte, m.	Enamel
Esófago, m.	Esophagus
Esperma, m.	Sperm
Espermatocele, m.	Spermatoceles
Espermatozoide, m.	Spermatozoid
Espermicida, m.	Spermicide
Espinilla, f.	Black head, pimple
Espondilitis anquilosante, f.	Ankylosing spondylitis
Esputo, m.	Spit
Esqueleto, m.	Skeleton
Estado civil, m.	Marital status
Estar de parto, v.	To be in labor
Esterilidad, f.	Sterility
Esterilización por laparoscopía, f.	Sterilization by laparoscopy
Esternón, m.	Sternum, breastbone
Estimulante, m., y adj.	Stimulant
Estómago, m.	Stomach
Estomas, m.	Ostomy
Estreñimiento, m.	Constipation
Estribo, m.	Stapes
Exhalar, v.	To exhale
Expectativa de vida, f.	Life expectancy
Expediente médico, m.	Medical record
Expirar, v.	To breathe out/to expire
Extraer, v.	To extract/remove
Eyaculación precoz, f.	Premature ejaculation
Eyaculación retrasada, f.	Delayed ejaculation
Eyaculación retrógrada, f.	Retrograde ejaculation
Eyacular, v.	To ejaculate

F

Factura, f.	Bill
Falla ovárica prematura, f.	Premature ovarian failure

Faringe, f.	Pharynx
Feocromocitoma, f.	Pheochromocytoma
Férula, f.	Splint
Fibroides uterinos, m.	Uterine fibroids
Fibromialgia, f.	Fibromyalgia
Fibrosis pulmonar, f.	Pulmonary fibrosis
Fibrosis quística, f.	Cystic fibrosis,
Fiebre, f.	Cold sore
Fístula vesical, f.	Bladder fistula
Fístulas, f.	Fistulas
Flujo sanguíneo, m.	Blood flow
Folículo, m.	Follicle
Formulario, m.	Questionnaire
Fosa nasal, f.	Nasal cavity
Fractura, f.	Fracture
Frenos, m.	Braces
Frotar, v.	To rub
Fungicida, adj.	Fungicide

G

Gafas, f.	Glasses
Galactorrea, f.	Galactorrhea
Gameto, m.	Gamete
Garganta, f.	Throat
Gastroenteritis, f.	Gastroenteritis
Glande, m.	Glans
Glándula pituitaria, f.	Pituitary gland
Glándula renal, f.	Renal gland
Glándula sebácea, f.	Sebaceous gland
Glandula sudorípea, f.	Sudoriferous gland/sweat gland
Glaucoma, m.	Glaucoma
Glóbulo blanco/rojo, m.	White/red corpuscle, blood cell
Glomerulonefritis, f.	Glomerulonephritis
Gonorrea, f.	Gonorrhea
Gota, f.	Drop
Granulomatosis de Wegener, f.	Wegener's granulomatosis
Gripe aviar, f.	Bird flue
Gripe H1N1, f.	H1N1 Flu
Gripe porcina, f.	Swine flu

H

Hacer gárgaras, v.	To gargle
Hematoma, m.	Bruise
Hemofilia, f.	Hemophilia
Hemorragia, f.	Hemorrhage
Hemorroide, f.	Hemorrhoid

Hepatitis A, f.	Hepatitis A
Hepatitis B, f.	Hepatitis B
Hepatitis C, f.	Hepatitis C
Hepatitis, f.	Hepatitis
Hernia de disco, f.	Herniated disk
Hernia de hiato, f.	Hiatal hernia
Hernia, f.	Hernia
Herpes genital, m.	Genital herpes
Herpes labial, m.	Fever blister/cold sore/oral herpes
Hidrocele, f.	Hydrocele
Hígado, m.	Liver
Hilo dental, m.	Dental floss
Hinchazón, f.	Swelling
Hiperplasia adrenal congénita, f.	Congenital adrenal hyperplasia
Hipertensión pulmonar, f.	Pulmonary hypertension
Hipertiroidismo, m.	Hyperthyroidism
Hipertrofia benigna de próstata, f.	Benign prostatic hyperplasia (BPH)
Hipopituitarismo, m.	Hypopituitarism
Hipospadias, f.	Hypospadias
Hipotálamo, m.	Hypothalamus
Hipotiroidismo, m.	Hypothyroidism
Hirsutismo, m.	Hirsutism
Histerectomía, f.	Hysterectomy
Histeroscopia, f.	Hysteroscopy
Historial médico, m.	Medical history
Hombro, m.	Shoulder
Hongos en los pies, m./Pie de atleta, f.	Athlete's foot
Hormigueo, m.	Tingling
Hueso, m.	Bone

I

Ictericia neonatal, f.	Infant jaundice
Ictericia, f.	Jaundice
Imagen por resonancia magnética, f.	Magnetic resonance imaging (MRI)
Impétigo, m.	Impetigo
Impreso, m.	Form
Incisivo, m.	Incisor
Incontinencia urinaria, f.	Urinary incontinence
Indigestión, f.	Indigestion
Infarto cardíaco/ataque al corazón/ataque cardíaco, m.	Heart attack
Infección de las vías urinarias, f.	Urinary tract infection

Infección de los ojos, f.	Eye infection
Infección por cándida/candidiasis, f.	Yeast infection
Infección por hongos de las uñas, f.	Fungal nail infection /Onychomycosis
Infertilidad, f.	Infertility
Inhalador, m.	Inhaler
Inhalar, v.	To inhale
Inhibir, v.	To inhibit
Injerto, m.	Graft
Inspirar, v.	To breathe in
Insuficiencia cardiaca, f.	Heart failure
Insuficiencia renal crónica IRC, f.	Chronic renal failure
Insuficiencia renal, f.	Kidney disease
Intestino delgado, m.	Small intestine
Intestino grueso, m.	Large intestine
Intolerancia a la lactosa, f.	Lactose intolerance
Invalidez/Discapacidad, f.	Disability
Inyección, f.	Shot
Iris, m.	Iris
J	
Jarabe, m.	Syrup
Juanete, m.	Bunion
L	
Labio mayor, m.	Labia majora
Labio menor, m.	Labia minora
Lágrima, f.	Tear
Laparoscopia, f.	Laparoscopy
Laringe, f.	Larynx
Lavativa/enema, f.	Enema
Laxante, adj.	Laxative
Lengua, f.	Tongue
Lenguaje corporal, m.	Body language
Lente cristalino, m.	Crystalline lens
Lentes de contacto, f.	Contact lenses
Lentes, f.	Glasses
Lentillas, f.	Contact lenses
Lesión traumática de la uretra, f.	Urethral trauma
Lesionarse, v.	To injure oneself
Lesión del ojo, f.	Eye injury
Leucemia, f.	Leukemia
Lista de espera, f.	Waiting list
Llaga, f.	Sore, wound
Lóbulo de grasa, m.	Fat lobule, m.
Lóbulo, m.	Lobe

Loción, f.	Lotion
Punción lumbar, f.	Lumbar puncture
Lunar (atractivo), m.	Beauty spot
Lunar (no atractivo), m.	Mole
M	
Malaria, f.	Malaria
Maligno, adj.	Malignant
Mama, f.	Breast
Mamar, v.	To suckle
Mamografía, f.	Mammography
Marcapasos, m.	Pacemakers
Marearse, v.	To feel dizzy
Mareo, m.	Dizziness
Martillo, m.	Malleus
Medición de la temperatura basal, f.	Measuring the temperature during rest
Médula espinal, f.	Spinal cord
Meningitis, f.	Meningitis
Menopausia, f.	Menopause
Menstruación, f./período, m./regla, f.	Menstruation/ period
Mesotelioma, f.	Mesothelioma
Método anticonceptivo, m.	Birth control method
Método ogino, m.	Rhythm method
Micción, f.	To urinate
Miope, adj.	Nearsighted /myopic
Miopía, f.	Nearsightedness
Miositis, f.	Myositis
Mixedema, f.	Myxedema
Molar, m.	Molar
Moquear, v.	To have a runny nose
Morado, m.	Bruise
Moretón, m.	Bruise
Mucosidad, f.	Mucus, mucosity
Muela del juicio, f.	Wisdom tooh
Muela, f.	Molar
Muñeca, f.	Wrist
N	
Náusea, f.	Nausea
Nefritis lúpica, f.	Lupus nephritis
Nervio óptico, m.	Optic nerve
Nervio, m.	Nerve
Neumonía, f.	Pneumonia

Neuroma acústico, m.	Acoustic neuroma
Nódulos tiroideos, m.	Thyroid nodules

O

Obstruir, v.	To impede, to block
Ocular, adj.	Related to the eye
Oculista, m.	Eye doctor
Oftalmólogo, m.	Ophthalmologist
OMS: Organización Mundial de la Salud, f.	WHO: World Health Organization
Operación quirúrgica, f.	Surgery
Orina, f.	Urine
Orinar, v.	To urinate
Orquitis, f.	Orchitis
Óseo, m.	Osseous, of the bone
Osteogénesis imperfecta, f.	Osteogenesis Imperfecta
Osteonecrosis, f.	Osteonecrosis
Otitis media, f.	Ear infection/otitis media
Otorrinolaringólogo, m.	Othorhinolaryngologist
Ovular, v.	To ovulate
Óvulo, m.	Ovum, egg

P

Pabellón de la oreja, m.	Pinna
Paladar, m.	Palate
Palpación, f.	Palpation
Palpitación, f.	Palpitation
Páncreas, m.	Pancreas
Papanicolaou (prueba de), f.	Papanicolaou test/Pap smear/Pap test/cervical smear
Paperas, f.	Mumps
Parafimosis, f.	Paraphimosis
Parálisis, f.	Paralysis
Parche, m.	Patch
Paro/fallo cardíaco, m.	Cardiac Arrest
Parpadear, v.	To blink
Párpado, m.	Eyelid
Parte de alta, f.	Discharge papers
Partera, f.	Midwife
Parto difícil, m.	Difficult birth
Parto provocado, m.	Induced labor
Parto, m.	Birth/Labor
Parturienta, f.	Woman in labor
Pastilla, f.	Pill

Patologías de la voz, f./Logopedia, f.	Voice pathologies/Speech therapies
Pediatra, m.	Pediatrician
Pelo, m.	Hair (body and head)
Pérdida de apetito, f.	Loss of appetite
Pérdida de peso, f.	Weight loss
Pérdida de sangre, f.	Bleeding
Pérdida del cabello, f./alopecia, f.	Hair loss/ alopecia
Periodontal, adj.	Periodontal
Pestaña, f.	Eyelash
PIB, Producto Interno Bruto, m.	GDP, Gross Domestic Product
Picazón, f.	Itch
Pie diabético, m.	Diabetic foot
Piedras en los riñones, f.	Kidney stones
Piel, f.	Skin
Píldora, f.	Pill
Piojos, m.	Head lice
Piorrea, f.	Pyorrhea
Planta del pie, f.	Sole
Plaqueta, f.	Platelet
Plasma, m.	Plasma
Pleura, f.	Pleura
Polimialgia reumática, f.	Polymyalgia rheumatica
Pólipos de la vesícula biliar, m	Gallbladder polyps
Pólipos del colon, m.	Colon polyps
Póliza, f.	Policy
Pomada, f.	Ointment, cream
Poro, m.	Pore
Preeclampsia, f.	Preeclampsia
Prepucio, m.	Prepuce/foreskin
Presión arterial/sanguínea, f.	Blood pressure
Priapismo, m.	Priapism
Problemas de coagulación, m.	Clottingp
Problemas de los ojos asociados con la diabetes, m.	Diabetic eye problems
Profiláctico, m.	Prophylactic
Prostatitis, f.	Prostatitis
Prueba de estrés, f.	Stress testing
Prueba de genética, f.	Genetic testing
Prurito, m.	Itch
Psoriasis, f.	Psoriasis
Pubis, m.	Pubis
Puente, m.	Bridge
Pulmón, m.	Lung
Pulmonía, f.	Pneumonia

Punción lumbar, f.	Spinal tap /lumbar puncture
Pupila, f.	Pupil

Q

Quiste ovárico, m.	Ovarian Cyst
Quitar el yeso, v.	To remove the cast

R

Radiografía, f.	X-ray
Raíz, f.	Root
Raspar,v.	To scrape
Rayos X, m.	X-ray
Reacio, adj.	Reluctant
Reanudar, v.	To resume
Receptor de calor, m.	Heat receptor
Receptor de frio, m.	Cold receptor
Receta, f.	Prescription
Recetar, v.	To prescribe
Rechazar, v.	To reject
Rechazo de trasplante, m.	Transplant rejection
Recto, m.	Rectum
Reflujo gastroesofágico, m.	Gastroesophageal reflux
Reflujo urinario, m.	Urinary reflux
Resignación, f.	Resignation
Respirar, v.	To breathe
Retina, f.	Retina
Reumatoide juvenil artrítica,	Juvenile rheumatoid arthritis
Riñón, m.	Kidney
Rodilla, f.	Knee
Romper aguas, v.	To break water
Romperse la fuente (Perú), v	To break water
Ronquera, m.	Hoarseness
Rosácea, f.	Rosacea
Rubéola, f./Sarampión alemán, m.	Rubella/German measles
Ruido, m.	Noise

S

Sanguíneo, adj.	Of the blood
Sanidad, f.	Public Health
Sarampión alemán, m. /Rubéola, f.	Rubella/German measles
Sarampión, m.	Measles
Sarcoidosis, f.	Sarcoidosis
Sarna, f.	Scabies

Sarpullido, m./Erupción en la piel, f.	Rash/skin rash
Sarro, m.	Plaque, tartar
Sedativo, adj.	Sedative
Segregar, v.	To secrete
Sellador, m.	Sealer
Sellar, v.	To seal
SIDA, síndrome de inmunodeficiencia adquirida, m.	AIDS, acquired immune deficiency syndrome
Sífilis, f.	Syphilis
Silbido, m.	Ringing /whistling
Síndrome de Behcet, m.	Behcet's syndrome
Síndrome de Sjögren, m.	Sjogren's syndrome
Síndrome del intestino irritable, m.	Irritable bowel syndrome
Síndrome premenstrual, m.	Premenstrual syndrome
Sobrellevar, v.	To bear
Sonda, f./catéter, m.	Catheter
Sonograma, f.	Sonogram
Sordera congénita, f.	Congenital deafness
Sordera, m.	Deafness
Sordo, m.	Deaf
Sudor, m./transpiración, f.	Sweat/perspiration
Supositorio, m.	Suppository

T

Tableta, f.	Tablet
Talasemia, f.	Thalassemia
Talón, m.	Heel
Tapón de oído, m.	Ear plug
Tejido adiposo, m.	Adipose/fat tissue
Tejido conectivo, m.	Connective tissue
Tejido, m.	Tissue
Tendinitis/tendonitis, f.	Tendinitis/tendonitis
Testículo elevado/en ascensor, m.	Elevator/elevated testicle
Testículo, m.	Testicle
Tímpano, m.	Tympanic membrane
Tinnitus, f.	Tinnitus
Tirar, v.	To pull
Tobillo, m.	Ankle
Tomografía Axial Computarizada (TAC), f.	CT scan
Tonsilectomía, f.	Tonsillectomy
Torácico, adj.	Thoracic
Torcedura, f.	Sprain

Torcerse, v.	To sprain
Tornillo, m.	Screw
0Torsión testicular, f.	Testicular torsion
Tos ferina/tos convulsa, f.	Whooping cough/pertussis
Tos, f.	Cough
Toser, v.	To cough
Tracoma, m.	Trachoma
Tranquilizante, adj.	Tranquilizer
Transfusión sanguínea, f.	Blood transfusion
Transpiración, f./Sudor, m.	Sweat/perspiration
Tráquea, f.	Windpipe/ trachea
Trasplante de riñón, m.	Kidney transplant
Trasplantar, v.	To transplant
Trasplante renal, m.	Renal transplant
Trastorno de la articulación temporomandibular, m.	Temporomandibular joint dysfunction TMJ
Trastornos de plaquetas, m.	Platelet d isorders
Trastornos del gusto, m.	Taste disorders
Trastornos del procesamiento auditivo en los niños, m.	Auditory processing disorder in children
Tricomoniasis, f.	Trichomoniasis
Trombosis venosa profunda, f	Deep vein thrombosis
Trompa de Eustaquio. m.	Eustachian tube
Trompas de Falopio, f.	Fallopian tubes
Tuberculosis, f.	Tuberculosis
Tumor de Wilms, m.	Wilms' tumor

U

Úlcera de estómago, f.	Stomach ulcer
Úlcera péptica, f.	Peptic ulcer
Úlcera, f.	Ulcer
Uña, f.	Nail
Uréter, m.	Ureter
Ureterocele, m.	Ureterocele
Uretra, f.	Urethra
Uretritis crónica, f.	Chronic urethritis
Urología, f.	Urology
Urólogo, m.	Urologist
Urticaria, f.	Hives
Uso intravenoso, m.	Intravenous use
Uso tópico, m.	Topical use
Úvula, f.	Uvula

V

Vacuna, f.	Vaccine
Válvula mitral, f.	Mitral valve
Válvula tricúspide, f.	Tricuspid valve
Válvula, f.	Valve
Varicela, f.	Chickenpox
Varices, f.	Varicose veins
Varicocele, f.	Varicocel
Vasculitis, f.	Vasculitis
Vasectomía, f.	Vasectomy
Vaso sanguíneo, m.	Blood vessel
Vejiga, f.	Bladder
Vello, m.	Hair (body)
Vena, f.	Vein
Ventrículo, m.	Ventricle
Verruga, f.	Wart
Verrugas genitales, f.	Genital warts
Vértigo, m.	Vertigo
Vesícula biliar, f.	Gallbladder
Vía oral, f.	By mouth
Vía rectal, f.	By rectum
Vía urinaria, f.	Urinary tract
VIH, virus de inmuno-deficiencia humana, m.	HIV
Virus respiratorio sincitial, m.	Respiratory syncytial virus infections
Visión/vista borrosa, f.	Blurred vision
Visión/vista doble, f.	Double vision
Visión/vista opaca, f.	Opaque vision
Vista/vista cansada, f.	Eye strain
Vitíligo, m.	Vitiligo
Vómito, m.	Vomit

Y

Yeso, m.	Cast
Yunque, m.	Incus

Z

Zigoto, m.	Zygote
Zumbido, m.	Buzzing

A

Antiseptic	Antiséptico, adj.
Abdominal pain	Dolor abdominal, m.
Abortion	Aborto provocado, m.
Absorption	Absorción, f.
Acne	Acné, m.
Acoustic neuroma	Neuroma acústico, m.
Addison's disease	Enfermedad de Addison, f.
Adenoid	Adenoide, f.
Adipose (fat) tissue	Tejido adiposo, m.
AIDS, acquired immune deficiency syndrome	SIDA, síndrome de inmunodeficiencia adquirida, m.
Ailment	Dolencia, f.
Albumin	Albúmina, f.
Alopecia/hair loss	Alopecia/pérdida del cabello, f.
Alpha-1 antitrypsin deficiency	Enfermedad de Alfa-1 antitripsina, f.
Alveoli	Alveolo, m.
Amenorrhea	Amenorrea, f.
Amniocentesis	Amniocentesis, f.
Analgesic	Analgésico, adj.
Anemia	Anemia, f.
Anesthesia	Anestesia, f.
Anesthetic	Anestésico, adj.
Aneurysm	Aneurisma, f.
Angina	Angina de pecho, f.
Ankle	Tobillo, m.
Ankylosing spondylitis	Espondilitis anquilosante, f.
Anorgasmia	Anorgasmia, f.
Antacid	Antiácido, adj.
Anti-inflammatory	Antiinflamatorio, adj.
Antiallergenic	Antialérgico, adj.
Antibiotic	Antibiótico, adj.
Antidepressant	Antidepresivo, adj.
Antidiarrheic	Antidiarreico, adj.
Antifungal	Antifúngico, adj.
Antigripal	Antigripal, adj.
Antihistamine	Antihistamínico, adj.
Antipyretic	Antipirético, adj.
Antispasmodic	Antiespasmódico, adj.

Antiviral	Antiviral, adj.
Anus	Ano, m.
Aorta	Aorta, f.
Appendicitis	Apendicitis, f.
Appendix	Apéndice, m.
Artery	Arteria, f.
Assault, to	Agredir, v.
Asthma	Asma, f.
Athlete's Foot	Hongos en los pies, m./pie de atleta, f.
Atrium	Aurícula, f.
Attacker	Agresor, m.
Auditory processing disorder in children	Trastornos del procesamiento auditivo en los niños, m.
Auscultate (to)	Auscultar, v.

B

Backbone	Columna, f.
Balanitis	Balanitis, f.
Bartolinitis	Bartolinitis, f.
Be in labor, to	Estar de parto, v.
Bear, to	Sobrellevar, v.
Beauty spot	Lunar (atractivo), m.
Behcet's syndrome	Síndrome de Behcet, m.
Benign	Benigno, adj.
Benign prostatic hyperplasia (BPH)	Hipertrofia benigna de próstata, f.
Bill	Factura, f.
Biopsy	Biopsia, f.
Bird flu	Gripe aviar, f.
Birth control method	Método anticonceptivo, m.
Birth/labor	Parto, m.
Black head, pimple	Espinilla, f.
Bladder	Vejiga, f.
Bladder cancer	Cáncer de vejiga, m.
Bladder fistula	Fístula vesical, f.
Bleeding	Pérdida de sangre, f.
Blind person	Ciego, m.
Blindness	Ceguera, f.
Blink (to)	Parpadear, v.
Block (to)	Bloquear, v./obstruir
Blockage	Bloqueo, m.

Blood clot	Coágulo, m./trombosis, m.
Blood flow	Flujo sanguíneo, m.
Blood pressure	Presión arterial, f./sanguínea.
Blood test	Análisis de sangre, m.
Blood thinner	Anticoagulante, adj.
Blood transfusion	Transfusión sanguínea, f.
Blood vessel	Vaso sanguíneo, m.
Blurred vision	Visión borrosa
Body language	Lenguaje corporal, m.
Bolus	Bolo, m.
Bone	Hueso, m.
Bone cancer	Cáncer de hueso, m.
Braces	Frenos, m.
Brain	Cerebro, m.
Break water (to)	Romper aguas, v./romperse la fuente (Perú).
Breast	Mama, f./pecho, m.
Breast cancer	Cáncer de mama/seno/pecho, m.
Breastfeed (to)	Dar de mamar, v.
Breastbone	Esternón, m.
Breath	Aliento (mal), m.
Breathe in	Aspirar, v./inspirar, v.
Breathe, to	Respirar, v.
Bridge	Puente, m.
Bring, the future (to)	Deparar, v.
Bronchial tube	Bronquio, m.
Bronchioles	Bronquiolos, m.
Bronchitis	Bronquitis, f.
Bronchodilator	Broncodilatador, adj.
Bronchoscopy	Broncoscopia, f.
Bruise	Contusión, f./ hematoma, m./morado, m./moretón, m.
Bruxism, teeth grinding	Bruxismo, m.
Bunion	Juanete, m.
Bursitis	Bursitis, f.
Buzzing	Zumbido, m.
By mouth	Vía oral, f.
By rectum	Vía rectal, f.

C

Canine tooth	Colmillo, m.
Capillary	Capilar, m.
Capsule	Cápsula, f.
Cardiac arrest	Paro/fallo cardíaco, m.
Cardiac arrhythmia	Arritmia cardíaca, f.

Cardiography at rest	Cardiografía en reposo, f.
Cardiomyopathy	Cardiomiopatía, f.
Cartilage disorder	Enfermedad del cartílago, f.
Cast	Escayola, f./yeso, m.
Cataract	Catarata, f.
Catheter	Sonda, f./catéter, m.
Cavity	Caries, f.
Celiac disease	Enfermedad celíaca f.
Cellulitis	Celulitis, f.
Cementum	Cemento, m.
Cerebelum	Cerebelum, m.
Cervical cancer	Cáncer de cérvix/de cuello uterino, m.
Cervix	Cuello del útero/cérvix, m.
Chickenpox	Varicela, f.
Chlamydia	Clamidia, f.
Choking	Asfixia, f.
Cholecystitis	Colecistitis,f.
Cholesterol	Colesterol, m.
Chronic heartburn	Acidez crónica, m.
Chronic obstructive pulmonary disease	Enfermedad de obstrucción pulmonar crónica, f.
Chronic renal failure	Insuficiencia renal crónica IRC, f.
Chronic urethritis	Uretritis crónica, f.
Cirrhosis	Cirrosis, f.
Clinical trial	Ensayo clínico, m.
Clot (to)	Coagular, v.
Clotting problems	Problemas de coagulación, m.
Cochlea	Caracol, m. /cóclea, f.
Cold receptor	Receptor de frio, m.
Cold sore	Fiebre, f./herpes labial, m.
Collarbone	Clavícula, f.
Colon polyps	Pólipos del colon, m.
Colonoscopy	Colonoscopia, f.
Color blind	Daltónico, adj.
Color blindness	Daltonismo, m.
Condom	Condón, m.
Congenital adrenal hyperplasia	Hiperplasia adrenal congénita, f.
Congenital deafness	Sordera congénita, f.
Connective tissue	Tejido conectivo, m.
Constipation	Estreñimiento, m.
Contact lenses	Lentes de contacto, f./lentillas, f.
Corn	Callo, m.
Coronary artery	Arteria coronaria, f.

Cough	Tos, f.
Cough (to)	Toser, v.
Cramp	Calambre, m.
Cream	Crema, f.
Crown	Corona, f.
Crystalline lens	Lente cristalino, m.
CT scan	Tomografía axial computarizada (TAC), f.
Cutaneous, of the skin	Cutáneo, adj.
Cystic fibrosis,	Fibrosis quística, f.

D

Dandruff	Caspa, f.
Daze	Aturdimiento, m.
Deaf	Sordo, m.
Deafness	Sordera, m.
Decongestant	Descongestivo, adj.
Deep vein thrombosis	Trombosis venosa profunda, f.
degenerative nerve diseases	Enfermedades neurodegenerativas, f.
Delayed ejaculation	Eyaculación retrasada, f.
Dental floss	Hilo dental, m.
Dentin	Dentina, f.
Dentures	Dentadura postiza, f.
Diabetes insipidus	Diabetes insípida, f.
Diabetic eye problems	Problemas de los ojos asociados con la diabetes,m.
Diabetic foot	Pie diabético, m.
Dialysis	Diálisis, m.
Diaphragm	Diafragma, m.
Diarrhea	Diarrea, f.
Dietician	Dietista, m.
Difficult birth	Parto difícil, m.
Disability	Invalidez/discapacidad, f.
Discharge papers	Parte de alta, f.
Discharge (to)	Dar el alta, v.
Dislocate (to)	Dislocar/dislocarse, v.
Dislocation	Dislocamiento, m.
Diuretic	Diurético, adj.
Dizziness	Mareo, m.
Donor	Donante, m.
Double vision	Visión doble, f.
Drinking water	Agua potable, f.
Drop	Gota, f .
Dwarfism	Enanismo, m.
Dyspareunia	Dispareunia, f.

E

Ear infection/otitis media	Otitis media, f.
Ear plug	Tapón de oído, m.
Ejaculate (to)	Eyacular, v.
Elbow	Codo, m.
Electrocardiogram (ECG or EKG)	Electrocardiograma, m.
Electrocardiography	Electrocardiografía, f.
Electroencephalography (EEG)	Electroencefalografía (EEG), f. electroencefalograma (EEG), f.
Elevator/elevated testicle	Testículo elevado/en ascensor, m.
Emphysema	Enfisema, f.
Employment	Empleo, m.
Enamel	Esmalte, m.
Endocarditis	Endocarditis, f.
Endocrine diseases	Enfermedades del sistema endocrino, f.
Endometriosis	Endometriosis, f.
Endoscopy	Endoscopia, f.
Enema	Lavativa/enema, f.
Epididymis	Epidídimo, m.
Epididymitis	Epididimitis, f.
Epiglottis	Epiglotis, f.
Episiotomy	Episiotomía, f.
Erectile dysfunction (ED)	Disfunción eréctil, f.
Esophagus	Esófago, m.
Eustachian tube	Trompa de Eustaquio, m.
Exhale (to)	Exhalar, v.
Expire (to)	Expirar, v.
External auditory meatus	Conducto auditivo externo, m.
Extract (to)	Extraer, v.
Eye cancer	Cáncer de ojo, m.
Eye diseases	Enfermedades de los ojos, f.
Eye doctor	Oculista, m.
Eye infections	Infecciones de los ojos, f.
Eye injuries	Lesiones del ojo, f.
Eye strain	Vista cansada, f.
Eyelash	Pestaña, f.
Eyelid	Párpado, m.

F

Fainting	Desmayo, m.

Fall asleep (to)	Adormecerse, v.
Fallopian tubes	Trompas de Falopio, f.
Fat lobule, m.	Lóbulo de grasa, m.
Feel dizzy (to)	Marearse, v.
Female sexual dysfunction	Disfunción sexual de la mujer, f.
Fever blister/cold sore/oral herpes	Herpes labial, m.
Fibromyalgia	Fibromialgia, f.
Filling	Empaste, m.
Fistulas	Fístulas, f.
Follicle	Folículo, m.
Food contamination and poisoning	Contaminación de los alimentos, f.
Foreskin	Prepucio, m.
Form	Impreso, m.
Fracture	Fractura, f.
Fungal nail infection/ onychomycosis	Infección por hongos de las uñas, f.
Fungicide	Fungicida, adj.

G

Galactorrhea	Galactorrea, f.
Gallbladder	Vesícula biliar, f.
Gallbladder polyps	Pólipos de la vesícula biliar, m.
Gallstones	Cálculos biliares, m.
Gamete	Gameto, m.
Gargle (to)	Hacer gárgaras, v.
Gastroenteritis	Gastroenteritis, f.
Gastroesophageal reflux	Reflujo gastroesofágico, m.
GDP Gross Domestic Product	PIB Producto Interno Bruto, m.
Genetic testing	Prueba de genética, f.
Genital herpes	Herpes genital, m.
Genital warts	Verrugas genitales, f.
Gestational diabetes	Diabetes gestacional, f.
Give birth (to)	Dar a luz, v.
Glans	Glande, m.
Glasses	Gafas, f./Lentes, f.
Glaucoma	Glaucoma, m.
Glomerulonephritis	Glomerulonefritis, f.
Goiter	Bocio, m.
Gonorrhea	Gonorrea, f.
Graft	Injerto, m.
Graves' disease	Enfermedad de Graves, f.
Growth	Crecimiento, m.
Gum	Encía, f.

H

H1N1 flu /swine flu	Gripe H1N1/gripe porcina), f.
Hair (body and head)	Pelo, m.
Hair (body)	Vello, m.
Hair (head)	Cabello, m.
Hashimoto's Disease	Enfermedad de Hashimoto, f.
Have a runny nose (to)	Moquear, v.
Have one's tubes tied, to	Atarse los tubos, v.
Head lice	Piojos, m.
Heart attack	Ataque al corazón, m.
Heart attack	Infarto cardíaco, m. /ataque al corazón, m. /ataque cardíaco, m.
Heart failure	Insuficiencia cardiaca, f.
Heart valve disease	Enfermedad de las válvulas del corazón, f.
Heartburn	Acidez estomacal, f.
Heat receptor	Receptor de calor, m.
Heel	Talón, m.
Hemophilia	Hemofilia, f.
Hemorrhage	Hemorragia, f.
Hemorrhoid	Hemorroide, f.
Hepatitis	Hepatitis, f.
Hepatitis A	Hepatitis A, f.
Hepatitis B	Hepatitis B, f.
Hepatitis C	Hepatitis C, f.
Hernia	Hernia, f.
Herniated disk	Hernia de disco, f.
Hiatal hernia	Hernia de hiato, f.
Hip	Cadera, f.
Hirsutism	Hirsutismo, m.
HIV	VIH Virus de inmunodeficiencia humana, m.
Hives	Urticaria, f.
Hoarseness	Ronquera, m.
Hot flashes	Calores , m.
Hydrocele	Hidrocele, f.
Hyperthyroidism	Hipertiroidismo, m.
Hypopituitarism	Hipopituitarismo, m.
Hypospadias	Hipospadias, f.
Hypothalamus	Hipotálamo, m.
Hypothyroidism	Hipotiroidismo, m.
Hysterectomy	Histerectomía, f.
Hysteroscopy	Histeroscopia, f.

I

Illiteracy	Analfabetismo, m.
Illiterate	Analfabeto, m.
Impede (to)	Obstruir, v.
Impetigo	Impétigo, m.
Implantable defibrillators	Desfibrilador implantable, m.
Incisor	Incisivo, m.
Incus	Yunque, m.
Indigestion	Indigestión, f.
Induced labor	Parto provocado, m.
Infant jaundice	Ictericia neonatal, f.
Infertility	Infertilidad, f.
Inhale (to)	Inhalar, v.
Inhaler	Inhalador, m.
Inhibit (to)	Inhibir, v.
Inhibited sexual desire (ISD	Deseo sexual inhibido, m.
Injure oneself (to)	Lesionarse, v.
Interstitial cystitis	Cistitis intersticial, f.
Intravenous use	Uso intravenoso, m.
Iris	Iris, m.
Irritable bowel syndrome	Síndrome del intestino irritable, m.
Itch	Comezón, m./picazón, f. prurito, m.
IUD intrauterine device	DIU dispositivo intrauterino, m.

J

Jaundice	Ictericia, f.
Juvenile rheumatoid Arthritis	Reumatoide juvenil artrítica, f.

K

Kawasaki disease	Enfermedad de Kawasaki, f.
Kidney	Riñón, m.
Kidney cancer	Cáncer de riñón, m.
Kidney disease	Insuficiencia renal, f.
Kidney stones	Cálculo renal, m./piedra en los riñones, f.
Kidney transplant	Trasplante de riñón, m.
Knee	Rodilla, f.

L

Labia majora	Labio mayor, m.
Labia minora	Labio menor, m.
Lack	Escasez, f.
Lactose intolerance	Intolerancia a la lactosa, f.
Laparoscopy	Laparoscopia, f.
Large intestine	Intestino grueso m.
Larynx	Laringe, f.
Laxative	Laxante, adj.
Legionnaires' disease	Enfermedad del Legionario, f.
Leukemia	Leucemia, f.
Life expectancy	Expectativa de vida, f.
Literacy	Alfabetismo, m.
Liver	Hígado, m.
Lobe	Lóbulo, m.
Loss of appetite	Pérdida de apetito, f.
Lotion	Loción, f.
Lump	Bulto, m.
Lung	Pulmón, m.
Lung cancer	Cáncer de pulmón, m.
Lupus nephritis	Nefritis lúpica, f.

M

Macular degeneration	Degeneración macular, f.
Magnetic resonance imaging (MRI)	Imagen por resonancia magnética, f.
Malaria	Malaria, f.
Malignant	Maligno, adj.
Malleus	Martillo, m.
Mammography	Mamografía, f.
Marital status	Estado civil, m.
Maternity leave	Baja por maternidad, f.
Measles	Sarampión, m.
Measuring the temperature during rest	Medición de la temperatura basal, f.
Medical history	Historial médico, m.
Medical record	Expediente médico, m.
Meniere's disease	Enfermedad de Ménière, f.
Meningitis	Meningitis, f.
Menopause	Menopausia, f.
Menstruation/period	Menstruación, f./período, m./regla, f.
Mesothelioma	Mesotelioma, f.
Midwife	Comadrona, f./partera, f.
Miscarriage	Aborto espontáneo, m.
Mitral valve	Válvula mitral, f.
Molar	Molar, m./muela, f.
Mole	Lunar (no atractivo), m.
Motion sickness	Cinetosis, f.
Mouth cancer	Cáncer oral, m.
Mouth wash	Enjuague bucal, m.

Mucosity	Mucosidad, f.
Mucus	Mucosidad, f.
Mumps	Paperas, f.
Muscle cramp	Calambre muscular, m.
Muscular dystrophy	Distrofia muscular, f.
Myositis	Miositis, f.
Myxedema	Mixedema, f.

N

Nail	Clavo, m./uña, f.
Nasal cavity	Fosa nasal, f.
Nasal spray	Atomizador nasal, m.
Nausea	Náusea, f.
Nearsighted, myopic	Miope, adj.
Nearsightness	Miopía, f.
Neck	Cuello, m.
Needle	Aguja, f.
Nerve	Nervio, m.
Noise	Ruido, m.
Numbness	Entumecimiento, m./ adormecimiento, m.

O

Of the blood	Sanguíneo, adj.
Of the heart	Cardíaco, adj.
Of the mouth	Bucal, adj.
Offer (to)	Brindar, v.
Ointment	Pomada, f.
Opaque vision	Visión opaca
Ophthalmologist	Oftalmólogo, m.
Optic nerve	Nervio óptico, m.
Oral herpes	Herpes labial, m./Fiebre, f.
Orchitis	Orquitis, f.
Osseous, of bones	Óseo, m.
Osteogenesis Imperfecta	Osteogénesis imperfecta, f.
Osteonecrosis	Osteonecrosis, f.
Ostomy	Estomas, m.
Othorhinolaryngologist	Otorrinolaringólogo, m.
Ovarian cancer	Cáncer de ovarios, m.
Ovarian cyst	Quiste ovárico, m.
Ovulate (to)	Ovular, v.
Ovum	Óvulo, m.

P

Pacemakers	Marcapasos, m.
Palate	Paladar, m.
Palpation	Palpación, f.

Palpitation	Palpitación, f.
Pancreas	Páncreas, m.
Pancreatic cancer	Cáncer de páncreas, m.
Papanicolaou test/Pap smear/Pap test/cervical smear	Papanicolaou (prueba de), f.
Paralysis	Parálisis, f.
Paraphimosis	Parafimosis, f.
Patch	Parche, m.
Pediatrician	Pediatra, m.
Pelvic inflammatory disease	Enfermedad inflamatoria pélvica, f.
Penile cancer	Cáncer de pene, m.
Peptic ulcer	Úlcera péptica, f.
Periodontal	Periodontal, adj.
Perirenal abscess	Absceso perirrenal, m.
Permanent tooth	Diente permanente, m.
Peyronie's disease	Enfermedad de Peyronie, m.
Pharynx	Faringe, f.
Pheochromocytoma	Feocromocitoma, f.
Pill	Pastilla, f./píldora, f.
Pinna	Pabellón de la oreja, m.
Pituitary gland	Glándula pituitaria, f.
Plaque	Sarro, m.
Plasma	Plasma, m.
Platelet	Plaqueta, f.
Platelet disorders	Trastornos de plaquetas, m.
Pleura	Pleura, f.
Pneumonia	Neumonía, f./pulmonía, f.
Policy	Póliza, f.
Polymyalgia rheumatica	Polimialgia reumática, f.
Pore	Poro, m.
Postpartum depression	Depresión posparto, f.
Preeclampsia	Preeclampsia, f.
Pregnancy	Embarazo, m.
Pregnant	Embarazada, adj.
Premature ejaculation	Eyaculación precoz, f.
Premature ovarian failure	Falla ovárica prematura, f.
Premenstrual syndrome	Síndrome premenstrual, m.
Prepuce	Prepucio, m.
Prescribe (to)	Recetar, v.
Prescription	Receta, f.
Priapism	Priapismo, m.
Primary tooth	Diente de leche, m.

Prophylactic	Profiláctico, m.
Prostatitis	Prostatitis, f.
Psoriasis	Psoriasis, f.
Pubis	Pubis, m.
Public health	Sanidad, f.
Pull (to)	Tirar, v.
Pulmonary artery	Arteria pulmonar, f.
Pulmonary embolism	Embolia pulmonar, f.
Pulmonary fibrosis	Fibrosis pulmonar, f.
Pulmonary hypertension	Hipertensión pulmonar, f.
Pump (to)	Bombear, v.
Pupil	Pupila, f.
Put on a cast (to)	Enyesar, v./escayolar, v.
Pyorrhea	Piorrea, f.

Q

Questionnaire	Cuestionario, m./formulario, m.

R

Rash	Erupción en la piel, f./ Sarpullido, m.
Rectum	Recto, m.
Refractive errors	Errores de refracción, m.
Reject (to)	Rechazar, v.
Related to the eye	Ocular, adj.
Reluctant	Reacio, adj.
Remove the cast (to)	Quitar el yeso
Renal gland	Glándula renal, f.
Renal transplant	Trasplante renal, m.
Resignation	Resignación, f.
Respiratory syncytial virus infections	Virus respiratorio sincitial, m.
Resume (to)	Reanudar, v.
Retina	Retina, f.
Retinal disorders	Enfermedades de la retina, f.
Retrograde ejaculation	Eyaculación retrógrada, f.
Rhythm method	Método ogino, m.
Rigidity and lack of feeling	Entumecimiento, m.
Ringing	Silbido, m.
Root	Raíz, f.
Root canal	Canal de la raíz, m.
Rosacea	Rosácea, f.
Rub (to)	Frotar, v.
Rubella/German measles	Rubéola, f./Sarampión alemán, m.

S

Salivary gland cancer	Cáncer de glándula salival, m
Salivary gland disorders	Enfermedades de las glándulas salivales, f.
Sarcoidosis	Sarcoidosis, f.
Scabies	Sarna, f.
Scar	Cicatriz, f.
Scleroderma	Esclerodermia, f.
Scoliosis	Escoliosis, f.
Scrape (to)	Raspar, v.
Screw	Tornillo, m.
Scrotum	Escroto, m.
Seal (to)	Sellar, v.
Sealer	Sellador, m.
Sebaceous gland	Glándula sebácea, f.
Secrete (to)	Segregar, v.
Sedative	Calmante, adj./sedativo, adj.
Semicircular canal	Conducto semicircular, m.
Septo-optic dysplasia	Displasia septo-óptica , f.
Shivers	Escalofríos, m.
Shot	Inyección, f.
Shoulder	Hombro, m.
Sick leave	Baja por enfermedad, f.
Sickle cell anemia	Anemia falciforme, f.
Sjogren's syndrome	Síndrome de Sjögren, m.
Skeleton	Esqueleto, m.
Skin	Piel, f.
Skin cancer	Cáncer de piel, m.
Sleep apnea	Apnea del sueño, f.
Sleepiness/numbness	Adormecimiento, m.
Sling	Cabestrillo, m.
Small intestine	Intestino delgado, m.
Sonogram	Sonograma, f.
Sole	Planta del pie, f./suela, f.
Sore/wound	Llaga, f.
Sparkle	Destello, m.
Speech therapies/voice pathologies	Patologías de la voz, f./logopedia, f.
Sperm	Esperma, m.
Spermatoceles	Espermatocele, m.
Spermatozoid	Espermatozoide, m.
Spermicide	Espermicida, m.
Spinal cord	Médula espinal, f.
Spinal tap/lumbar puncture	Punción lumbar, f.
Spine/backbone	Columna, f.

Spit	Esputo, m.
Spit (to)	Escupir, v.
Splint	Férula, f.
Spouse	Cónyuge m. y f.
Sprain	Torcedura, f.
Sprain (to)	Torcerse, v.
Spray can	Aerosol, m.
Stapes	Estribo, m.
Sterility	Esterilidad, f.
Sterilization by laparoscopy	Esterilización por laparoscopía, f.
Sternum/breastbone	Esternón, m.
Stimulant	Estimulante, m., y adj.
Stomach	Estómago, m.
Stomach ulcer	Úlcera de estómago, f.
Stress testing	Prueba de estrés, f.
Stroke	Apoplejía, f./derrame cerebral, m./hemorragia cerebral, f./ataque cerebral, m.
Suckle, to	Mamar, v.
Sudoriferous gland/sweat gland	Glandula sudorípea, f.
Suppository	Supositorio, m.
Surgery	Cirugía, f./Ooperación quirúrgica, f.
Sweat/perspiration	Sudor, m./transpiración, f.
Swelling	Hinchazón, f.
Syphilis	Sífilis, f.
Syrup	Jarabe, m.

T

Tablet	Tableta, f.
Tartar	Sarro, m.
Taste disorders	Trastornos del gusto, m.
Tear	Lágrima, f.
Temporomandibular joint dysfunction/TMJ	Trastorno de la articulación temporomandibular, m.
Tendinitis/tendonitis	Tendinitis/tendonitis, f.
Testicle	Testículo, m.
Testicular cancer	Cáncer testicular, m.
Testicular torsion	Torsión testicular, f.
Thalassemia	Talasemia, f.
Thoracic	Torácico, adj.
Throat	Garganta, f.
Throat cancer	Cáncer de garganta, m.
Thyroid nodules	Nódulos tiroideos, m.
Tingling	Hormigueo, m.

Tinnitus	Tinnitus, f.
Tissue	Tejido, m.
Tongue	Lengua, f.
Tonsil	Amígdala, f.
Tonsillectomy	Tonsilectomía, f.
Tonsillitis	Amigdalistis, f.
Tooth	Diente, m.
Tooth decay	Caries, f.
Topical use	Uso tópico, m.
Trachoma	Tracoma, m.
Tranquilizer	Tranquilizante, adj.
Transient ischemic attack	Ataque isquémico transitorio, m.
Transplan (to)	Trasplantar, v.
Transplant rejection	Rechazo de trasplante, m.
Traumatic voice problems	Disfonía traumática, f.
Trichomoniasis	Tricomoniasis, f.
Tricuspid valve	Válvula tricúspide, f.
Tuberculosis	Tuberculosis, f.
Twinkle/sparkle	Destello, m.
Tympanic membrane	Tímpano, m.

U

Ulcer	Úlcera, f.
Ulcerative colitis	Colitis ulcerative, f.
Ultrasound	Ecografía, f.
Ureter	Uréter, m.
Ureterocele	Ureterocele, m.
Urethra	Uretra, f.
Urethral trauma	Lesión traumática de la uretra, f.
Urinary incontinence	Incontinencia urinaria, f.
Urinary reflux	Reflujo urinario, m.
Urinary tract	Vía urinaria, f.
Urinary tract infections	Infecciones de las vías urinarias, f.
Urinate (to)	Orinar, v.
Urine	Orina, f.
Urine test/urinalysis	Análisis de orina/urinálisis, m.
Urologist	Urólogo, m.
Urology	Urología, f.
Uterine cancer	Cáncer de útero, m.
Uterine fibroids	Fibroides uterinos, m.
Uvula	Úvula, f.

V

Vaccine	Vacuna, f.

Valve	Válvula, f.
Varicocel	Varicocele, f.
Varicose veins	Varices, f.
Vas deferens	Conducto deferente, m.
Vasculitis	Vasculitis, f.
Vasectomy	Vasectomía, f.
Vein	Vena, f.
Venereal disease	Enfermedad venérea, f.
Ventricle	Ventrículo, m.
Vertigo	Vértigo, m.
Visual deterioration	Deterioro visual, m.
Visual impairment	Discapacidad visual, f.
Vitiligo	Vitiligo, m.
Vomit	Vómito, m.

W

Waiting list	Lista de espera, f.
Wart	Verruga, f.
Waste	Desecho, m.
Wax	Cerumen, m./cera, f.
Weakness	Debilidad, f.
Wegener's granulomatosis	Granulomatosis de Wegener, f.
Weight loss	Pérdida de peso, f.
Whistling	Silbido, m.

White/red corpuscle/blood cell	Glóbulo blanco/rojo, m.
WHO: World Health Organization	OMS: Organización Mundial de la Salud, f.
Whooping cough/pertussis	Tos ferina/tos convulsa f.
Wilms' tumor	Tumor de Wilms, m.
Windpipe/ trachea	Tráquea, f.
Wisdom tooh	Muela del juicio, f.
Woman in labor	Parturienta, f.
Wound	Llaga, f.
Wrinkle	Arruga, f.
Wrist	Muñeca, f.

X

X-ray	Radiografía, f./rayos X, m.

Y

Yeast infection	Infección por cándida, f./candidiasis, f.

Z

Zip code	Código postal, m.
Zygote	Zigoto, m.

APÉNDICE 5

REPASOS DE GRAMÁTICA Y CONTENIDO

Los siguientes ejercicios contienen repasos basados en los aspectos comunicativos y los contenidos que has estudiado. Mientras los completas, repasa el voculario. Deberías reconocer todas las palabras. Si no las reconoces , busca el significado en los glosarios.

EN EL PEDIATRA

A. Evitando repetir palabras innecesarias. Imagina que tu bebé tiene otitis media. Responde las preguntas siguientes utilizando dobles pronombres.

1. ¿Se frotaba tu bebé las orejas más de lo normal? _____

2. ¿Le recetó el médico un medicamento a tu bebé? _____

3. ¿Te dio instrucciones el médico sobre cómo dar la medicina al bebé? _____

4. Para la canalización del tímpano, ¿le dará el médico anestesia al niño? _____

5. ¿Le hará el otorrino un pequeño corte en el oído? _____

6. ¿Le pondrá unos tubitos en el oído? _____

7. Cuando tú tuviste esa operación, ¿te cortó el otorrino el tímpano también? _____

8. Cuando tú tuviste esa operación, ¿te pusieron tubitos en los oídos también? _____

B. En la clínica pediátrica. En la clínica debes comunicar varias ideas. Conjuga el verbo en paréntesis en el tiempo y modo adecuado. No siempre es subjuntivo.

1. Ojalá que mi bebé no (tener) _____ otitis media.

2. Busco un otorrino que (ser) _____ también un pediatra.

3. Busco al otorrino que (especializarse) _____ en tratar a niños pequeños.

4. Creo que mi niño (necesitar) _____ una canalización del tímpano.

5. Dudo que mi niño (necesitar) _____ una canalización del tímpano.

6. Es importante que el niño. (acabarse) _____ la medicación.

7. El médico recomienda la canalización del tímpano cuando la infección no se (eliminar) _____ por varios meses.

8. Los oídos de mi bebé mejorarán cuando mi padre (dejar) _____ de fumar a su alrededor.

9. La operación sirve para que el niño (poder) _____ volver a oír.

10. La operación sirve para (oír) _____ mejor.

C. Repitiendo lo que el doctor dijo. Al volver a casa, le repites a tu esposo/a lo que el médico dijo sobre tu hijo usando como base la frase con el mandato.

       Ej. Póngale una gorrita al niño: El médico dijo que le pusiéramos una gorrita al niño.

1. No fumen alrededor del niño   _____

2. Dele la medicina cada ocho horas _____

3. Guarde la medicina en la nevera   _____

4. Asegúrese de darle al niño toda la medicina _____

5. Use la dosis adecuada   _____

D. Comparando síntomas. Explica los síntomas de tu bebé.

1. Llora como si   _____

2. Le gotea la nariz como si   _____

3. Se tira de las orejas como si   _____

4. Le sale líquido de los oídos   _____

E. Relaciones entre palabras. En el espacio en blanco, escribe por/para (o nada), según sea necesario.

1. La canalización del tímpano sirve _____ aliviar la presión dentro del oído.

2. El Dr. Ruíz trabajó ayer _____ el Dr. Márquez porque Márquez estaba enfermo.

3. _____ ser tan mayor, su niño tiene muchas infecciones de oído.

4. Su niño tiene muchas infecciones de oído _____ ser tan pequeño.

5. Los González pagaron muy poco _____ la operación del niño.

6. _____ el mes que viene, su hijo oirá muy bien.

7. Cuando vaya al médico, voy a pedir_____ antibióticos.

8. Es muy importante buscar _____ un pediatra que le inspire confianza.

9. Esta operación es muy importante _____ poder oír bien.

10. Debe darle los antibióticos al niño _____ 10 días.

11. Las trompas de Eustaquio son afectadas _____ los mocos del resfriado.

12. Si no se cura la infección, el niño tendrá problemas _____ oír y hablar.

13. _____ el miércoles próximo, su bebé ya se sentirá bien.

14. No deje de llamarme _____ teléfono si su niño no se siente mejor en dos días.

F. Situaciones hipotéticas. Escribe en el espacio en blanco la forma verbal que consideres apropiada.

1. Si tu niño se tira de la orejas, probablemente (tener) _____ una infección de oídos.

2. Si tu niño se tirara de las orejas, probablemente (tener) _____ una infección de oídos.

3. Tu bebé hubiera llorado más de lo normal si (tener) _____ una infección de oídos.

4. Tu bebé llorará más de lo normal si (tener) _____ una infección de oídos.

5. Si el niño no durmió bien, es porque (tener) _____ una infección de oídos.

6. Si el bebé lloraba todo el rato, (tener) _____ una infección de oídos.

7. Si dejas de fumar, tu hijito no (sufrir) _____ infecciones de oídos.

8. Si dejaras de fumar, tu hijito no (sufrir) _____ infecciones de oídos.

9. Si hubieras dejado de fumar, tu hijito no (sufrir) _____ infecciones de oídos.

EN EL DENTISTA

A. Problemas dentales. Tu esposo/a y vuestro hijo Pepito tienen problemas dentales. Cuando vuelven del dentista tú les preguntas lo que pasó. Escribe las respuestas del esposo/a sin repetir palabras. **Usa pronombres dobles,** es decir, usa tanto el pronombre de objecto directo como indirecto en la misma frase.

1. ¿Te extrajo el doctor la muela del juicio? _____

2. ¿Le extrajo el doctor la muela a Pepito? _____

3. ¿Les recomendó que usaran hilo dental? _____

4. ¿Le va a poner frenos a Pepito? _____

5. ¿Te va a poner un puente? _____

B. Situaciones en el dentista. Conjuga el verbo en paréntesis en el tiempo adecuado. No siempre es subjuntivo.

1. Si usted tiene la enfermedad de las encías, quizás el dentista (recomendar) _____ que (usar) _____ enjuague bucal antimicrobiano.

2. Es muy importante que Ud. no (usar) _____ productos de tabaco.

3. Sus encías no van a mejorar hasta que Ud. (visitar) _____ al dentista.

4. Mi padre sólo va al dentitsta cuando las muelas le (volver) _____ loco.

5. Mi padre necesita un dentista que (ser) _____ amable.

6. Mi padre necesita un dentista para (sentirse) _____ mejor.

7. Mi padre necesita el dentista que (hablar) _____ español.

8. Mi padre no irá al dentista aunque (morirse) _____ de dolor.

9. Mi padre va al dentista cuando el dolor (ser) _____ demasiado intenso.

10. Mi padre irá al dentista cuando ya no (poder) _____ aguantar más el dolor.

C. Verbos con preposiciones. Rellena el espacio en blanco con la preposición adecuada.

1. Mi padre sólo se acuerda _____ ir al dentista cuando le duelen las muelas.

2. Mi padre también se niega _____ ir al dentista cuando yo le hago una cita.

3. Yo me resigno _____ que mi padre tenga los dientes muy malos.

4. Mi padre no se fija _____ los dientes de las personas.

5. Mi padre se empeña _____ decir que no es necesario visitar al dentista una vez al año.

D. Contando historias. El uso de los pretéritos. Rellena el espacio en blanco con la forma correcta del verbo entre paréntesis, pretérito o imperfecto.

(Ser) _____ las seis de la tarde mi esposo y yo (estar) _____ mirando la televisión y comiendo palomitas de maíz. El programa de la tele (ser) _____ bastante estúpido, pero me (gustar) _____ porque no (tener) _____ que pensar. De pronto, mi esposo (dar) _____ un grito.

—¿Qué te pasa?— Le (preguntar) _____ yo, asustada.

— (Morder) _____ un grano de maíz. Creo que me he roto un diente.— (Decir) _____ mi esposo.

(Yo-llamar) _____ al dentista y le (preguntar) _____ si podía visitar a mi esposo cuanto antes. El dentista (responder) _____ que fuera en ese mismo momento. Mi esposo (ir) _____, el dentista le (sacar) _____ la muela rota y mi esposo nunca más (comer) _____ palomitas.

E. Una conversación. En el siguiente diálogo pon acentos gráficos en las palabras que lo necesiten.

—¿Le duelen las encias?

—Si, doctor. Muchisimo.

—Pues, cepillese los dientes despues de cada comida. Y si le siguen doliendo, tome Tylenol.

—¿Puedo hacer algo mas?

—No se olvide de usar hilo dental.

—No se lo que es eso.

—Es un hilo que se pasa entre los dientes para sacar la suciedad. Lo encontrara en cualquier supermercado.

—Gracias. Adios, doctor.

EN EL URÓLOGO

La enfermedad venérea. Tu amigo ha contraído una enfermedad venérea. Rellena el espacio en blanco con por, para o nada, según sea necesario. Luego explica qué querías comunicar y por qué has hecho esas elecciones.

1. ____ evitar el riesgo de contagio, deberías haber usado protección.

2. ____ haber sido tan tonto, ahora tienes gonorrea. ____ eso vas a perder amigos.

3. Vas a tener que pagar mucho ____ los medicamentos.

4. Debes comunicarte con tus compañeras tan pronto como se posible, ____ teléfono o____ correo electrónico estaría bien.

5. ____ haber sido tan descuidado, me extraña que sólo tengas una enfermedad.

6. Necesitarás mucho tratamiento ____ mejorar. Debes ir a la farmacia. Está muy cerca. Sal

7. ____ la puerta derecha y sigue recto.

8. Al no usar condones, fuiste buscando ____ problemas.

9. Y da gracias a Dios ____ haberte dado cuenta tan pronto. ____ mí que has tenido mucha suerte.

CPSIA information can be obtained
at www.ICGtesting.com
Printed in the USA
LVHW061447120123
737018LV00002B/25